民国国文教学研究文丛

MINGUO GUOWEN JIAOXUE YANJIU WENCONG

阅读卷 阅读教学研究

饶杰腾　编著

语文出版社

·北京·

图书在版编目（CIP）数据

民国国文教学研究文丛. 阅读卷 : 1912～1949 / 饶杰腾编著. -- 北京 : 语文出版社, 2015.8
ISBN 978-7-5187-0201-5

Ⅰ. ①民… Ⅱ. ①饶… Ⅲ. ①汉语－阅读教学－教学研究－中国－民国 Ⅳ. ①H19

中国版本图书馆CIP数据核字(2015)第172557号

项目统筹 陈 鹏 李世江
策划编辑 韩 振
责任编辑 张家智 张 兰
装帧设计 郑 毅 梁 明
出 版 语文出版社
地 址 北京市东城区朝阳门内南小街51号 100010
电子信箱 ywcbsywp@163.com
排 版 北京阅微文化发展有限公司
印刷装订 河北新华第一印刷有限责任公司
发 行 语文出版社 新华书店经销
规 格 787mm×1092mm
开 本 1/16
印 张 19.5
字 数 281千字
版 次 2016年6月第1版
印 次 2016年6月第1次印刷
印 数 1-3,000
定 价 58.00元

010-65253954(咨询) 010-65251033(购书) 010-65250075(印装质量)

国家宣传文化发展专项资金项目

项目成果·真语文系列丛书

目 录

相似相续　非断非常

——写在前面

世纪之交，教育领域又开始了新一轮国家范围的课程改革。怎样改革才是有效的，可持续的，这是广大教育工作者至为关注的问题。

其实就语文学科讲，自20世纪初，国文独立设科以来，国文教育工作者，不管处在多么艰难困苦的环境里——即使战火纷飞的年代，也从没有停止过实践与探索。他们所贡献的——或经验，或教训都弥足珍贵。这笔财富，我们不应漠视它，舍弃它。为了总结我国国文教育的历史经验，我陆续浏览了20世纪前期与国文教育相关的资料，边阅读，边发掘，边鉴别，边梳理，选取其中一些文章，按主题编撰，终成了这几个小册子。

梁漱溟先生认为，“相似相续，非断非常”是历史发展的必然。他在《晚年口述》中说：“‘相似相续’，它是连续的，相似就是了，今天的我和昨天的我很相似，已经不同了，只是相似。严格地讲，前一个时间的我跟现在时间的我已经不同了，一个人从一个小孩长大，像我八十多岁，时时刻刻在变化，时时刻刻在不同。这个不同一方面简单地讲，他自己身体就不同了嘛，头脑就不同了，外面给他的影响也早已不同了，所以都是在不同之中，但不同之中也有一定的相似，所以叫‘相似相续’。‘非断非常’，‘非常’，就是不是常恒如故，中国人本来是‘常’，跟‘恒’连着的，也可以说‘恒常’，也可以说‘常恒’。‘非断非常’，不是常恒的，可又不断，‘非常’就是现在的我跟刚才的我不是一回事了，可是也没有断，仍然还是相续的。”①

费孝通先生更把“事物”看作是不同时间上变化的集合体。他在《暮年自述》中也说：“从‘今天’是可以推测‘昨天’的，因为历史并没有‘走’，它还包含在‘现在’里。人们一般不去关心这个时间概念——我们说昨天已经过去了，如果仔细想想，你会觉得‘昨天’并没有走，今天有昨天的‘成分’在；就像昨天的‘我’还留在今天的‘我’里。可是今天的‘我’已经有了变化，又不同于昨天的‘我’了。”②

季羡林先生又认为，我们今天的任务主要还是立，还是继承。他在《自述》中说：“几千年传下来的东西，必有其优异之处，可传之处，否则早已被淘汰掉了。现在有一些先生总是强调批判，而忽视继承。我认为，与其说什么‘破字当头，立在其中矣’，为什么不能说‘立字当头，破在其中矣’呢？破立次序之差，表现了人们对批判与继承的看法。我绝不是说，过去的什么东西都是好的，那是不可能的，任何东西都逃脱不了时代的局限性。虽然破立必须结合，不能不结合；但我们今天的任务主要还是立，还是继承，而不仅仅是破，不仅仅是批判。”③

本着以上三位先生的思路，我们可以也应当把“语文教育”看

---

① 《这个世界会好吗——梁漱溟晚年口述》第 246 页，东方出版中心 2006 年版。
② 《费孝通在 2003 · 世纪学人遗稿》第 77 页，中国社会科学出版社 2005 年版。
③ 《学问人生——季羡林自述》第 154 页，山东友谊出版社 2006 年版。

作“不同时间上变化的集合体”，其变化是循着“相似相续，非断非常”的轨迹，其改革的任务“主要还是立，还是继承”。反观百余年来的我国语文教育，“改革”也好，“革命”也罢，几乎从未停歇，但收效却不尽如人意。这就牵涉到能否认真对待批判与继承的问题。

为此，十年来，我反复翻阅20世纪前期相关的国内中文期刊。在教育方面，有清末宣统元年（1909年）由上海商务印书馆创办的《教育杂志》，民国元年（1912年）由上海中华书局创办的《中华教育界》，五四运动当年（1919年）由新教育共进社创办的《新教育》，以及由蔡元培先生为创刊号（1935年）作序的南京《教与学月刊》。这些期刊，大多产生于历史的关键阶段，其影响是广泛而深远的。它们或以“研究教育、改革学务”为宗旨，或意在广泛探讨新的教育思想、教育内容、教育政策、教育设施和教学方法等，对欧美教育思想及实践也有不少介绍。

综合性刊物有1930年由上海开明书店创办的以中学生为对象的月刊《中学生》。以向中学生提供多种趣味与知识，解答疑问，指导前途为宗旨。虽为多科性杂志，但它对国文教学尤为重视。特别是前期在夏丏尊先生的主持下，更为我们留下了大量的宝贵资料。

至于专科型刊物，则有被誉为国文教学研究“双璧”的40年代创刊的《国文月刊》和《国文杂志》（桂林），前者偏于“教”，后者重在“学”。其影响所及，以至于今。

我阅读上述文献资料的过程，也是与新的课程改革相互比较、碰撞、互补、汲取、提炼的过程。在我的案头，同时放有世纪之交课改以来的《语文建设》《中学语文》《中学语文教学》《中学语文教学参考》《语文教学通讯》等杂志，以及《语文学习》《课程·教材·教法》的相关复印件，它们是我长期跟踪新一轮语文课改的理念与实践的资料，我从中整理出若干思路，作为丛书选文的参照。

于是，就将本丛书分为“总论”“论争”“阅读”“写作”“选读”等五册。“总论”和“论争”部分系概述，“阅读”和“写作”部分为分述，而“选读”部分则服务于“读、写”。五册书，合则为一整体，分则相对自成系统。

“总论”的要点：

新的国文课程是为培养善于运用国文这一工具来应对现代生活的普通公民服务的。作为一国的国民，对本国语言文字必须有最低限度的修养，达到最基本的水准。对国文课程的性质、目的的认识与课程的内容和方法的选择是紧密相关的。回顾自五四运动前夕到40年代末，国文课程革新的重心和发展的轨迹，将有助于我们提高语文教学的效益。

“论争”的要点：

一是有关二三十年代国文课程标准的讨论。20年代新学制课程标准的讨论带有纲领性、结构性，因而富有建设性，为以后课程标准的构建和改造打下基础。二是30年代前期关于“中学生国文程度”和40年代初关于“抢救国文”的讨论，其实质是关于“文白”之争。这时期的论争，为我们揭示了相对正确的思维方式方法。

“阅读”的要点：

阅读教学在国文学科中占有相当重要的位置；阅读教学要放在国文学科中作通盘思考；阅读与阅读教学的内在联系；教师的一般指导与学生个性化阅读的密切关系；阅读教学过程中“获得思想”与“运用工具”的有机结合；默读与朗读相辅相成；要注意中小学不同阶段阅读教学的特点。

“写作”的要点：

文章的标准第一是要真，真是善和美的基础；国文学科写作教学遵循“习作”而不是“创作”的原则，旨在养成学生良好的写作习惯；训练思想、培育思想和注重技术、发展技术的有机结合；充分发挥“个体”与“集体”的互动作用；从指导和习作关系的变化区分不同学段的内涵。

“选读”的要点：

作品既包括“诗文”又涵盖“古今”；理论指导与阅读体验的关系；文学作品的理解与鉴赏的关系；选本选编原则与教学的关系；语体文教学与文言文教学思路的异同；范文阅读与写作教学的结合。

当我们接触以上各册中的宝贵史料时，研读、理解、体验、消化、吸收，应力求贯彻顾准先生系统阐明的“科学精神”，即“①承认人对自然、人类、社会的认识永无止境；②每一个时代的人，都在人类知识的宝库中添加一点东西；③这些知识，没有尊卑贵贱之分，研究化粪池的人和研究国际关系、军事战略的人具有同样的崇高性，清洁工和科学家、将军也一样；④每一门知识的每一个进步，都是由小到大，由片面到全面的过程，前一时期的不完备的知识 A，被后一个时期较完备的知识 B 所代替，第三个时期的更完备的知识 C，可以从 A 的根子发展起来的，所以正确和错误的区分，永远不过是相对的；⑤每一门类的知识技术，在每一个时代都有一种统治的权威性的学说或工艺制度，但大家必须无条件地承认，唯有违反或超过这种权威的探索和研究，才能保证继续进步。所以，权威是不可以没有的，权威主义则必须批倒。唯有看到权威主义会扼杀进步，权威主义是和科学精神是水火不相容，民主才是必须采用的方法。”①

语文课程的实施与研究就是科学，必须本着科学的态度，体现

① 《顾准文集》第 344 ~ 345 页，贵州人民出版社 1994 年版。

科学的精神，选用科学的方法。语文独立设科以来，上世纪的前半叶，怎样科学地解决“为什么学”的问题，是课程的根本性问题，因为“学什么”“怎样学”是由“为什么学”衍生出来的。我们的老一辈教育工作者为此作了深入与广泛的科学研究。当时《教育杂志》编辑部主任周予同在编制国文课程标准之前，就提出我国的中学校不能当成狭义的职业学校，又不能与大学文科相混。我们的中学生，在学问上是预备升学，在社会上要使之成为“完全的人”。为此，周氏拟得的国文理想目标，应是“人人能用国语或浅近文言，自由而敏捷地发表思想感情，或纪述事实”；“人人能懂得中国文学和学术的大概”。而1932年所拟定的《国语课程纲要》提出要使学生“有自由发表思想的能力，能看平易的古书，养成研究中国文学的兴趣”。这一表述与周氏见解相比较，就可以看出它的片面性。1929年部颁的《中学国文暂行课程标准》，转而1932年正式颁行，1940年又加以调整与修正。两年后，叶圣陶又在《论中学国文课程的改订》一文中，有重点地作了商榷。如“了解固有文化”，就国文课程而言，文学名著是其中的一部分，要加以了解，要使学生解读它，欣赏它，对“从本国语言文字上，了解固有文化”做了具体明确的解读。再如关于“语体”问题，叶圣陶指出，训练思想，就学校课程方面说，是各科共同的任务；可是把思想语言文字一贯训练，却是国文的专责，这就从一般到特殊区分了国文科的目的，科学地确定了课程的特殊性。再过两年，著有《中学国文的道路》一书的李广田经过详细全面比较之后，在《中学国文程度低落的原因及其补救办法》一文中说：“我看部定标准经多年来一再修整，实在说，为了改进中学国文程度，还不如民国元年校令施行细则第三条更适用些，那一条是：‘国文要旨，在通解普通语言文字，能自由发表思想，并使略解高深文字，涵养文学之兴趣，兼以启发智德。’”

李广田对“那一条”作了当时力所能及的解释：首先“通读”是中学国文教学的主要目标，然后再把理解和运用祖国的语言文字，分为“普通语言文字”和“高深文字”两层，即“白话”和“文言”。其要求是“通解”和“略解”。所读所写都是白话，不仅要“通解”，而且使年青人也能借此以“自由”发表思想（表现感情在内）；高深文字，说的是文言文，而且是近代的、平易的，只求“略解”。中学国文应以“涵养文学趣味”为主，兼以启发智德，指的是寓“智德”于文学之中。

从以上周予同对《新制国文课程》的合理预测，叶圣陶对此后一再修订的《国文课程标准》的深入剖析，以及李广田在与民国元年校令第三条的比较解读中，我们可以清晰地感受到他们所表现出来的不断探求的严谨的科学精神。当然，历史是“相似相续，非断非常”的。以往的一切都不同程度地存在不同时代的局限性，但我们要探讨的是，前辈给我们留下的，我们都“扬”了什么，“弃”了什么——保存了哪些，又更新了哪些；增添了多少，又剔除了多少。无论是保存、更新，还是增添、剔除，其理由又是什么。这些必须要科学地思索和考量，才能做到心中有数。在我们今后的试验和探索中一步一步更加稳健地逼近（而不是背离）语文课程自身发展规律，逐渐改变百余年来语文教学质量不尽如人意的局面。

最后，我还要补上一笔：10 年来，在浏览、收集、挑选、编撰中，时时刻刻受到感动与震撼的，有当时的语文教师、研究专家，也有杂志编辑乃至印行人员。读者朋友们，尤其当你读到 1945 年 4 月 20 日发行的《国文杂志（桂林）》的“启事”时，我想你一定会和我一样向他们致以崇高的敬意：

“这一期的本志，上年九月初已经在桂林印好，准备发行了。那时敌人逼近桂境，桂林紧急疏散，本志全数放在桂林北站，预备起运，到贵阳或重庆去寄发，但敌人来得太快，竟未能运出。现在将原有纸型浇版重印。此后本志在重庆继续发行，并且要尽一切的努力，使它不致常常脱期。本志同人在这次湘桂和黔南的战役中，仓皇撤退，千里跋涉，艰苦备尝，现在还能够重整旗鼓和读者见面，真有说不出的喜悦。希望读者诸君，多多给我们以支持和鼓励，并祝诸君健康、进步。”

是的，语文界的前辈们留给我们的不仅是珍贵的资料，宝贵的经验，科学的态度，还留给我们百折不挠的精神，这些将滋养我们，使新一轮的课程改革健康前行。

饶杰腾

2015 年初春

编者的话

这套《民国国文教学研究文丛》选编的论文起自1912年，截止1949年，这段时间正是白话文兴起、现代汉语使用标准逐渐确立的时期。这些文章因此具有明显的过渡时期的语用特征，如文白混杂、文字使用不统一、语法运用规范不一致等等。为了方便读者阅读、使用这套书，我们觉得应该对原稿进行一定程度的编辑加工。经过反复交流、商量，我们确定了一个总的编辑原则：在尽可能保留原作样貌的基础上，对原稿的文字、体例进行最小程度的修订。现将具体做法说明如下：

一、繁体改为简体。

二、对一些字、词作了修改，列表如下：

原稿	编后	原稿	编后
底（相当于“的”的用法）	**的**	其它	**其他**
的（相当于“地”的用法）	**地**	那末	**那么**
的（相当于“得”的用法）	**得**	惟一	**唯一**
那（作“哪”用）	**哪**	想象	**想像**
他（作“它”用）	**它**	印像	**印象**
沈（作“沉”用）	**沉**	好象	**好像**
竞（作“竟”用）	**竟**	胡涂	**糊涂**
化（作“花”用）	**花**	未偿	**未尝**
		部份	**部分**
		正谊	**正义**
		剿袭	**抄袭**

三、原稿中不少字、词的用法虽然与现行的用法标准不尽相同，但为了尽量保持原有的样貌，不作调整。这样的情形很难穷举，现将部分字、词列举如下（括号中是现在通行的用法）：

做（作）、辞（词）、于（与）、联（连）、决（绝）、订（定）、藉（借）、见（现）、罢（吧）、缴（交）、较（比）、与（予）、迭（叠）、只（止）、须（需）、目（视）、二（两）

联络（联系）、透澈（透彻）、教课书（教科书）、甚么（什么）、人材（人才）、年青（年轻）

四、原稿中外文人名、地名等专有名词的翻译均保留原译。

五、原稿中的标题体例除了其自身不统一外，基本保留。

六、原稿中数字、标点符号的用法，按照现在的出版标准作了修订。

七、对原稿中的错误（如错字、漏字等）进行了修订。

这些做法，算是我们在编辑过程中的一些探索，不当之处，敬请批评指正！

编者

2015 年春

内容提要

本卷选录了29篇文章，分为“国语国文教学法”“读法教学法”“默读”与“诵读”和“各学段读文教学”等几个专题加以论述。另附20世纪初期介绍国外有关“读法教学”的若干文章，供研究与改进参考。

五四运动前，教育界通过了《推行国语以期言文一致案》和《国语统一进行方法》两个决议案。于是“国语教育”成为当务之急，“国语课程”也就应运而生。吴研因在他的《国语文教学法概要》的演讲中谈到：

国语分国语话和国语文两种。国语文在教学上的位置比国语话还重要。国语文学科的范围分别有“识字”“读书”“写字”“缀文”（作文）四项。其中“缀文”指的是用文字发表自己的思想感情。国语文教材分正读本（儿童文学）和副读本（文学化的各科读本）。正读本教材的种类、来源、选择和排列要“迎合儿童心理”，“注重儿童兴趣”，“和儿童的生活相融合”等。国语文教学指导学生读书，要注意使学生有要读的意思，教学生怎样去读，读了以后要知道得到什么结果。

我们对国语教育，曾有不少改革、改进，但大多只从枝节入手，着眼局部，不顾全面。要加以改造，应该先了解过去，把握现状，以决定将来。

怎样改革？范祥善著文《小学国语教学法的将来》，作了展望。仅就读法而言，教科书的编撰要搞清与教学的关系；课内读物的指导，要注意读音、识字、语句、段落、篇章等。对于篇法，重在作者的思想；须多读多阅课外读物，发展儿童求知欲，以补课内功课的不足。还有，要重视儿童学力的考查，分为认识能力、读文速率、理解能力、工具书使用能力乃至欣赏作品的能力等。

从来研究读法的，大概有两种主张：一是以为教学读法是机械的练习过程，所以其目的在使学生练习运用语文工具的能力；一是以教学读法为取得思想的历程，其目的在使学生取得文中思想的能力。因两派主张不同，教法也随之各异。程湘帆认为，虽教法各异，但二者必须协调：一方面能使学生取得思想，一方面能使学生掌握、运用工具。

总之，阅读的目的究竟是为了吸收内容，明白事实，还是为了认识文字，学习文章作法？这个问题粗看去，似乎要吸收内容，明白事实，先须认识文字，须明白文章的作法。其实未必如此……死认文字，死究文法，结果可能把内容搞得支离破碎，茫无所知，如没有看过一样。所以认识文字和明白方法，还得借重于有意义、有趣味的内容。这是在阅读教学中必须注意的。

至于阅读练习，赵宗预强调："学生既有准备，教师迎其势，与之讨论练习的方法：先让他尽量地发表意见，教师扶助着提出要项来，如遇必要时，可利用暗示或提议，总要使学生只觉得练习方法，应该他们规定的，教师的暗示，固不宜杂强迫的意味，即提议也要有利于儿童的精神活动，使成为自我的表现。过去的教学，一般说来，教师是练习的发起者、支配者，学生不过在教师威权之下，作一番机械的练习。这就是新旧教学的不同。"

还有，"过去的读法，只有推敲，没有体会；只有研究，没有欣赏”。读文教学要处理好了解与欣赏的辩证关系：了解与欣赏是读法教学的衔接与互动的过程。

阅读是个性化行为，自由阅读是发展个性的必经途径。自由阅读仍须教师指导。有时与其放在课外，不如定在课内，以便于检查。

“阅”与“读”，默读和朗读是处置读物的两种方式，二者须兼顾，不能偏废。俞焕斗认为，比较地说，朗读重认识文字，阅读重明白大意；朗读重句的组织，阅读重布局；朗读重字句的音韵和语气，阅读重速率。可以说，朗读是阅读的基础，阅读是朗读自然的演进的步骤。

要增进默读教学的效率，赵欲仁强调“必须注意读书的速率、理解、组织和记忆四要素以及要素之间的内在联系”。

至于朗读或诵读，作为读法的一种具体方式，上世纪40年代有一批学者对此做过全面的深入的探讨。1946年12月13日的“中国语文诵读方法座谈会”上的发言，以及围绕会上所讨论的问题，就“吐字”“节奏”“情绪表现”乃至“朗诵者的态度”阐明国文教学所应负的责任。

20世纪20年代基础教育的读法教学论点就不同学段的特点分别予以探究。小学低年级，一年级在普通的动作上包含着读法，用书以前，借黑板与纸片教读法，到用书读法的开始；二年级的读法教学过程分为预备、默读、朗诵、默读与朗诵四个步骤。到了高年级，读法教学过程有预习、练习、表演、考查等。初中分略读、精读及其指导。而高中文科读文教学，重在指导问学、考查督促。

单就中等学校国文讲读教学而言，则如黎锦熙所言，白话文须与语言训练相联的，先须“耳治”，注重“朗诵”；文言文则必须“背诵”，注重“今译”。

20世纪初，读法教学的原理是以“情意”为主（相对于“知”

而言)，无我在《主情意的读法教学的原理》中指出，“作为人格活动根源的意志，都与感情相伴；而作为读书活动的根柢的意志（所谓读书欲）亦与喜读书的感情相伴的”。“因为必有读书的欲求，而后读的活动方才开始，而读书的情意，非一成不变，而是常常扩充昂进”。“在读书生活里面，满足儿童的知识欲，培养儿童的趣味性就是主情意读法教学的唯一的目的”。“但与‘主知’的教学并不是相对立的，只是立场有大小不同而已。即‘主知’为‘小’，包含在‘主情意’的‘大’里。前者是后者的手段及材料，后者在于读解力的养成，进而注重读出态度的养成，更进而注重读书法的指导”。“所谓教师教读法就是教读书的方法罢了。教学法是从教师对于自己读书的体验省察而生的。文字是从属、是材料，我是主人、是中心。而且所谓真的鉴赏，是物我一如的境界，是主客合一的自由境界”。

1. 国语文教学法概要

吴研因先生讲演　沈佩弦笔记

按：这稿子是研因本年在东南大学暑期学校所讲演，而由沈君记下来的。研因在暑假短时间里讲得很不充畅，而沈君所记却还井井有条。但可惜油印时错误太多，现在我把它校正了，送登本刊，或者可以给听讲诸君作一个刊误表，并且希望研究国语文教学法的加以指正；另有一大部分的问题讨论已送登《教育杂志》了，请阅者合看，当格外明白些。

第一　国语文在教学上的位置

诸君已知国语分国语话和国语文两种。现在要讨论的，这两种里面，究属那一种重要？因为要晓得国语文的位置，在教学上怎样，要从比较得来。国语文和国语话，那一种比较要重要一些？这要看国语文和国语话教学的动机和目的。

一、国语话的教学目的和动机，是在统一国语话。这就是要学生，从小能够操纵一种全国通用的语言，将来去和外乡人交际和交换经验知识，没有互相隔膜的弊病。

二、国语文的教学目的和动机，是在识字读书。这就是要学生能够操纵一种全国通用的文字，现在或将来可以间接地得到古代或现时一切的文化思想；而一方面又可以发表自己的思想和情感，不问远近今后。

这样看来，这两种有些不同。从这不同的地方，我们可以先断一句国语文是比国语话还重要。怎样说呢？

一、先从语言方面讲，我们的第一语言，限于同时同地，限于本乡的。但要到了远乡去，也才有第二语言的需要。所以照一般的小学生讲，例如住在乡村的，已会了第一语言，第二语言也就不妨稍缓。因为大多数的小学生，既不升学，又不都到外乡去，总是在家耕田守业的多，用不到第二语言。

二、现在从文字方面讲到国语文，那就不同了。这是人人要用，处处要用，确是一种切要的工具。非但长时间长距离的，要用它做传达的工具，就是短时间短距离里面也要用到。

从两方面看来，第一，第二语言是可缓的；第二，文字教学简直是不能迟的。但是小学校里面，实属要做那一种文字最好？拿最普通的讲，文有三种：

1. 古语文　2. 土语文　3. 国语文

这三种中间，古语文是不适于小学校的；土语文是将来应用不能及远的，二种都不能用；那国语文当然是最适合的一种。既如此说国语话可缓，国语文却不可缓，则国语文在国语教学中，当然比国语话重要了。

但是语言从思想而来，文字从语言而来，语言一定要根据思想，文字一定要根据语言，否则都是空的。没有拿语言做根据的文字教小学生，一定要“事倍功半”。那是很不经济的。所以从我们理想上看来，国语教学先要教国语话，后来才教国语文，这样言文一致，文字也容易教了。

这理想固然是不错，但是实际上，就有困难了。最大的困难问题，就是国语话的教师不多，一时难于应付。在大的都市里面，还不要紧，要是穷乡僻县，那更难了。然则国语文在未教国语话之前，怎样处置呢？文字不可不教，不教国语文而反去教那古语文也是不对的。现在为权宜计，实在不会教国语话，就姑且从教国语文入手。

因为国语文的组织，是和现今的语言相近的，比古语文近得多了。

现在所流行的有一种叫白话文，就是语体文，和国语文相差不远。这种语体文，和国语话虽然不能绝对相同，但是比较相近一些。那么，没有教国语话的，不妨借用语体文先去教。教语体文若能注意以下二层，那更好了。

（A）关于用字方面　在语体文中间，把和国语话过于不对的，修改一下，譬如语体文中间说道的“道”字，可以改做“说”字，寻人的“寻”字，可以改做“找”字，“相打”可以改做“打架”。诸如此类，这样就和国语话差不多了。所以现在权宜的事情，就在办到语体文和国语话减少不同的地方。这种的不同地方，我们若是自己可以改正的，那就自己改去；若是不能的，不妨要求编辑国语教科书的人，依照国语话改正去。

（B）关于读音方面　教音的时候，也不妨请北京受过中等教育的人，把教师用书上所载的儿童读物，一个一个文字用注音字母注好了。教师照这注音，先预备一下，临时就可以读给学生听，那也不难。

再进一层讲，上面的两种，如做不到，不妨：

（A）暂时就照语体文教去。

（B）简直照土音去读语体文。

最后要声明，这种权宜办法，是不得已的办法。也因为文字——国语文——实在比较的重要一些。所以不得不有这种权宜的办法，去应付没有教过国语话的小学校。

第二　国语文教科的范围

国语文的范围，大约分别起来，有四种：

一、识字

二、读书

三、写字

四、缀文

一、识字　所说“字”，包括“单字”和“辞类”两种。要使学生识得愈多愈妙。无论在教室里上课的时候，或者课外的种种机会，都可以教他们识字，所以这不是正式的。可以说它是零碎的教学，下面的三种就是正式的教学。

二、读书　这也包括两种：一种是文学的读本，一种是各科的读本。各科里面，包括一切史地理科，用国语文编辑的都是。

三、写字　学写文字，也有两种：一种是照范字学习写字，一种是依照文书函件种种格式去练习。

四、缀文　缀文就是用文字发表自己的思想感情。

本学程的讨论范围，就是这四种。现在因为时间匆促，注重第二项——读书。其余的只好在闲暇的时候略加讨论罢了。

第三　国语文的教材

国语文的教材，常有变化。从历史上看下来，可以分做五期：

一、古语经史文　这种教材，无非是圣经贤传，文字用很古的古语，内容重古训，大家都晓得，这种教材是不合于儿童生活情形的。

二、古语空泛文　其次就有古语空泛文。形式上注重古文法则，实质很空泛还不如经史文去掉实质，而取它空泛的形式。学它的人，一定要多读多看，到了融会贯通的时候，就可缀文，晓得它的做法，这也和儿童生活不合的。

三、古语实用文　前面两种都在未办学校之前所用，到了初办小学校的时候，就有一种改革，用比较的浅近古语文，装载各科的知识，编成教科书，拿去教儿童。这样的改革，当然比较以前的大有进步，但是一切科学知识，还是用成人的眼光去编制，和儿童现实的生活境况，都不相融合。

四、语体实用文　内容还是偏重于成人方面。

五、语体或国语的文学文　到了现在小学校里，用的教材，有很大的改良。实质方面要迎合儿童心理，注重儿童兴趣；形式方面，改用语体文字完全和儿童的生活融合。

以上所讲第五种是现在通用的，也是最最适用的一种。现在我们要拿它来细细的讨论，但是这种国语的文学文，除掉儿童文学之外，还有其他的材料，就是包含各科学的知识的国语文，所以现在国语文的教材应有两种读本：

一、正读本——儿童文学……纯粹兴趣的

二、副读本——文学化的｛自然、社会、地理、其他｝各科读本……兼顾知识兴趣两方面

怎叫“文学化”？“文学化”是用科学的知识做材料，拿儿童的兴趣，做编制的标准。所以从实质方面看，是各科的读本，但是从形式方面看，却是文学：这叫“文学化”。譬如教一个蜗牛，假使对儿童讲：“蜗牛有两个触角，背上驼了一个硬壳。”这样教儿童，完全没有兴趣，必要用“文学化”的法子去教，才可引起儿童的兴趣。怎样的文学化呢？譬如：

猫和蜗牛会话，猫问蜗牛：“住在那里？”蜗牛说：“住在我自己的屋子里。”猫问：“你的屋在哪里？”蜗牛说：“屋在我背上，我的屋子，不是用砖瓦木材做的，是我身上分泌一种液质，凝结成功的。我还有角在头上，这两个角可以看东西，也可以摸东西，在我觉得很便利的……”

这样的叙述，很有兴趣，儿童就情愿一心一意地去读他，科学知识，也就从此到儿童脑筋里去了：这是“文学化”的一个实例。

从上面看来，读本有两种：（一）正读本——儿童文学，（二）副读本——各科读本。

现在专讨论儿童文学的材料。

（A）儿童文学的种类　儿童文学，大概可以分五大类：

1. 诗歌　诗歌又分二种：

a. 儿歌　包括童谣之类。

b. 新诗

2. 童话　童话分三种：

c. 神话　像仙人故事和妖怪故事之类。

d. 史话　史语和神话相近，就是神话而有历史的根据的，譬如嫦娥奔月等就是。

e. 物话　像上面所讲的猫和蜗牛的谈话是。

3. 传记　传记也分三种：

f. 寓言　寓言大概都含有道德上的教训。但是在儿童文学上，所发生的价值在乎兴趣，譬如愚公移山的故事，以前的教科书中间，拿原文的操蛇之神一节删去。这是偏重道德的实质方面，而删除神话的材料。其实中间的兴趣，就大大减少，不像是儿童的文学了。

g. 实话　历史上确有其事的，如“诸葛子瑜之驴”，以及“曹冲称象”之类，都是大概拿人做单位的多。

h. 游记　大概拿地方做单位的，在成人用的很多，在儿童文学中也可用些。

4. 小说　小说也分三种：

i. 传记　历代传下来的传说，还可分做两种：（1）是没有文字记载而口传的，（2）散见在小说书本中的。

j. 笑话　就是滑稽故事。

k. 演义　演义的内容，都是历史上的真事实，但是和实话不同。演义在依照原有真事实，加以修改，使它格外有精采，这是演义的性质，譬如《三国演义》和《三国志》不同，就是一例。

5. 剧本　剧本也分二种：

l. 歌剧　小学可用的很少。

m. 杂剧　现在可用的比较多些。

以上所讲，从 a 到 m 共计十三种，普通用的种类，大概都在里面了。

（B）儿童文学教材的来源　教材的来源有三种：

一、创造　二、翻译　三、选集

一、创造　创造对于文学要有根本的研究，对于儿童心理，要有彻底的明了，就能自己创造；但这是专家的事情，普通的小学教师，一定办不到的。

二、翻译　翻译西洋现成的材料，也是教材的一个来源；但是中西文学的标准，彼此也有不同的地方，所以详略就不能同样，并且种种的地名人名，译音也很啰嗦，有了两种缺点，儿童读这种的文学时，就要减少兴趣。

三、选集　第一二两种来源既不容易，这第三种——选集——就要算最好的来源了。现在普通的小学教师，要儿童文学的教材，只有从各方面选择去；但是选择也不能一味滥选，也须有一定的标准，依据了这种标准，去判断种种现成教材价值怎样，可取不可取，都要从标准上去分别的。下面一节，细细地讨论这种标准：

（C）选择的标准　现在讨论标准，可以先一条一条地分别研究：

（一）各类特殊的标准：

a. 儿歌

形式方面　儿歌用语要是普通的，要有韵的；凡是土话的，不顺口的，都不可用。

内容方面　儿歌的内容要有精采的，立意美善的；凡是猥亵的，无聊的，都不合用。儿歌有偏于一方的音节，而内容很好的，略为修饰一下，或者也就可用了。

b. 新诗

形式方面　新诗第一要有韵，音节话法都要自然，字句不可太长。

内容方面　要写景的，有寓意的，具体的，间接的；譬如“泰山岩岩”“岩岩”二字，就太抽象了。若说“齐鲁青未了”，就要具体一些。有时含有道德的教训，原是可以的，不过要间接含蓄的，假使直接说明，那就干燥无味了。

c. 神话　关于神话，主张各有不同；有人主可用的，有人主不可用的。以我看来，神话是可以用的，不过这“可以用”三字，要有条件，不是一味地采用。条件是什么呢？就是说凡神话能够引起儿童恐惧心的，不可用，一定要取和平美善的。至于养成儿童迷信的观念，那是不足为虑，因为这种和美的神话，儿童听了，印象很浅，容易消灭的。

d. 史话　史话的采用，也有条件的，就是残酷不仁的，给人苦痛的，都不能用。

e. 物话　物话也当注意一件事，就是要和儿童现实生活的程度相符合：儿童稍涉世事，经验渐多时，无机物的物话就要少用。到了智识经验更富足的时候，各种物话都要少用一些。因为物话原是假设的，并非实有其事，年轻的小孩，听了还不生疑问；到稍些大的儿童，就有疑问了；再大的儿童，就要质问教师了。所以用物话，要看儿童的年龄和知识程度，终要和他现实的生活，相符合就好。

f. 寓言　寓言要取有教训的，要和现代的新道德相合的。凡是和现代道德抵触的，不能用它，还有末了有案语的，也不合用，因为有了案语，寓言里所包含的义蕴，都拆穿了，不能引起儿童的想象和思维，寓言的价值，就减少了。

g. 实话　实话当取中外的名人故事，不可存种族的偏见。内容方面，不可用英雄武人的故事，因为崇拜英雄，儿童就有凌驾他人的野心；崇拜武人，就容易发生不讲理的性情：两种都不合平民的精神。所以像拿破仑一类的故事，都不合用的，甚至岳飞的故事，也不相宜，因为岳飞有种族的偏见，忠君的旧观念。

h. 游记　游记要取有趣味的，描写得很像的，使儿童一读，就能够想象去，好比“身历其境”，如在目前的样子。

i. 传说　传说不可多用成人生活方面的东西，像《聊斋》一类就多不合用了，如鲁智深大闹五台山一类粗暴的材料也不可用。

j. 笑话　笑话包含滑稽故事，滑稽谈话；凡是粗鄙的，超过儿童经验的，都不可采取。

k. 演义　演义要除去奸诈的和忠君主义的，如《三国演义》中有许多东西都不可用。

l. 剧本　剧本要拿少年或儿童的生活中事实做材料，方始合用。

（二）普通的标准：

a. 专属低年级的

1. 字句要多重复；

2. 内容要多变化；

3. 习见的材料，多用不习见的方法去配搭，譬如蚂蚁的故事：

蚂蚁扫地，拾得三个小钱，到街上去买东西，别的都不买，最后买了一件红的衣服，穿好了，变做一个红蚂蚁。

这里面的蚂蚁、小钱、红衣等材料，都是习见的，但是蚂蚁会扫地，会买东西……，却未有见过。这就叫“习见的材料多用不习见的方法去配搭”。

b. 各级普通的标准

1. 形式方面

I. 字体须简单而通行的，譬如：“體”可用“体”，但“主”不可用“、”，因“、”虽很简单，但是不通行的。

II. 文法上先后次序，须和语序——语言的次序——相符合，譬如在西文中，我讲一句话，这我的主词，总在下面，是倒装的。在中国话，就不是这样了，中国文应当跟中国话相符合，主词要在前面。

同一主词，有许多的动作。这下几个的主词，也要写出，不可省去，譬如：牛吃草，牛喝水，牛能耕田，牛能车水。

这下几个“牛”字，是不能省的，这样就可以和语言相符合。

总之文字的文法，处处应当和语言的语法相符合，这不过是两个例子。

Ⅲ. 字数不可太多，每句总要在十字以内，最好用五六字一句，儿童读它最易。

Ⅳ. 不要用古典。

2. 内容方面

I. 笼统地说一句，内容第一要使儿童欢喜去念。哪样是儿童欢喜的呢？教师可用试验的方法去试验。

Ⅱ. 内容要拿儿童已经经验过的。即使不能经验，也要取他能够应用其他经验去想象的，这样儿童才可以理会。

III. 主意要取积极的，不要用消极的。

3. 插图

I. 最好要有色彩。

Ⅱ. 色彩或者因为经济关系办不到，那么无可如何，总要画得明了，使儿童看了自然会发生兴趣。

Ⅲ. 物话神话中的插图，多用拟人体，例如龟兔竞走，就把龟兔画做人样的龟兔，一方面不失掉他原来的样子，一方面好像是人讲话动作的样子。

Ⅳ. 利用连续的图画，表示种种把动作的历程画出。使儿童看了，就会明了书中说的是什么。

以上所讲的，都是选材的标准，也可算是自己创作儿童文学的标准；凡是能力很高的，不妨就照这几种标准，自己编去。

（D）教材的排列：

1. 第一步可先教单字和词类，在最低年级开始几个星期里面，可以专教这种。教的法子，可以不必用书，只要教室设备的东西多些，多用名字标识，儿童可以在实地中，识多量的字。

2. 第二步还是不用书，教他句子，用文字写在黑板上，发表命令使学生依照了动作，这样可以使儿童多明白一些句子。

3. 第三步用挂图，上面是图，下面是字，互相并行的；或者用书本，也是上图下字的印法，这样儿童识字读书，可以从图画里体味去。

4. 第四步用儿歌，还不必用书本，可以写在黑板上，教儿童照文字念去。

5. 第五步大约到了七八个星期之后，方可以正式的用书本，念一种童话传记，文字多重复的。

6. 第六步读简短的新诗。

7. 第七步从第四年级起到第七年级止，可以教童话传记新诗，字句不必多重复了。

8. 第八步，也从第四年到第七年，可以教小说剧本。

9. 第九步在中学时期，可以教些文言诗歌。

10. 第十步也在中学时期，可以教些文言小说和文言传记等。

第四　国语文教学法

教学上读书的问题：

1. 要读——要使读的人有要读的意思。

2. 怎样去读——就是怎样去实行。(教学)

3. 读了以后得到一个什么结果。

照旧法而论，他的步骤是：

1. 要读　先要引起动机……A

2. 怎样去读　用以下的方法：

a. 谈话
b. 练习话法 }……B

c. 生字的练习
d. 练习写字 }……C

e. 诵习
f. 讨论　Ⅰ. 形式　Ⅱ. 实质
g. 复习 }……D

3. 读了以后的结果　应用的练习……E

(例) 譬如教一课

“哥哥写四个大字，弟弟写五个小字”。

(A) 引起动机　先复问前一课，如：

问　昨天教的什么？

答　教石笔。

问　石笔作什么用？

答　写字。

问　你们兄弟在一块儿写过字没有？

答　有，或没有。

教师到了这个地步，就说："今日我们要讲兄弟两个，一起写字的事情了。"

（B）谈话和练习话法　就拿这两句，反来覆去说一下。

（C）生字　譬如这里面"四"字"五"字是生字，那么教到此地，就特别提出来念它，或者用注音字母注了音念，念了之后，就练习手写，生字熟了，然后再念全句。

（D）讨论

Ⅰ. 形式方面　问改作弟弟写大字四个怎样？哥哥写小字五个怎样？……

Ⅱ. 实质方面　问哥哥先写还是弟弟先写？大字有什么用处？小字有什么用处？……

（E）应用练习

Ⅰ. 形式方面　变换句法。

Ⅱ. 实质方面　讨论问答。

（评）我们对于上面所讲的旧法，要批评一下：

（A）引起动机　他所称引起动机，简直就是预备问答，这是先生自己的目的，不可算是儿童要读的目的。

（B）谈话　先说话，后读书，固然是很好，但是像这种材料，也要反来覆去地练习，似乎太费事了。

（C）生字　这一项，简直可以不必用，为什么呢？C 项前后，B 、D 两项，都是讨论全体的意义。在这两段中间，忽然去插入一段性质完全不同的生字练习，这是很不顺当，很不联接的。从这方面看出来，C 项是完全不可用的。

（D）讨论　这种讨论，完全没有价值，完全是死的，呆板的，关于文法上的问题，更不应当和幼年儿童去讨论。

（E）应用练习　其实国语文文学的材料，该使儿童欣赏的，引起儿童兴趣，是唯一的目的。所以关于第二项，怎样去读，用欣赏的过程去读就好了。关于第三项，读了以后的结果，就在满足儿童欣赏的欲望，除此之外，都是无须的。

总括地批评一句，这种方法，都是硬凑的，呆板的，全没有活动的气象。

现在我们要根据批评要点，去改良旧的方法，建设一个新的合用的方法。

1. 引起动机　引起动机，有两种方法：一种是暗示，一种是指导。譬如讲故事，先挂一幅故事图，学生就要问什么意思，那就有了要读的动机。教师一方面，要顾到儿童兴趣，一方面要顾到本身目的——读书。所以讲了故事之后，就可以和儿童说，有现成的记载在这里，儿童一定要读一下，那就动机来了。

2. 考查形式和内容　这是第二步接续第一步来的。大概在低年级，有了动机之后，就拿书来读，念了之后，再讲述里面的故事，务使明白大意。至于生字，不必一定马上要会写，念得透熟。有人说，“这样一来，生字的印象不深，容易忘掉。”但是有方法可以补救的。这方法有两种：

a. 用方纸，写上生字，给学生天天练习，到了熟识后再撤换。

b. 写了贴在黑板四周，认熟了哪一个，就撤去哪一个。

用这两种手续中任便哪一种，在每天上课，头上五分钟，可以专教儿童练习。

不提生字而就诵习，也不妨。学生如有不识的字，跟教师一起读下去，像私塾先生教学生的样子，也可以。

3. 结果　读了以后，第一要有兴趣，此外不必顾到。

4. 表演　教材可用表演的，不妨就教儿童表演一下。

5. 思考　到了年级渐高，思想发达了，可以参加讨论，去思考所读的东西。

总结上面所讲的，新的国语文教学法，有三方面：

一、欣赏　以故事全体而论，第一要能欣赏。

二、练习方法　要熟习文字，可用练习方法。

三、表演　用建造的方法表演可以表演的故事。

这中间，第一条欣赏，是文学教学的唯一的本位。此外因时间来不及，都不能讨论了。请参考《教师之友》和拙著《小学国语国文教学法》吧。

（原载《新教育》第 10 卷第 3 期，1925 年）

2. 小学国语教学法的将来

范祥善

自从学制更新以来，一般小学教育界，对于国语教育，曾有不少的改革，不少的贡献。可是大多数只就枝节上着想，有的侧重国音，有的偏在文法，总是部分的，不是全体的。我以为欲谋小学国语教学上彻底的改造，似乎应该先从过去的历史方面一一指摘它的弊病，然后着手进行；更当就目前的状况，归纳其方式，推测其效果，才可以决定将来的方针。要之国语教育，负有小学上极重大的使命；所以近来所谓设计教学，道尔顿制的组织，都是首重这个科目。那么国语教学法的亟应讨论研究，也就可想而知了。请先言过去的教学法。

已往的国语教育，不必追溯远的历史，只就三四年前说，和现在的情形，已经大不相同了。从教材方面看去，形式上是文言体，比较教学语体文的难得多，实质上大半是公民材料，间有袭取自然科的皮毛，敷畅成文的，和现在学程起草委员会所定的纯以文学为本位的，又完全悬绝。若说教学方法，注入式的当然不必论，就是号称惯用自学自习的，也未见施行得十分满意。这好比我国现在改革了共和政体，要把自黄帝起迄满清止，不论取那一段事实来做借镜，总有些枘凿不相类的样子。从前种种事，譬如昨日死，以前的国文教学法，何必追求它的原因和结果。徒劳无益的事，简直可以搁置不理。爽快些说，不妨把那些陈旧不堪的历史，抛到爪哇国里去。

现在的情形怎样呢？这不是三言两语可以包括得尽的，请分别陈述出来：

（甲）工具的不适当　新制小学国语教科书，近年居然出版了几种。考查它的是说明，大部分参照学程起草委员会所定的纲要。可是纲要目的内所说的“练习运用通常的语言文字，引起读书趣味，养成发表能力，并涵养性情，启发想像力及思想力”，云云，是否能够办到，还是一个疑问。就是毕业最低限度内所定的初级小学识普通的文字二千个左右，高级小学识字累计至三千五百个左右，也是一种虚构之谈，并没有经过甚么调查统计的工夫，严格说起来，哪里可以信得过。又如纲要总说明内假定国语科的分类，初级小学占各科目百分之三十，高级小学分语言读文作文写字四项，语言占各科目百分之六，读文占各科目百分之十二，能否恰当，还须经过一番实验，才可以决定。就是说不妨酌量变通，这种没有凭借的标准，只可算少数人的理想罢了。但是编辑教科书的人，却靠它做护身符，这实在是无法中之一法，说来可笑又可怜。再就现今出版的国语教科书，细细检阅它的内容，问题更多了。有的纯用动物故事做初入学的试验品，有的虽然采用文学材料，仍然混入些常识课文，试问儿童读了这类课本，得到甚么效果？若说文字的分配，他们以为极费斟酌了，其实混乱得很。我曾统计过两种教科书，一个极有用的“夜”字，全部中都没有出现过；一个极普通的“寸”字，刚在第四学年后学期内（就是第八册）读到，这不是笑话吗？这样评判，似乎有意吹毛求疵。实则不去研究教学法则已，要是研究起来，便觉得这种顽劣的工具，很足为工作进行上的翳障。一言以蔽之，新出版的小学国语教科书，真是幼稚得很，要希望教学上的进步，非从速把它改良不可。

（乙）教学上的缺陷　我们曾于各杂志中，读到施行设计教学法及道尔顿制的报告，对于小学国语方面，也有不少的心得。我以为这是个人或一校试验的结果，是否适用于它的仿效，或他校的模作，还是不敢断定。并且究竟是据事实书，或者张大其词，也不敢以小人之心，度君子之腹。但是无论如何说法，这种寥若晨星的报告，总是认为好现象。请看大多数的国语教员怎样教学国语？有一等拘守成法的人，以为国文改为国语，没有甚么大差异，所不同的仅仅在名称的更改。所以他们的教授国语教科书，和教授国文的方法，并没有两样。最可笑的，仍然沿着读国文的老腔拍，高低抑扬，大有跌荡顿挫之妙。要知道国语的声调，果然要合着语法的精神，却用不到摇头颠脑地读着。他们简直不知国语为何物，哪里能够明白文学上的旨趣呢？但是这种怪现象，在城镇各小学校，还是少数。最普通的，他们学习了几星期的注音字母，便以为教授国语，已经绰乎有裕，这就大误而特误了。注音字母，果然是国语的一部分，却不能说是教学国语的基础，更不能说是教学国语的利器。虽说教学国语话时字母来做依据，在音的方面，不得不把注音母来做依据，至于调的方面，就是死学了几星期的注音字母，仍然是无用的。须知国语科所定的目的，学习国语话占一小部分，而欣赏文学，究属更为重要；这是教学国语的教员，谁也不应该知道，些些注音字母，难道就可以包括一切吗？更就比较优良的教师说，他们颇能够知道怎样启发儿童的想像力，怎样养成儿童的发表力。可是在诱导儿童努力学习的习惯上，我还不敢俯首恭维。他们在讲坛上以故事引起儿童的趣味，果然是一帖兴奋剂，但是刺激太深了，时日稍久，便觉得儿童的脑筋，个个是麻木不仁了。这是一般自命为新教育家时常告诉我的话，并不是我杜撰的。我以为欲救这种新流行病，就应该在学习方法上用些研究工夫，才得有良好的结果。

以上云云，都系本题前一层的说法，以下就把将来教学国语的意见，一一演述出来。但是适用与否，个人不能自信，希望实施教育者加以指正，尤所祷企！或者以为这是老生常谈，我亦不敢辩为个人的心得。

第一，工具应该怎样改革？教科书的流弊，上面已经说过。教科书与教学上的关系，一般人都能够知道，此刻不必多所赘言。我们现在要亟亟研究的，就是今后的教科书，改到甚么地步，才可以满意。换句话说，我们理想上的国语教科书，果然能够达到课程纲要内所定的目的，就觉得如愿以偿了。当然在纲要所载以外，另有甚么合于新教育的建设方针，那就更进一步了。可是就我个人思想所及，这种进一步的抽象定义，却不敢胡乱出之于口，笔之于书。就是发表了，未见得一定适当，也未必为大众赞同。不过对于教科书的材料，略有些些管见，不妨列一表式如下：

- 今后的国语教科书
  - 实质方面
    - 要合于开拓高远想象力的材料
    - 要合于启发纯洁思想力的材料
    - 要合于陶冶优美情感的材料
    - 要合于养成读书兴趣的材料
    - 要合于适切儿童环境的材料
    - 要合于时代精神的材料
  - 形式方面
    - 属于韵文的
      - 字句要清浅合度
      - 音调要出于自然
      - 用意要富于美感
    - 属于散文的
      - 语句要活泼而简洁
      - 段落要明白清楚
      - 篇章要多变化

若再提高一层说，优良的小学教师，尽能够施行设计教学法，只须活教材，何必在教科书方面多所计划。这话似乎也可以成立。可是大多数的小学教师，能力怎样，在这三五年中，恐怕还谈不到此。所以现在为一般小学教师计，这工具的锋利与否，当然是一件十二分注意的事。《论语》上说，工欲善其事，必先利其器。今日的小学教师，哪里可以叫他赤手空空，没有精良的器械做事呢？

第二，怎样指导课内读物？我们既经承认教科书是教学上的利器，那么教学的方法，当然是一个重要问题了。据我个人的意见，国音是应该注重的，而且同时还应该注重声调。要是用土音来读国语教科书，用教师杜撰的声调为声调，非特形式上不能整齐划一，并且还足以阻碍国语话的进行。近顷颇有人提倡把国语文和国语话各自独立，不一定要互相联络的。他们的主张，以为读国语文，不须拘泥声调，只须欣赏文学便已足够。我却不敢赞同。因为新学制课程纲要内，把语言文学包括在一起（初级小学是这样规定的）。而现在各书店所出版的国语教科书，又把甚么演进语会话等混列在各课文内。从实际上说来，划分两途，实在办不到。与其不能强为分别，不如并作一谈，使两方面各有进步。识字一层，亦为国语科重要问题之一，怎样使儿童记忆，怎样记忆不感困难，是应该切实研究的。有人以为当注意字的边旁冠底和笔顺，也有人以为当注重字的来历，——六书——这果然可以帮助儿童记忆的一法，但若不用多方的筋肉运动的练习，仍然徒劳无功的。不过练习的时候，要有层出不穷的变化，使儿童于不知不觉之间，达到纯熟的境地，那就可以如愿以偿了。小学国语科，好像说不到修辞学。但是语句的组织，也应该讲究。不过这类枯燥无味的文法，很不容易说明。太深了，儿童莫名其妙；太浅了，又觉得味同嚼蜡。所以历来一般实际教育者，因其难于下手，大都轻轻滑过。这无异因噎废食的行为，简直是不可为训的。就我经验所得，莫善于将各种同异的句法，随机利用比较。比较的好处，一则可以提起联想的观念，二则可以发生类化的作用。广泛些说，不但教学语句要用到比较的方法，就是上面所选的字音、字形、字义，也可以利用这个方法。如果用得其法，在儿童学业上，一定可以得到不少的进步，这是深信无疑的。至于文章的段落和篇章，在高学年尤其要提出讨论。但我所主张的篇法，和老学究常说的正面、反面、侧面，前一层、后一层等不同。因为这些陈陈相因的滥调，不适于国语文学的抄袭。我的所谓篇法，重在作者的思想。思想周密的，全篇布置得天衣无缝；思想奇幻的，全篇好比山峰的突兀，河流的曲折。这种例子很多，却不能一一列在这里。要之真正具有文学价值的文章，不论长短，总有一种精神所寄。教学时候，不妨用图解来证明，使它的背景跃在纸上。更须注意的，当由师生共同讨究出之，决不可徒恃教师哓哓演绎，神而明之，全在教学时的活用了。以上所举具体的方法，似乎太觉繁琐，但是抽象的理论，已经有不少的著作发表过，所以不再论列了。现在为读者明了起见，混列一表如下：

- 课内教学国语的方法
  - 理论方面
    - 作业要有动机——利用儿童的本能
    - 作业要有目的——供给儿童的需要
    - 要设计的——发展儿童的个性
    - 要奋勉的——诱导儿童的自动力
  - 实际方面
    - 字音要正确 / 声调要优美——读文与语言混合练习
    - 语句要利用比较法
    - 篇法要用图解来证明

第三，怎样指导课外读物？今后的教学国语，我们以为不仅注重课内的工夫，且须多读多阅课外的读物，这是近年一般教育者所提倡的。可是尽管唱着高调，实行的还是不多。其较为新式的学校，确有设置学级图书馆或儿童读书室等，任从儿童随意翻阅，但绝不加以相当的指导，试问得到怎样的效果呢？我们以为儿童对于课外读物，在新学制课程上观察，是应该十二分注重的。简单说来，一则六个学年修毕小学课程，比旧制缩短了一年，不得不用经济的方法，加多阅读的机会。二则国语既偏重儿童文学，在学业上说，比较旧制有兴趣，就是加多了课外的功课，儿童不会受到痛苦。三则新学制课程比旧制繁复得多，因之国语科的时间，比较旧制似乎略为节减，课外读物，正所以补助课内功课的不足。四则儿童本富于求知心，课外读物，大多数是有文学化的，阅读了，很可以提高他的思想力。要之课外读物，确是有利无弊的一种工具，谁也不敢反对的。不过坊间的出版物，种类太少，优良的小学校，就是要积极设备，很觉得为难。现在各小学校对于这件重要的事情，不能充分的发展，或者这是一个大原因。我以为儿童的课外读物，其文体与种类，至少要有下列表内所举的几种：

- 儿童课外读物
  - 种类
    - 关于公民的
    - 关于文学的
    - 关于史地的
    - 关于自然的
    - 关于艺术的
    - 杂志
    - 报章
  - 文体
    - 笔记体
    - 演义体
    - 说明体
    - 游记体
    - 传记体
    - 书信体
    - 问答体
    - 剧本
    - 歌谣
    - 其他

一二年来，著名的各小学校，正在那里试验道尔顿制。那么关于指导儿童阅读书本的方法，当有精湛的研究。可是只有大体上的报告，好像说不到这种细腻工夫，有的引一个施行的实例，可算是具体了。但读者只知其一，不知其二，苦无举一反三的智慧，这未免是大失所望的事，我以为如果依照道尔顿制的组织，这课外读物的名称，就不能适用，简直可以称为正当的功课，其重要更可想而知。那么对于指导的方法，教师应该有相当的预备。就是不采用道尔顿制，校中既然陈列着许多书本，家庭内也购置了不少的读物，儿童平时自有一种接触的机会，那么使儿童怎样读法，才有利益，这责任当然在教师的肩膀上。不过指导的方法，是活的，不是死的，千端万绪，一时从何说起。现在为阅者便利起见，只列一个简表，仅供研究。

- 指导儿童阅读课外读物
  - （一）阅读的原因
    - 参考的
    - 证验的
    - 消遣的
  - （二）阅读的规律
    - 指定的
    - 自由的
    - 限时的
  - （三）笔记的方法
    - 摘录目次
    - 记载纲要
    - 编造表式
    - 参加意见的杂记
    - 质疑解决疑难问题
  - （四）发表的机会
    - 组织演讲会
    - 组织辩论会
    - 比赛笔记簿

第四，怎样考查儿童的学力？儿童工作的能力，教师平时虽也知道一二，可是没有一定的标准，很不容易统计。尤其是国语科所包的范围格外宽泛，更不容易捉摸。譬如儿童听一句话，或者说一句话，能否清楚，非用一定的法则考查不为功。又如认识的能力怎样？读文的速率怎样？理解的能力怎样？使用字书的能力怎样？欣赏作品的能力怎样？都须一一检察，才可以得到教学上的佐证。要达到这个目的，就是利用现在通行的测验法了。原来测验的作用，既可以使儿童相互比较，增加他们对于学习的兴味，又可以使教师借此获得一种参考品，为改革教学方法的准备。所以近来由欧美教育书籍中介绍的测验方法，非常之多。如识字测验，有桑戴克氏、赫格丹氏、司他区氏等，默读测验，有哥的斯氏、勃郎氏、葛兰氏等，或详或略，互相发明，都可以供给教师的参考。还有朗读测验，曾有实例来发表过。其热心试行的，已经费去不少心机，经过不少次数，有的把经过情形报告，有的把统计表列出，我们在报章杂志上，读到了这些著述，何等愉快。但我以为测验的目的，先试行几千百个学校几千万个学生，求得一个相当的标准，果然是很要紧的。而各学校教师平时考查儿童的功课，以便自身教学上的反省，也很重要。所以这方法是要普遍的。要希望普遍，似乎应该从简单而易行的提倡，方法过于琐屑，计算过于繁密，便不适于一般小学之用。现在且把低学年和高学年施行的目的及方法，列一表式如下：

- 考查儿童学力的方法
  - 低学年
    - 目的
      - 考查听话或发言的程度怎样
      - 考查认识文字的能力怎样
      - 考查运用文字的能力怎样
    - 方法
      - 填图测验
      - 默字测验
      - 填字测验
      - 正误测验
  - 高学年
    - 目的
      - 考查了解文章的能力怎样
      - 考查对于文章实质上的辨别力怎样
      - 考查了解文法的能力怎样
      - 考查使用字书的能力怎样
      - 考查阅读的速率怎样
    - 方法
      - 读书测验
        - 阅读文章后判断是非
        - 阅读文章后提示要点
        - 阅读文章后分析段落
        - 阅读文章后加标点
      - 解释测验
        - 单字的解释
        - 词句的解释

（原载《新教育》第10卷第3期，1925年）

3. 读法教学法概要

杜佐周

客暑南京市政府社会局举办小学教师讲习会，作者担任“读法教学法”的讲述；当时概由学员自己笔记，并未印发任何讲义。近因学员中有来函询及讲稿者，用特抽暇整理写成本篇。——作者

读法在小学课程中，占很重要的地位；良以它不仅为生活上所必需的工具，且为在学校内学习其他学科的要素。有些课程专家，如巴比脱（Bobbitt）等，十分重视这门学科，竟将其列为小学教育目标之一，其重要可知。我国教育部所颁布的《小学课程标准》教学国语的时间几占全部时间三分之一至四分之一左右。国语科的作业类别，除读法外虽尚有说话、作文和写字三种；但其占时最多的，实为读法。故若读法的教学能得其法，而获有优良的结果，则整个小学的课室教学的成绩就可代表近半了。关于读法教学法的材料，在国内的教育刊物上时有见到；但大都为个人教学经验的报告，鲜有科学实验的根据。这些材料固亦有其相当的价值，可是在这里所将着重的，并不在这方面的讨论。严格地说，教学应以自动为原则；良好的指导历程，就应以学习的心理为根据。如是，读法的教学，亦自当以读法的学习心理为依归。

读法有两种：一为朗读（Oral reading），一为静读（Silent reading）。后者普通均称为默读；但我以为“默读”两字通常每指比较朗读不易闻听的读法而言，如乌乌诵读者然，决非读法心理上所谓

绝对无声的阅读。故读法心理上绝对无声的阅读，与其称为默读，不如称为静读较妥适。静读与朗读不仅是无声与有声的区别，而且有心理作用上的差异。朗读时，除注意文字的意义外，尚须注意发音和语调；至于静读时，若就理想的条件说，不特不应出声，且宜绝对免除动唇与发喉音的习惯。换言之，静读应专心去理解眼动所及的材料，一往直前，不当受丝毫发音器官的动作的限制。由此可知静读与朗读的心理作用各不相同，故其教学的方法亦应彼此有别。普通教师往往侧重朗读，有些且完全不作静读与朗读的区别，这是很大的错误。其实，在效能上言，静读较朗读为经济，我们今后应该着重静读才好。

读法有四种要素：（1）理解，（2）速率，（3）组织，（4）记住。我们测量这四种要素的成绩，就可比较静读与朗读的效能的差别。兹分别讨论之，并约略比较其成绩如下：

（一）理解——所谓理解，就是要懂得文字内容的意义。阅读的主要目的，即在于此。否则，就无所谓阅读。儿童学习阅读，如经相当时期，而有相当的能力后，静读的理解成绩，往往较优于朗读的理解成绩。因为朗读时，除应理解内容以外，尚须注意发音的正确和语调的妥适等；注意既不集中，理解的成绩自必受其影响了。

（二）速率——这层亦甚重要。阅读的目的，虽在理解内容；但其速率，亦不容忽视的。近来社会的情形日形复杂；一人所应知的事情和所应有的知识，必同时与之增加。换言之，所应阅读的材料，亦必日益繁多。倘速率迟慢，则其感受困难，必将成为不可避免的事实。我们过去教学阅读，素不注重速率，诚是一种很大的错误！例如一个读得快的人，每点钟能读四十页，另一个读得慢的人每点钟只读十页；假设他们的理解成绩相等，则前者的速率成绩远胜于后者四倍。根据实验的结果，静读的速率恒快于朗读。雪梅德

（Schmidt）说："朗读的速率，虽彼此有不同；但普通恒迟慢，因它受生理上如发音等的限制。"朗读时，声带唇舌等均须动作；这些动作，每慢于眼球的移动，故其速率，恒较静读为慢。

在此我们还须附带讨论读法心理上一个有兴趣的问题，就是：理解与速率的关系。普通我们每谓理解与速率成反比例；所谓"欲速则不达"，差不多成为一般教师的口头禅。其实，理解与速率不是相反，而乃是相成的。海欧（Huey）实验这种问题，找到读得快时，理解力反强；读得慢时理解力反差。屋白兰姆（O'Brien）实验，找到速率增加时，理解能力并不减弱。可知我们今后教学读法，应当同时注重理解与速率，使养成最经济的阅读能力。这就是说要在很快速率中理解所阅读的内容。

（三）组织——这里所谓组织者，非仅指了解字句等的结构而已，而实着重于内容系统的明了。此外，已所阅读的材料，是否能为之组织而成为有系统的知识，亦是很要紧的。关于这层，静读与朗读，究竟何者较优，现尚未有具体的研究。不过在理解方面，静读既胜于朗读，则在这方面，静读亦或比朗读为优，诚是很可能的事。

（四）记住——理解、速率和组织，均为测量阅读的成绩所不可缺少的要素；但凭暂时之"走马看花"，而转瞬间已不复记忆，则亦无补于事。故读法又当注重记忆的成绩。静读时的注意，既比较朗读时更为集中，则静读时的记忆成绩，亦必较优于朗读时的记忆成绩。

以上所述，都足证明静读的效能大于朗读；我们教学读法，自当特别注重静读的训练。不仅如此，即在实用方面，静读亦比较朗读更为重要。我们试留心观察一般人的阅读机会，就可知道静读是远胜于朗读的。如普通读书、阅报、看信、浏览小说，以及其他需要阅读的活动，几无一而不用静读。朗读虽亦有共享处；但在社会上，应用它的机会，实比静读少得多了。这种情形，即在学校内亦是如此。我们学习各种学科，概用静读，而并不是用朗读。依教育的原则，凡在学校内所学习的功课，均当以致用于社会为目的。如是，为满足实际生活的需要计，我们亦当注重静读。

当然，我们并不是完全反对朗读的教学；在某种情形之下，朗读亦有其价值，而且是必要应用的。

（一）在初级小学期内，儿童所认识的单字很少；对于文字的意义，实在不易明了。有时朗读字的音，就可帮助他懂得字的意义。我们利用白话文教学，儿童对于阅读可以更有兴趣，更易理解内容，更易获得进步，就是因为这个缘故。所以朗读对于初学阅读的儿童，实是一种不可缺少的方法。

（二）阅读的成绩如何，大抵视眼动（eye-movement）之有规则与否而定。初学阅读时，朗读可以养成有规则的眼动。因为朗读时，有音可听，可以限制字句的重复。他若静读，就不能。由此可知静读须俟阅读能力较高时，方可逐渐增加其分量。至于初学阅读的儿童，尚须多多应用朗读的方法，以养成其有规则的眼动。

（三）有些读物或材料，必须要应用朗读的。例如诗文、戏剧和词曲等，有音韵，有节奏，非朗读不能充分表现其意义和文格。故学习这些文字时，非用朗读不可。他若练习演讲等，因实际动境上即需要朗读，所以亦须应用朗读练习。

（四）有时教师要测验儿童的理解成绩，最简便的方法，就是应用朗读的方法。因为理解的程度高者，句读停顿，必有规则；声音抑扬，必合法度。否则，句读不分，声音混乱，教师就可知道他们对于内容未能完全了解的。

上面已将静读与朗读的同异及其效能和应用上的差别说过了，以下当进而讨论读法心理上几个重要问题，及其在教学上应该加以注意的几点，约略说一说。

无论静读与朗读，与眼动有很密切的关系。眼的动作，影响于阅读的效率很大，我们应该为之详细解释。计关于阅读时的眼动情形，共有四种：（1）识别距（span of perception），（2）眼停时间（duration of fixation），（3）回复眼动（regressive eye-movement），及（4）扫视（sweep of eyes）。我们分别讨论这些问题以前，须先知道普通眼视的作用。常人的见解，以为我们看见外界物体，因为眼球移动不息的缘故；但不知物体之印于眼帘者，不在眼动时，而实在眼停时。关于这点我们只须取平常镜子实验。我们在镜子中，若要见到自己的眼睛，必当它在停止时；当它移动时，就必不能见到。他若比较精巧的方法，可放一面镜子于读者前面；如是，他的眼动情形可以完全反映于这镜子上面。在这时候，测验者就可立在读者的后面观察之。此外，西洋现已发明一种最精密的方法，来研究阅读时的眼动情形。就是：应用一种照相机器，把读者的眼动情形完全摄影于照片上，以供分析研究。上述四种阅读时的眼动情形，若用这种方法研究，那是最为正确可靠的了。

（一）所谓识别距者，乃是阅读时在一眼停间所能认知内容的范围；故普通亦有称为认知的限域者。阅读的程度不同，识别距的阔窄亦异。反言之，识别距的阔窄不同，就是阅读的程度有别。其中尤与速率有关系。凡识别距阔者，阅读的速率必快；反之速率必慢。依据实验报告，眼动时需时极微；阅读费时，大部分在于眼停的时候。识别距阔者，每一行列的眼停次数必少；眼停次数既少，费时自省，速率自然较快了。故欲求阅读的效率进步，不外求识别距的阔度增加。若要达到这个目的，第一须选择难易适度的材料，使读者练习之；第二阅读须有一定的目的，在这范围内努力求其能力的进步；第三除不得不用朗读的方法外，概用静读的方法练习。

（二）所谓眼停时间者，就是每一眼停所费的时间。费时愈短，即眼停时间愈小，阅读的速率亦愈快。阅读能力大者，眼停时间每短；阅读能力差者，眼停时间每长。故我们教学读法时，不仅应设法增加识别距，而且应尽量减小眼停的时间。

（三）所谓回复眼动者，就是阅读文字到某处时，忽因上面意义尚未明了，须必回去重读的意思。我们可用下图说明之：

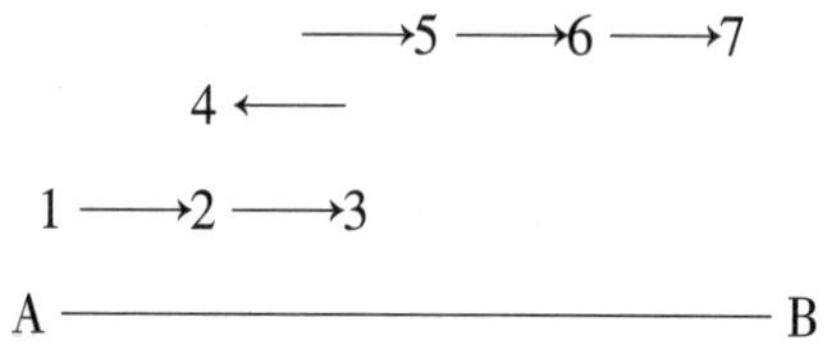

设 A B 为一行横行排列的字；1、2、3、4、5、6 等为眼停的位置及次序；箭形表示眼动的方向。眼既看到 3 的地方时，又因上面意义尚未明了，回看到 4 的地方。从 3 至 4 的眼动，就是回复的眼动。回复眼动的次数愈多，则眼停的次数亦愈多；这当然是很不经济的。这种动作的多寡，与阅读能力的优劣，每成反比例。能力优者，这种动作必少；能力劣者，这种动作必多。我们欲求阅读的效率提高，除增加识别距及减小眼停的时间外，尚须力求减少回复眼动的次数。

（四）所谓扫视者，就是从前一行的末尾到次一行的起首的眼动。上面说过，眼球移动时，费时极少；故扫视对于阅读的效率方面，并无很大关系。唯作错乱而无规则，则于阅读的效率亦有影响。例如我们读完第一行，而欲继读第二行，若认错行列，则阅读的困难立可发见。关于这层，我们有两方面应该注意：（a）阅读时须养成有规则的眼动；（b）字行的排列不宜过长，用字不宜过小，两行的中间，且须有相当的距离。

上面是读法心理的简述，我们应该充分利用，来增进读法教学的效率。兹就已经实验证明而有成效的方法，约略分别介绍于下，以供参考：

（一）注重静读的练习，凡动唇或暗发喉音等习惯，均当力求免除。

（二）采用闪烁练习片（flash cards）。其法用大约三寸至五寸阔、一尺至一尺半长的硬纸板多张，分别印上练习的材料，前后在一定的短时间内，一秒或二秒钟，提示于学生，使之静读，作相当的反应。

（三）使学生明了速率的价值，并使其有力求进步的决心。如阅读的速率增加，而理解成绩并不减弱等心理事实，亦要使其知道。

（四）养成有规则的眼动。如采用第二条所介绍的闪烁片练习，就可养成这种习惯。他若时常练习快的静读，亦可达到这种目的。

（五）初教学读法时，须用一句一段而有意义的材料，以引起儿童对于阅读的兴味。同时应用这种方法，亦容易养成迅速阅读的习惯。

（六）逐日记录学生阅读的成绩，如每分钟读若干字，理解分数几何等；然后依照这种成绩，画个人的进步曲线，以资前后比较。这种方法，很可鼓励学生努力以求进步。

（七）阅读的材料必须富有实用的价值；因为如此，阅读才有意义而能引起学者努力学习的动机。

（八）阅读的材料必须适合儿童的兴味与程度，且宜时常更换以免单纯的流弊。

（九）利用全班或全级的成绩中数，与他班或他级的成绩中数比较，以引起儿童的竞争心，使其愈益努力以求进步。

（十）在可能范围内，常用标准测验测量成绩，并与相当年级或年龄的常模比较，以观成绩的优劣。

（十一）使儿童知道为什么目的去做阅读的工作；如为复述内容的目的，决定文字要旨的目的，选择有关事实的目的，解答某种问题的目的，做大纲或结论的目的，编拟各种问题的目的，及做一章或一段的命题的目的等，对于阅读理解成绩的增进均有很大的贡献。

（十二）阅读以后，应常有测验，以养成儿童慎重于阅读的态度，及比较其前后努力的结果。这种测验，最好事先通知以引起其努力于阅读的动机。

（十三）用问题法教学，使儿童阅读时有解决问题的态度。如此，不特容易集中注意，且易养成分析选择和组织的能力。

（十四）鼓励多多阅读，以收“以做学做”这一个学习原则的成效。

（十五）儿童在阅读上的困难，必须设法诊断而发见之；如属个别的困难，必须实行个别的补救法。

以上所述，尚不过举其最要者而言；但若教者能够充分利用，则儿童的阅读成绩必可增进很多了。我个人深望各位肯予各种方法以切实的施行；若肯以结果见示，尤不胜盼望之至！

（原载《中华教育界》第23卷第8期，1935年）

4. 小学读文教学法述要

赵宗预

发　端

小学校读文教学法，是一件内容复杂而且最难得当的事情。并且各人经验不同，环境各异，凡有所言，彼此不免有多少差异。读者不惟可于差异处深深地加以研究，回顾自己所处的地位，而定取去的标准，且可以察知作者的经验的浅深。所以关于小学校读文教学法的文字，虽有许多发表过，而就我自己经验立言，似还使得。

（一）练习的方法

练习事项在旧教授法里，本居重要地位，不过它的方法太流于机械，儿童不惟不感受兴趣，而且视如苦工。我们对于练习，不该摇动它原来的位置，只要改革施行的方法。自设计法传入中土，读文教学只注重欣赏建造几端，把练习事项等闲视之，这实在是因从前练习成绩的不兴，不曾细究其所以，而便鄙弃其事项。故其结果，直弄到工具不能纯熟，不善运用，而符号科的成绩，遂一落千丈。于是一般浅识者，就疑心到设计法的本身，好像是不适宜于读文教学的，实则设计法何尝看轻练习，练习方法比旧教授法高明得多呢！旧的练习方法，其弊病在太机械，不合儿童心理，其故由于没有练习的动机。没有动机，由于没有需要。如果儿童觉得认识文字不多，读书不便，那就有规定时间从事练习的动机。动机既生，然后教师与之共同决定目的，某事项所急须练习的，是全体的还是部分的？如果是部分的，是哪儿部分？为什么要练习这儿部分？那么儿童自会回答：为某种需要的缘故。部分既定，然后教师与之共同决定程度，练习程度的高下，要根据需要和能力。因为需要某种程度的工具，便该练习到某种程度，凡此云云，不过其最低限度，能超乎此，自属更好。但是又须顾及儿童的能力，力如不胜，空悬限度，也属徒然。儿童的精神活动，工作到如此地步，对于某事项的练习，不惟有热烈的需要，且有明确的目的。心理学家言：有准备的动作，不教他发表，是很觉得痛苦的。并且势力的潜蓄既厚，也不是容易阻遏的。儿童对于练习既有准备，教师迎其势，与之讨论练习的方法：先让他尽量地发表意见，教师扶助着提出要项来，如遇必要时，可利用暗示或提议，总要使儿童只觉得练习方法，应该他们规定的，教师的暗示，固不宜杂强迫的意味，即提议也要为友谊的表示，儿童的精神活动，使成为自我的表现，这一点也是新旧教学法不同之点。旧教法的教师，对于练习方法，简直老实不客气地提示出来，为什么要用这个方法？这个方法的内容有没有曲折？除此以外，有没有更好更有效的方法？儿童无权顾问。即有更好更有效的方法也不易有建议的机会，教师也不大肯采用他们的建议，教师是练习的发起人，是练习的支配人，儿童不过在教师威权之下，沐猴而冠的练习一番罢了。到于练习事项有认字的练习，写字的练习，阅读的练习，应用的练习等，每个事项里，各有许多练习的方法，坊间出版的教学法书上，已有不少的种类，做教师的只要善于运用，彼此参合，可有许多变化，益以儿童的新发现，方法不患不够，只患用不得当。上述许多事项，不必逐项都去做过，而某事项里许多方法，也尽可相机选择几种来施用。总之方法要多变化，忌纯一，变化既多，兴趣自浓，如陷纯一，便要呆板，流入呆板，便要兴趣索然了。

但是方法也不可太多，如于很短时间，运用许多方法，忽甲忽乙，忽丙忽丁，一法没有相当的效果，便不该转换，改变太快，精神反易涣散，而兴趣反要淡薄了。所以时间支配，急须讨论。还有一层意思：好胜为儿童天性，往往不甚有兴趣的方法，一含比赛性质，儿童兴趣盎然，兴趣教育确有流弊，只要引用得当，于教学方面，实有不少的帮助。练习既有目的，成绩批判自当以之为根据，如果练习以后，便即中止，成绩如何，任意由教师下断语，或竟连断语而无之，有首无尾，殊非办法，这是施行练习方法时不可不知的，也是极易忽略过的。

（二）欣赏的方法

旧的读文教法，只有推敲，没有体会；只有研究，没有欣赏。旧教法中最与欣赏相似的，惟有略读。略读只求明白大意，不做逐字逐句细细咬嚼的工夫，但是他不会体会文字的美，把形式的美，实质的美，尽量剔透出来，所以不能称为欣赏。可见欣赏一项是读文方面的新方法，如果说到具体的方案，更不像练习事项的容易。我现在分耳听目视两方面来说明：

（甲）耳听的

低学年的儿童，识字不多，欣赏文学，当从耳听入手。教师于讲述之先，要有种种美的环境：如图画等，引起他的动机。否则也须有巧妙的语言声容笑貌，感动他的情感：比方用介绍式勾动好听的欲望等等。总之教师讲演，不但语言要伶俐而沉挚，声调要有高下疾徐，面孔两手都要有适当的表情，务使儿童心理上起一种反应，好像置身故事中，而自己竟为故事人物之一，忧喜苦乐，处处同情。而教师的讲演，尤须处处有含蓄，留儿童思考之余地，决不可一泻直下，不使儿童有运用精神的时机，最后或殿以表情歌咏，更为深切有味。

（乙）目视的

旧的读文教法，教师每把某事项的内容，先行讲演，以为如此办法，庶几儿童对于文字减少障碍，实则大错特错，儿童目的在欲知其内容，教师既代为宣泄，那么儿童的目的已经达到，本不须再看文字，所以教师只要做介绍式，说出他的好处来，勾动儿童的好奇心，便提供教材，使儿童用目去欣赏。不过几句介绍话，是不容易说的：不要太空，太空便没有力，不足引起动机；也不要太实，太实又易犯尽情宣泄的弊病。如嫌这种方法，不易捉摸，可用次法：教师可先讲演，要形容尽致，兴趣淋漓，直讲紧要关头，遽尔停止，把文字介绍给儿童，教儿童自己去阅读。儿童急欲知其究竟，自肯欣然从命，欲知后事，更不能不先阅前半篇，这是最稳当的方法。除此以外，欣赏临了的体会，如把文字没有写出的，使儿童想像。把文字的美处，使儿童欣赏。必使儿童津津然如饮醴一般，这时候教他吟咏，一定是很需要的了。吟咏更须有法，其法很多，如达朗读急读慢读急缓兼用，到了这等地步，竟有些乐歌气味了。

（三）建造的方法

读文里的建造，大部分是表演。表演对于文字的关系，已成老生常谈，姑且略而不讲。现在所要说的，就是如何教儿童表演？表演这个名词，并不是新起的，旧教法中时常看见。不过我所说的表演，是一种新的表演，与旧教法的表演，截然不同。现在先把旧教法的表演，略述大概，以资比较：

由教师说明表演的内容，何种人物应如何动作，应如何说话。然后任意指定儿童，任意支配角色，教他们来表演。教师说明的时候，儿童本未曾全神贯注，又安能胸中了然？加以教师可怕的威严，早已使得他们战战兢兢了。即使明白如何做法，如何说法的，也吓得糊涂了。表演结果的不满意，自不待言。教师不得不以厉声责斥了事。再指几个优等儿童来一试，那么他们的成绩，自然要好些。先中后优，两次做毕，便算终局，这种教法，还有什么建造的意味？在教育上还有什么价值？

新的表演则不然：表演的动机，发自儿童，目的非常明白。段落的区分，布景的筹措，角色的推定，剧场的布置等等，都由儿童自己去计划，教师不过相机与以适度的扶助。计划既定，然后实行，实行的成绩，自可根据计划，使儿童自为评判。评判要项，可先与儿童讨论定当，约举之：如态度，如动作，如语言数端。评判时候，儿童意见纷歧，教师要随时提出头绪来，却不要于不必要时参加意见。评判态度，更须注意。儿童好为某人好，某人不好的含混话；更易感情用事：与我善的，无论如何坏法，总说是好的，以为不如此，便不是待好友的道理了。与我不善的，无论如何好法，总是不肯说他是好的，以为他与我无关，不值得说他好的。至于被评判的，不问自己的好坏，只希望他人的好评，如有说我不好的，便怒目相视，这种情形，三四年级儿童为最易犯。做教师的，要极力矫正：说他好，要说出为什么好？说他坏，要说出为什么坏？必如何才算是好？评判的只问事实，不问何人，要说公平话，才显出自己的眼力。被评判的只问评语的对不对，说我不好的，才是我的好友。因为我从此知道自己不好的所在，努力改进。我本来演得不好，而瞎说我好，于我无益；我本来表演得很好，而瞎说我不好，于我无损。评判方法及两方面的态度，都要切实地指导。儿童评判既毕，教师当与以扶助，提出些条理来，要简括，要明白，不妨重言以声明之，使儿童得到一个明了的观念，表演历程到此方算完了。

（四）自由阅读的指导方法

设计法既主张发展个性，那么读文方法，自当于相当环境之下，让他自由阅读，使儿童得到丰富的智识，而满足他的需要；并且从社会生活看来，自由阅读，也是必须的功课，自由阅读的能力，也是必须的生活能力。人在社会，各有分内工作，工作以外，尚须讲究社交，所以有书札往来；还要明了世界现状，所以有阅报的事情。读信阅报都须在短时间内赶好，只须知其大意，不暇细究字句，一目数行下的技能，不可不在学校中养成。学校中要养成这种技能，别无他法，惟有增加自由阅读的功课。但是小学校的增加自由阅读，是加多儿童读书的机会，并不是加重儿童读书的工作。自由阅读之先，要有明了的目的和急切的需要，然后阅读足以解决问题，达到目的，满足需要的书本。如果用从前读教科书的方法，咬文嚼字地做死工夫，那就糟了。但是自由阅读仍须由教师去指导，与其放在课外，不如定在课内。于学期开始，开个讨论会，把自由阅读，做一个长时间的设计，介绍相当书籍，规定阅读时间，讨论最低限度，做成一张工作进程表，随时检查。施行自由阅读后所最费研究的问题，就是考查成绩的方法。从前一切课题口试，都不适用。较为可靠而有兴趣的，惟有讲演会笔记两个方法。先设法引起讲演的动机，相与讨论讲演会的办法，规定时间，依时举行。讲演次序，由教师指定，总嫌武断；依席次轮流，又嫌呆板；不如由儿童临时抽签，使得大家及早预备，无可偷懒。讲演范围，或只限本级，或推及别级，方法要多变化，兴趣方能保持。至于笔记更须由教师示以简约故事的方法，相与研究，使大家十分明了，再行二三次板上共作法，方可各自工作。否则简约方法，模糊影响，任意抄摘，毫无是处，他的失败，可以预卜。或者说，凡所云云，都为高学年说法，初级一年生，似不合用。我答道唯唯否否。上述方面，不尽适合于初级一年生，诚然诚然。倘谓自由阅读不能行于初级一年生，那么绝对错误。自由阅读，须有相当的工具，谁也不能否认；初级一年生文字工具的不够，又无可反对。但是搜集许多彩色图画，图上附些清浅文字，由看图而连及文字，或竟因以认识文字，如此读物，未尝不可使之自由阅读。这种读物，坊间已有出版，不过种类不多，而内容未能尽美罢了。

结　论

我写到这里，字数已经不少，而内容陈述，都未详细。兹事体大，发表方法，断不适用短篇文字，我将于现编设计法中详为叙述。现在就此结束。

（原载《新教育》第 10 卷第 3 期，1925 年）

5. 国语文读法的研究

俞焕斗

本文共分三部分：

（一）朗读应该怎样？

（二）阅读应该怎样？

（三）朗读和阅读的比较观。

我现在逐一将我研究的心得——或许是未成熟之果——详述于下，希望有研究者加以指正！

（一）朗读应该怎样？

朗读大概总逃不出两种声调：一是舞台上说白的调门，二是乐歌般的吟唱。前者是散文的读法，后者是韵文的读法。我以为前者的方法也可以应用于韵文，后者的方法却绝对不许应用于散文。为什么呢？因为国语的散文若打起了调子咿唔呫哔地唱起来，根本上就违犯了语言自然的法则，往往嗓子都唱破了，连课文里面说些什么都还没晓得，便是韵文要吟唱起来，也非得先配了乐谱不行。不然，往往一地方有一地方的一种"老调"，把无论哪一首韵文都去配上这老调，结果是万万要不得的。不信，我来举一个实例在下面说明这一点。我们本乡的小学生，读起书来，有一种老调，这调门若用乐谱表示仿佛是：

5 <u>53</u> 2 <u>12</u> | 3 5 6 5 | i 7 6 5 | 5 6 3 2 | 1 — ·0 ‖

这曲谱的音阶配合得对不对且不要讲，现在所要讨论的是：把无论怎么样的一段材料都照着老调来读，恐怕非但令人讨厌，并且原理上是大大地错误了！因为虽然规定好了一定不易的调门，可是课文却决不会全合这调门的。例如这调门中，第一小节内至多只能配六个字，倘然课文中这一句只有四字，那么便有两个字要带尾音了。但是倘然遇到入声的音，不能带尾音的，那可怎么办呢？又如第一小节的六个音符中，明明是第二三两音、第五六两音都合并的，合成若干分音符的一个单位。倘然课文中这一句是“诸葛亮，南阳人”六字，那么照这调门读起来，不是那位卧龙先生仿佛是姓“诸”名“葛亮”了吗？至于把整个的地名“南阳”二字分拆开来，更是不知所云。此外像第二小节中的高音 do 字，要是课文中正巧遇到了入声的字，声调怎样提得高呢？所以我说，非但散文不得吟唱，便是韵文，也非配有曲谱不行。不然，照着千篇一律的老调，莫名其妙地吟唱真是要不得的。

已经晓得除了配有乐谱的韵文始得吟唱外，别的一概不准装腔、作势，像和尚念经般地朗读，那么，读起散文来怎样读法呢？有否一定的法则呢？这个，我想只要先考察一下我们说话是怎么样的就明白了。我们说话时并没有甚么呆板的法则，可是并不觉得说话是怎样困难的一种工作。但要是甲地的人说起乙地的方言来，便觉得万分的不自然，异常地触耳。推原其故，只是为了违背自然的语气的缘故罢了！我们认清读书——指散文——便是说话，读书只要能够合乎自然的语气也就得了。

既然读散文的调门，但求合乎自然的语气，那么自然的语气是怎么样的呢？可以不可以定出几条一般的法则来呢？这当然是可以的，我且略举几条法则在下面：

（1）读起来，以词为单位，不以字为单位。字是一个一个的单字；词是说话时表示的一个观念，是一个或一个以上的字所构成的。倘然将二个以上的字所构成的词分了来读，这二个以上的字决不能单独地表示出自己的意义来，决不能表示出共同在一句中所代表的一个什么观念。倘然将一个词的下面一个字连到了旁的词上去读，那更怕连意义都表示不出来了。这两层意思都很浅近，只要看了上文“诸葛亮，南阳人”一句的例，就可以明白了。

每一句的读法既以词为单位，那么各种词的读法有什么一定的法则的呢？这也有的，待我略述如下：

A. 形容词和具有形容词性的短语、子句，须读得响亮、着实。

例一　形容词

花儿开遍在园中了；（白的）花却一朵也没有看见。

例二　形容词性的短语

（在这个世界上）可怜的人，将来会（在那个世界上）——指天堂——得到安慰！

例三　形容词性的子句

那人，（他方才在这里议论人家的），现在在那边给人家议论了！

倘然例一句中“白的”二字不重读，便不能表示底下的花是有特殊属性的。这样，上下二分句的意思便显然矛盾了。

倘然例二句中“在这个世界上”和“在那个世界上”二个短语不重读，那么上面说“可怜的人”下面接着“得到安慰”，便似乎说不过去了。

倘然例三句中“他方才在这里议论人家的”这一个子句不重读，那么上面所说的“那人”不知指谁，意思便不明晰了。

B. 副词和具有副词性的短语、子句也该读得响亮、着实。

例一　副词

他虽然很用功，但是成绩却依然（很）不好。

例二　副词性的短语

(无论如何,) 他不愿留在这里了!

例三　副词性的子句

(在我吃一顿早饭的时间中,) 他已接连差人来催了我三次了!

上列各句中括弧内的副词和副词的代用者，所以要读得响亮、着实的原因，略同上文的形容词，兹从略。

C. 介词须连同前面的动词、名词或代名词和后面的实词一起读。

例一　动词和后面的宾词

我清清楚楚将钱袋（放“在”桌上）的，如今钱袋不见了。

例二　名词或代名词和后面的宾词

(张三——或代以“他”——对于我) 是很亲热的。

前面这一句，倘然将“对于我是很亲热的”八字打一起读，而将“张三”“对于我”读断了，那么仿佛意中是“张三对于旁人都很冷淡”的一般，这样与原意可不是不同了吗？从这一点上，很可以反证“张三对于我”非连读不可!

D. 连接词须连同前后面的同类词一起读。

例一　连读前后面的名词

(土布和洋布) 不是同样的都可以做了衣服穿的吗?

例二　连读前后面的代名词

(你和我) 还用得到客气吗?

例三　连读前后面的动词

一路上，我们（且行且唱)，好不愉快。

例四　连读前后面的形容词

不论（聪敏的和愚钝的）都有造就的可能!

例五　连读前后面的副词

(一而再,)(再而三,)怕他是不可救药的了!

(2)读法以词为单位后，一句中各个词的读法约略有些标准了。可是此外还须按同性质、不同态度、不同结构的语句而读出各种语调来，申说如次：

A. 以语句的性质分

1. 陈述句　声调持平，遇有特别重要的词略高。

例一　我昨天从苏州回来。

2. 疑问句　声调由低下向高亢，语尾收音略速，疑问词特别沉重响亮。

例二　这些还不够吗?

B. 以语句的情态分

1. 祈求句　声调缓和，略向下。

例三　上帝!给我每日的面包罢!

2. 使命句　声调爽朗，收音甚速。

例四　速去，速来，毋得延误!

3. 感叹句　各个词发音缓、颤而断续，语尾向下延宕。

例五　天啊!我从此是无父无母的人了!

4. 激愤句　声调高亢、断续，语尾收音极促。

例六　也罢，绝交就绝交是了!

C. 以语句的结构分

要明白语句的结构，可借鉴于语句所附加的标点符号。现在就从标点符号说明语句读法的不同。

1. 逗号(,)　几个同类的单词或兼词连用在一块儿而没有连接词的，须一个个分别读。

2. 点号(。)　用到点号的语句，表示意思已完全，读音须约略停顿，和上下文分清。

3. 分点（;） 用到分点的语句，表示分点上下的多数分句是类似、排比，或相反的，读时须将分点上下的分句各自一气读。

4. 叙点（:） 叙点是用以结束上文或引起下文。二者均须重读，表示这一句是上文或下文的纲领。

5. 破折号（——） 破折号是用以表示下文突地转向别处去，和上文不相衔接的，因此，破折号上面一句的收音须急促，下面一句的第一字须格外读得响亮。

6. 延音号（～～～） 延音号是用以表示下文半吞半吐，未便直说。读延音号上面一句收句的字应特别延长。

以上各条都很浅近，不必例证。再，附加问号（?）和感叹号（!）的语句，归入上面语句的态度项下；引号（“”），私名号（____），删节号（……），注号（— —），于朗读无关，均从略。

（二）阅读应该怎样?

小学校里的学生能够做出可观一些的文章来的，决不是靠着每一学期仅不过读的一册薄薄的国语教科书，而是靠着课外阅读的长篇小说。这用不到证明，我们在小学校执教鞭的，尤其是我们这般担任国语科的人，总能够观察到这一点。因此，我常想，做教员倘然能够注意到这一件事，研究指导课外阅读的方法，那于国语科定有惊人可观的成绩。

讨论到阅读，劈头就有一个先决问题，便是：阅读的目的是为了吸收内容、明白事实呢，还是为了认识文字、学习文章的作法?这个问题，粗看去，似乎要吸收内容，要明白事实，先须认识文字，须明白文章的作法。其实未必如此。但在学习短篇的文字，这或许还可以；至于学习长篇读物而重在枝枝节节，死认文字，死究文法，结果对于内容，定是支离杂碎，茫无所知，还如没有看过的一般。

内容既不能明白，而犹且孜孜于阅读，觉得趣味盎然的，怕除却科举时代，为了功名而莫名其妙地死读“四书五经”的腐儒以外，世界上怕决不会有这样的人。但是有人说，倘然单求吸收内容，明白事实，那么，何必读书？在无穷尽的空间时间中，不是随时随地都有事实在那儿发生吗？何不就从这空间时间中去学习，却要从平面的书本上呢？殊不知世界上的事实并不可贵，但印在书本上的事实却是可贵的。因为这种事实是从世界上拣来最好的资料，并且这种最好的资料，已经经过最妥当的手续剪裁、润饰、排列成功的，决不是等闲可比。所谓吸收内容，明白事实，并不是可以不认识文字，不明白文法的；不过认识文字和明白文法，当放在了解大体的内容以后，因为这二者，都是枯燥的工作，它们的本身决不能引起儿童们学习的兴味；要使儿童认识文字，明白文法，还得借重于有趣味的内容。要是某读物的文字太深，不适于某儿童的，那么，内容虽好，决不能引起某儿童去阅读。即使去阅读，总于会觉得过于艰深，不转瞬而抛掉的。这不成问题，不必讨论。倘然某项材料的内容能给某程度的儿童们看明白十之七八，而能引起他们的兴味的，那么，虽有一部分的辞句儿童不能确切了解，却也无妨，因为：

1. 文字的意义可由上下文推定。倘使所推定的觉察出在情节上发生了矛盾，那么，读者自会晓得所推定的错了。因此，只要当时做个标记，待读完一节、一章或篇后，再行查阅深究。如此，可免打断兴趣和文情。

2. 汉文中，凡指事、象形、形声、会意、转注各种文字，其本身已都能表示它自己的意义或读音。读者推测的假定，十之六七总不至会错误。

3. 倘使那是比较上习见的字，往往会从多次的接触，自然而然地认识。要是不习见的字呢，即使有一次二次去翻字典，检辞源，查参考书，注音，注声，批注释，怕终于还是不中用。

上文已说的长篇阅读的最大目的是吸收内容，明白事实，而非死认文字，死记文法；这一个先决问题确定后，那么，我们可以再讨论到应该怎样阅读的一个问题。

怎样阅读长篇读物这一个问题可分成三方面说：

1. 尚未开卷时的准备　长篇读物不比短篇文字，并不是几分钟或几点钟之内所能看完的。倘然每一段时间内，每看了一段，明白了一段的内容就算完事，结果难免支离杂碎，不能了然于全卷中的系统、因果和变化。因此，我以为在阅读长篇读物的以前，至少须对于该读物明白以下各要点：

a. 该读物中的主人翁及其地位。

b. 该读物内容的大概。

c. 该读物内容的系统。

d. 该读物中的背景。

e. 该读物中的寓意或主旨。

以上 a、b、c、d 四项，似均须教师指示，庶不至令儿童暗中摸索，苦无头路可寻。至 e 项，最好能由儿童体察上面四项后，自行悬拟，俟全卷读完后，再行论断是非。

现在且把阅读《西游记》做一个例，略述如下：

a. 全卷的主人翁是唐僧玄奘。写猪八戒、沙和尚是陪衬孙行者的；写一切牛魔王、蜘蛛精、黄袍怪等，也是陪衬孙行者的；而写孙行者那样的神通广大，也只是成就他们的师父——玄奘，往佛国去取经这一件事罢了！所以全卷的主人翁不是猪八戒、孙行者等，也不是……精……精等，而是唐僧玄奘。

b. 内容可以一言以蔽之，叫做“正人君子，化险为夷”。要是没有千妖百怪，便发生不出危险的事情；要是不从危险中冒出平安来，便不足以表示玄奘的佛心了！因此，写一切穷凶极恶的妖怪魔鬼，即所以写佛心的玄奘。

c. 往佛国取经是本书的主干。本书前后事迹的系统就附着在这主干上。在这主干上可以说生出不论多少的枝节，但不许脱枝脱节，也不许任何一枝一节附着于别的一干上。要不然，那就不特打破了全卷的系统，并且在全文中看起来，这干外的枝节的本身也简直是“赘瘤”呢！

d. 所谓背景，大抵是指某事发生的时代、地方，以及引起这件有形无形的起因，本书时代的背景似不甚重要（并不是说作者作这部书的关于思想或文字上的时代背景）。读者所应当认清的是本书所述事迹大部发生于魑魅魍魉的漫漫长途中。

e. 至于寓意及主旨一层，从前人所说的心即是佛等等，或许是穿凿附会的话，不必深信。最好让读者自由推测，仁者见仁，智者见智，都无不可。

以上几点约略有些明白了，然后开卷阅读稍有捉摸，不至堕入五里雾中了。

2. 阅读时的要着

a. 阅读的时候，应该胸中空洞无物，只待着书中的资料来纳入。要是心绪不宁，毋宁不阅书。在每次开始阅读的时候，应该略慢些，使自己得明白地默察文字的趋向；待捉摸住了个头绪，然后愈阅愈速，愈速愈接榫。但仍须处处留意好这趋向的过程，一直看到它的结果。

b. 当每一次已经翻开了书本阅读的以后，无论如何，不许中止。这定须养成习惯，不许有例外。就是遇到书中有不明白的所在，也只好标一记号，以备过后另行探究。或者就不求甚解，假定意会也可以。只要保持阅读的继续而不发生长时间的延搁。若有了长时间的延搁，往往顾此失彼，将上文全都忘掉。这是阅读物所最忌的一桩事！

c. 阅读时应当抛弃眼前现实的一切，而将书中人物的模样、动作、声音、笑貌，书中的状形绘物，以及错综变化的事迹全涌现在眼前，甚至把自己的身体移入书中所述的另一个世界上去。

照这样地阅读，书中的材料未有不会水也似的流向读者的脑海中而留印着深深的痕迹的。

3. 阅读前后的工作

a. “欲知后事如何，且听下回分解。”这是章回小说回末结束的套语。这句话很有引人入胜的魔力，使人不得不再继续看它。但我们阅书的倘然一味只顾看下去，看下去，不替作者想想运笔布局的苦处，这未免对于自己太省力，而对于作者太不知体谅了！我们要晓得作者怎样做出下文来的妙处，自己先该悬拟一个下文的情节，记在笔记簿上，以验对否。所以我们读了“欲知后事如何”一句以后，应将下面一句改为“且请悬拟一下”才行呢！（非章回体的长篇读物亦然，可以段分、篇分。）

b. 每读一回或一章（几段几篇亦可）以后，须凝神回想一下，在笔记簿上记下下列各项：

（1）简单的大意。

（2）事迹蜕化的因果。

（3）前文的照应。

（4）下文的伏线。

（5）其他……如发表批评、读后感等。

c. 就自己未读时的悬拟，和书中读得的经过作一比较，细细地研究一下，解答下列各问题：

（1）书中为什么要这样叙述？

（2）这样叙述好在什么地方？

（3）我的悬拟有什么不妥之处？

（4）倘然照我的悬拟做下去，下文该怎样？

阅读长篇读物若能注意到以上各点，至少可以不至于读后模模糊糊，像没有读过的一般。

（三）朗读和阅读的比较观

朗读和阅读是处置读物的两个方式，但不能偏废，而须双方兼顾。现在就学习这二者态度上的不同，比较如次：

1. 朗读重认识文字，阅读重明白大意。所谓认识文字，包含正确的读音，确切的解释、字的写法、源流和它所代表的观念（见上文），并且要能够随意运用而无错误才行。至于长篇文字的阅读，那就可以不必明了于字句之间，而但求明白大意与作风就是了。

2. 朗读重句的组织，阅读重布局。朗读材料大抵是短篇文字，篇法不难明了。至于阅读材料，因为是长篇的，句法究不胜究；且因此而打断阅读的兴趣，殊属未可。因此，各取其一就是了。所谓句的组织是指句中个词在文法上的作用和彼此间相互的关系：——以词性分，如句中哪一个是名词？哪一个是动词？哪一个是形容词？哪一个是副词？哪一个是……？以词类分，如句中哪一个是实体词？哪一个是述说词？哪一个是区别词？哪一个是关系词？哪一个是情态词？以作用分，如句中哪一个词用作主语？哪一个词用作宾语？哪一个词用作补足语？哪一个词用作述语？哪一个词用作附加语？倘然每一句中各个词的词性、词类和它的作用都明了后，那么，可说一句的组织全明白了。至于阅读长篇读物，最重要的是明白它的布局。看哪里是作者的轻描淡写处？哪里是着力经营处？哪里替下文伏笔？哪里回应上文？哪里意到笔不到？哪里笔到意不到？再要看怎样故作疑阵，掀起波澜？怎样拨开乌云，豁然清朗？怎样声东击西？怎样写此顾彼？凡此种种，都是作者煞费心处！我们读书的人应当前前后后，源源本本，读出他一个本来面目来，然后不特对得起作者，对得起读物，并且自己也长进了不少的见解。

3. 朗读重字句的音韵和语气，阅读重速。最好的文学——尤其是韵文——常常具有和谐的音韵和逼肖的语气这两个条件。朗读时，定要将用韵的字读得和谐，将喜怒哀乐的各种语句都读出神情来。这样，不单是可以帮助理解，并且靠此才可以觉得读书是件饶有兴趣的事！讲到长篇读物的阅读，尤加重要的是要"快"，因为：一则，读物既属长篇的，倘然读得太慢了，读后难以将前后连续的事情呵成一气；二则，读得慢了，时间不经济。多费时间而少阅书，便是阅读的失败！

写到这里，本篇内所要说的话差不多完了。我现在综括上文，再说一句，以为本篇的结束。无论什么人都先能够朗读，然后能够阅读，所以可以说朗读是阅读的基础，阅读是朗读自然的演进的步骤。阅读得错不错，以及贮藏在声带里没有发出来的字音的正确不正确，十之七八要看先前朗读得错不错、正确不正确而定。朗读是要靠着视觉和声带的振动而得到文字的意义；由此更进一步，阅读就离却声带的振动，单靠视觉也可以了。所以倘然读书时，单为了自己，并不要求他人的了解，那么除却须美读的韵文外，朗读实不及阅读的重要！

（原载《教育杂志》第18卷第2号，1926年）

6. 小学读法教学的三个问题

程湘帆

小学课程上之国文钟点较之其他学科独多，而读法又占国文钟点之大部分，则读法在小学课程上之重要可知。近年以来，研究小学国文者日众，然据各种报章杂志所披露，大都关于注音字母，教材选择，生字支配，以及国语及口语教学诸端；至于以生理或心理的原理，研究教学读法者尚少。兹不揣浅陋，愿举下列三个问题，与留心教学国文者商榷之：（一）教学读法之目的何在？（二）小学中之读法应自何年级教起？（三）朗读与默读各有何种价值及如何教法？请按次言之。

一　教学读法之目的何在？

从来研究读法者，大概有两种主张：一、以教学读法是练习机械的历程，故其目的在使学童练习支配工具之能力；二、以教学读法为取得思想的历程，故其目的在使学童有取得文中思想之能力。因两派主张之不同，遂致教法各异。兹先述二者之主张，然后再斟酌吾人应抱之目的。

（一）以读法为机械的历程者主张

（甲）教学读法是予学童支配工具的能力，使用符号、字音、字母，以求思想。设能自由运用工具则思想不难明了，故支配工具为教学读法之最要目的。

（乙）读法既为操纵符号之工具，则教法应注意充分的记忆练习。

（丙）集字成句，集句为文，故字为文之单位。教法应先注意于操纵文字，然后再及文句。

按以上主张，以为读文是一种总合的历程。先教字音，次及字母，使学童有认识生字的能力，然后再及文句。中华书局课本似为此派代表。

（二）以读法为取得思想的历程者主张

（甲）读法应以取得思想，俾学童能发表情意，丰富语言。教法应以取得思想为主，支配工具副之。

（乙）读法既为取得思想，则教学应注重动机和兴趣。

（丙）文句为思想之单位，学童应先教读句，然后再学句中文字。

按以上主张，教读是一种分析的历程。先注重文句，次及字母，再次及字音。

商务印书馆课本似乎代表此派。

以上两派主张各异，然皆各有重要。以愚见之，二者必须折衷，一方面，能使学童取得思想；一方面支配工具。惟须以前者为主。

二　小学中之读法应自何年级教起？

读法之重要尽人皆知，但教学小学读法殊非易事。教之不得其法，非第无甚效率，且于儿童生理上危险甚多。故近来主张小学前三年不教读法者颇能得一般人之同情。吾之举此问题以与教育界同志讨论者，并非怀疑小学前三年教学读法，实以小学前三年教学读法困难之处不少，教学者不能不顾虑焉。兹分述反对小学前三年教学读法者之理由，并附个人之意见于次：

（甲）卫生上之理由　按吾人看书之方法，为眼睛自上至下运动之历程；而实在看书，乃在运动之间，不在运动之时。通常看书一面，眼睛运动约需一百余次。故看书极易疲倦。幼龄儿童生理上发达既未周全，教学方法设不尽善，最易惹起眼睛疲倦。据专家研究，眼睛疲倦颇能酿成脑筋疲病，头痛、眼花、胃弱、易怒等病，神经紊乱其尤甚者。故为保卫幼童之健康起见，反对小学前三年幼弱儿童学习读书。

按学理言之，以六龄儿童教之使读，或有损害健康之虑，待九岁之后，学习或稍容易，而生理上危险或可减少。但处此文化复杂时代，儿童之必须具备的经验甚多，经验之获得其法虽不止一端，究不能不以看书为最简便且最经济的方法。且以我国现状言之，一般国民小学卒业儿童之能升学者为数盖寡。设根据学理，小学前三年不教读法，则一般将来国民终其身无看书的能力也。且改良书本纸张、印刷、字体和教法，亦可减少若干健康上之危虑；故小学初年不能不教学读法，而儿童健康上之危险亦不能不设法减少。

（乙）心理上之理由　根据心理学原理反对小学前三年教学读法者，大概以为儿童自五岁至九岁为习惯成立时期，应训练筋肉上之活动，俾能纵横合作。教学宜重行动，使儿童有支配筋肉与心理合作之能力。故宜养成其品行上、语言上、歌曲上良好习惯。图画、手工、音乐及适当之礼仪的练习，皆为适当的课程。至读书一事，按生理和心理言之，至为复杂。以朗读言之，已有四种历程：

1. 读必始于视，因视而得书本中诸字之“视影”。2. 视影既获，心中似听得该字之音，因有“听影”。3. 及获听影，发声机关自然照着所听发出声音，因有“声影”。4. 字各有其意义，因着声影字义始解，而读书之事始有结果。

故读书系最复杂之事，六七岁儿童学之不易。若必欲增长儿童经验，尽可以口授之，使学童省却第一层“视影”功夫。

再以“复演”学理言之，儿童之语言生活，比之初民，听官极灵。听话和谈话是其能事。成人则善于视。故儿童受教之工具应以耳。由活泼泼的教师口中说出之活泼泼的语言，较之死板板的书本中取得之知识，为益固多也。

按六七龄儿童学习读法之苦痛，吾人不能不有所理会，然小学前三年之不能不注重读法者，其故或由于历史的习惯。书本教育，文字教育，由来已久，以为书本为学问唯一的荟萃之处。非学习读法不能操纵文字，不能操纵文字则不能读书，不能读书即无获得学问之工具和机会。故小学前数年课程中，读法占最大地位。其弊在重文字和书本，不知地理、历史、文学，亦可以口教授者。然以事实言之，学生在校年限不多，教育亦须顾及学童将来幸福。我国新制，义务教育虽定为六年，然仍恐地方经济和儿童家属能力有不及之虑，故有缩短两年不得已之规定。学童在校年限既少则由教师口授所得之直接利益有限；而处此二十世纪所必备之知识和适应的能力则甚多，非使儿童有读书能力，自己去寻求，不足以应将来之需要。故宜一方面，理会儿童读书之困难，斟酌减少小学前数年读文时间；一方面，加入口授教学法，小学前数年应加增公民、地理、历史、自然研究等科目，以口语教学，不必以文字为利器之书本教学，换言之，小学前数年课程不能为国文垄断。

（丙）教育上理由　近有根据教育原理反对小学前三年教学读法者，略谓十岁以内儿童，天性活泼，好动恶静，读文系极呆板事，又无良好动机，故多视为畏途。且按经验言之，大概十岁儿童学习读法较之六岁儿童甚为容易。小学前三年教学读法，在公家方面谓之废钱，在学生方面谓之废时，故不如待之九岁后教之。

按小学前数年儿童，不仅天性活泼，好动恶静，亦且好奇，喜听故事，并富表演和歌唱的意思。设能因势利导，皆足为读文动机。且小学生之不喜读文者，或以文字烦难不易学习，或以教法上之太重机械方面，或以教材之不能适应儿童心理，以致了无兴趣。今日问题不是时间上之迟缓问题，实为教学上之改良问题。盖事实上儿童自身以种种关系既不能久留学校，而义务教育又因经费关系不能增加儿童留校之年限；再就读文在儿童生活上之功用视之，读文实有不能迟缓之道。儿童由读文可以富裕经验，开拓胸襟，交换意见，整理思想，陶冶性情，训练记忆，刺激想象，欣赏美快。读法实一种钥匙，可以大启人类经验和人间愉快之门，以备儿童之窥探，俾得丰富胸怀，快慰其感想也。故吾谓今日小学前数年读文问题不过教法问题：所有卫生上、心理上、教育上之困难，固不能不有所理会，但事实上之需要，尤未便轻视。

三 朗读与默读之价值及教法

通常小学读文大都朗诵指定之文，而于学童将来生活上必需之看书技能多未顾及，诚为憾事。文明愈进步，吾人需应备之经验愈多，经验之需改造者亦愈多。然此种经验之获得与改造，十九得之于默读。朗读固自有其价值，但就生活上之利用言之，默读或看书的技能实应有充分的训练。近来怀疑朗读之价值主张多教默读少教朗读者，颇不乏人，兹介绍其理由于次，以明朗读与默读之价值及其影响于教育方法。

朗读的价值

反对教学朗读的理由：

1. 朗读使学童精神全然贯注于字形字音，以致无暇注意文意。

2. 因注意文字太过，故养成读文的慢性。

3. 朗读太多，则学童非出声不能了解，即勉强默读，亦不免鼓动喉唇，借助“声影”，多费时间。

4. 朗读常使儿童惧怕发音不确，以致读时不能放心。

5. 按事实上言之，朗读常使儿童多费时间，盖一时只能一人朗读，而众人俱作被动的听者。

6. 一人朗读时，众人多按读者之速度看书，又为养成慢性读者之原因。

主张教学朗读之理由：

1. 朗读可以表示读者对于符号上之知识，默读不能证明儿童了解符号。

2. 朗读时之音节音调，可以表示读者了解文意之程度。

3. 说话时，口音最为切要，朗读可以知其口音是否确当，以为国语训练之根据。

4. 默读时，儿童为求文意牺牲文字句读，文字句读亦有其价值，不可忽视。而朗读可以使儿童明了文章形式之价值。

5. 朗读多能使儿童欣赏文中美快，而默读则牺牲之。

朗读教法

根据以上价值，朗读教学应有以下方法：

1. 一人朗读，众人闲书静听，使读者自觉众人皆欲听其读法。读者必须有以副听者之欲望。

2. 学生读文时，设有错误之处，切勿立时更正，断其历程。盖中间更正常使学童失其自然态度，惟恐再错。所有错读之处应于读毕时正之。设错误过多，仅可令勿再读，盖所以爱惜听者之光阴也。

3. 教师对于所读之文，应先有充分的预备，庶学童读时不必注意书本。注意书本，即不能顾及读者之音韵，尤不能兴起儿童之精神。

4. 兴趣生于动机。朗读时必使听者觉得欲听有味文章而读，欲将有味文章读予听者。故听者当闭书本而不以他事乱其心怀，读者可随意选择适意的材料，或报章，或自作文章，均无不可。

5. 批评朗读之标准

① 声调抑扬

② 口齿清楚

③ 表现适当

6. 批评之方法

批评朗读最好于读毕时行之，前已言之。批评之法，应先令听者按以上标准作友好的评论。此法的好处，可使听者于他生朗读时必须注意。然教者应留意勿使儿童间因批评而生恶感。有时可令读者自言其弱点而教师加以勉励。

7. 读文后之讨论

朗读之后，必须使儿童有讨论所读文章的机会，或将所读文章以口语演述之。讨论则根据所读文章之内容和形式，比如内容则言其文情文意；形式则言其章法文法。演述则以自己的语言和姿态将文中故事表示之。

默读的价值

默读价值可分以下诸端言之：

1. 默读可以发展学童注意的能力。

2. 默读可以训练学童以目为取得思想之工具，减去“声影”之助。

3. 默读可以训练学童看书之速度而不必牺牲了解。

4. 默读可以使学童以思想为朗读之基础。

默读教法

1. 将选定文章，按名学原理，分作数段，令低年级儿童各读一段，高年级儿童则按其力量默读全文或其数段。

2. 令于一定时间内快读指定之文，时限一到，各关书本，将该时间内所读之大意述出。

3. 注意学童读文之速度，其慢者加意练习之，设有鼓动喉唇者改正之，使其不必求助于耳。

4. 应用测验法，试验了解内容之程度。

补助读本

补助读本与正式读本之目的

有时读文分为详读与泛读两种。详读之目的在使读者一方面充分地了解所读之符号的用法及其表现的情意，一方面发生读者之感情，故须精详确实。而泛读则仅求领会文中之大意，大概为学生之自动而教师不过指导而已。通常国文读本，正式读本也。故须透澈地充分读之，补助读本仅备学童之浏览，故只泛读之。

补助读本教法之要点

1. 奖励学童练习默读，只求大意，不求甚解。

2. 诱导学童在休暇读之，以为消遣的高尚娱乐。有时使学童报告所阅书籍，以作读者之自励而以励他儿。

3. 组织循环阅书会，无论师生得有好书，自己读后，即予他人读之。

4. 寻常读文后，教师略举与本文相似或相反之文数篇，且示以仿佛，俾儿童自己去读。

5. 创设本级图书室，就本年级儿童能读及喜读之图书，设法搜集，以供本级学童之浏览。

（原载《新教育》第10卷第3期，1925年）

7. 小学默读教学法

赵欲仁

（一）默读的意义

文明是前进不已的，人事是变化无穷的；我们生活于这种月异日新的环境里，一切经验，一切能力，倘能不绝地扩张，不绝地改造，走在生活轨道上，才可感到丰富和美满。不然，尽用所有的简陋的经验、浅薄的能力，对付月异日新的环境，不是左支右绌，定是力竭声嘶；生活不安的感想，不容说是不必预期而自然来到的了。因此，扩张改造一切的经验、一切的能力，在我们丰富美满生活里的要求，实比任何事项为重要啊。然生活经验和能力的扩张改造，方面虽多，仔细研究下来，读书为较有力的工作，这怕是谁也不能否认的。

我们生活所需大部分的经验能力既然从读书得来，那么，读书方法的研究，明白地确切地成了一种自然的趋势了。读书方法，大体说来，有诵读和默读的两种。依心理学说，我们出声诵读，必需经过下面四个历程：

A. 读始于视，因字而见字的形体，这叫做视影。

B. 既见字形，好似听见字的声音，这叫做听影。

C. 既听字影，我们就随声读出来，这叫做声影。

D. 既念字声，恍然明白字的意义，这叫做读书。

上面所举的历程，是就诵读说的。什么叫做默读？默读是不出声音而静心看书的意思，所经历程，较诵读免去声影的一项。诵读和默读，虽各具功用，然详密比较起来，默读的价值，似乎更加来得大些。为甚这般说呢？请看下节所举种种的理由。

（二）默读的价值

默读的价值，固非三言两语所可尽述。然就下列两点看来，已可窥见一斑了。

a. 生活需要方面　我们日常生活里，看书的时机，要比念书的时机来得多。好比入阅报室浏览报章，进图书馆参考书本，接到友朋信札，收着商店账目，……或因多人聚会，或因事关重要，大多不便出声朗读的。这是十分显明的事实。这种情形在学校里，也是如此的。如读参考资料以解决问题，或读算术题目以计算答数，大半是不出声音而用默读的方法的。类此事项，不胜尽举。按教育的原则，凡学校内学生所习的功课，当以致用社会为最重要的目标；可是现在各校的举措，却大背这原则。考其所用读书方法，有以一字一字朗朗成声以为已尽读书教学能事的，有以轮读轮讲使学生一意模仿的；关于默读时间的支配，默读材料的选取，默读方法的研究等，丝毫置之不问不闻之列。这种现象，实在要急需改革的。我们并不绝对的反对诵读的存在；诵读在相当的时机里，也具有相当的用途，如矫正读音、考查了解程度等。但就需要上讲，诵读与默读相较，不过十和一之比例罢了。

b. 教学效率方面　读书教学要注意到四种要素；四种要素是速率、理解、组织和记忆。关于怎样增进怎样发展这四种要素，下文将加以较详细地讨论，现就教学效率，先比较研究一番。关于速率方面，据雪梅德博士研究：诵读的速率虽彼此有不同，但普通往往较默读为迟缓。这因生理方面有发音阻碍等缘故。且诵读时，读者除理解内容外，尚须注意发音等。这样注意不专，速率自然慢起来了。关于理解方面，据海欧教授实验：读得快的，理解力反强；慢的，理解力反弱。屋白兰姆博士说：速率增加，理解能力并不减少。杰得博士也曾说过：理解透切的人，速率常不慢；理解低次的人，速率每不快。从此可知默读的较胜于诵读了。关于组织方面，现在虽还没有具体的资料，可供我们参证引用，然理解方面，默读既较胜于诵读，那么组织能力的较优些，也是可能的事实。关于记忆方面，几经测验，知诵读每次于默读。这因诵读时，口诵、心诵，其神不凝，往往不及默读的专心一志的容易记忆。总之：在教学效率上讲，默读要较诵读高得多了。

（三）默读的要素

我们要增进默读教学的效率，不可不注意读书的四要素。现在大略说明于下：

a. 速率　社会文明一天进步一天，我们所读的书也随之一天增加一天。我们要满足这个欲望，要适应这个需求，非具有较高的读书能力，简直无达到目的的希望。速率的快慢，是读书能力里一个紧要的关键。比如甲一小时可读一万字，乙则半之；依此推算，甲一月所读的书，乙非二月不能读完；甲一年所读的书，乙非二年不能读完。谚云：其始也简，其毕也巨；速率较慢的损失，何等地大啊！常人对于读书速率，往往漫不措意；这于日坐茶肆以徐读报纸做整日消遣的，固无得失轻重的可说；但在讲求时间经济的说来，却认为一件十分重要的事实，不可不亟谋补效的方法了。

b. 理解　读书速率，固然十分重要，然内容的了解，要点的擒捉，也是非常紧要的。有许多人，得到书籍以后，莫不朗朗成诵；但叩以究竟，往往瞠目不知所对。这种读书，读如不读，精力时间不是白费了吗？我们读书，不论欣赏的、研究的，总以探知书中意义、吸取书中精华为主要的目标。普通以为速率和理解的增进是立于相反的地位；但据海欧教授等试验，速率增加，理解能力并不减少，有时且反表示我们预料以外的现象呢。理解的重要如此，进步的情形如彼，我们不教学默读则已，如果教学默读，当然要与以相当的注意了。

c. 组织　这里所说的组织，不是指字句的形成、章节的结构，而着重于内容的是否明了和对于吸取的内容是否能组织而成为有系统有意义的智识经验说的。我们读书，最紧要的任务，是把人家的意见，一经研究，便融化成自己整个的意见；然后应付变化不绝的环境，绰有余裕，不至捉襟见肘，无所适从。我们知道：知识的增加，经验的扩充，有赖于读书时的组织的工夫是很大的；所以组织力的怎样培养，怎样发展，是读书教学上一个较重大而必须解决的问题。

d. 记忆　上面三项，是读书所不可缺的要素，然记忆能力，也不可不注意增进的。新法教学盛行以来，有一般人以为强记是一种没意义的工作，所以助长记忆能力的种种方法，大多略而不究。这实在是一种谬见。试想：读书而走马看花，一转瞬间，已把所读的内容掷诸九霄云外，那么读书作用不是大大地减少了吗？我们并不主张凡看过的材料，要一字一句枝节地琐屑地记忆起来；我们所希望的：凡是吸取到的整个的智识经验，不能不保持得永久些或坚固些。要是能够做到，解决问题，应付环境，当然要便利得多：这是一件十分明白的事。

（四）默读的时间

默读的价值和重要，上面已经大略论过了。时间怎样支配呢？这也是一个必须解决的问题。现在普通小学里很多不识默读为何物的，这当然要加以彻底的改革。改革的步骤，可分下面的三步：

第一步　就原定诵读的时间里，抽出一部分来，提倡奖励学生的默读。默读时最要留意的，是免除暗发喉音的倾向和养成有规则眼动的习惯的两点。进一步，各科教学，凡参考研究资料，设想解答问题，除在必要时机不得不用诵读外，都利用默读，使时间方面不至过于浪费。

第二步　于正课以内，设默读时间。每星期的支配，长则六十分，短则三十分，视年龄、年级等等情形而定。学生阅读时，教师要把默读方面种种良好习惯，逐一指示他们。能用各种比赛方法，使他们速率、理解、组织、记忆等能力有相当的发展尤好。

第三步　除上列两项办法外，正课以外，可组织儿童阅书室，使工作余暇有正当消遣的地方。阅书时，要订定各种规则；最要的，阅读不得出声，免妨他人工作。阅读时间，可就实际情形酌定。大概支配得法，每人每天可得一小时左右阅读的权利。

上面三个步骤一一做到后，默读时间，当已不少；读书能力，定可大大的增进。读书能力既然增进，学习各种功课，文字方面的障碍，不容说有相当的革除，进行起来要便利得多了。

（五）默读的材料

默读的时间支配好了，如果所选的材料，不切合儿童，心理不适应儿童能力，那么，阅读的结果也许要一无所获的。以前儿童所读的材料，平铺直叙，简短枯涩，读了以后，昏昏欲睡，丝毫没有兴趣可说。现在我们不可不想法改革了！改革的第一步，最好定好选材标准，然后参酌了设备，才可免去经济方面无谓的消耗。现就内容、形式把选材标准说明于下：

A. 内容方面　儿童默读的材料，至少须适合（一）为文学的，（二）为各异的两个条件。为甚必须为文学的呢？要适应儿童自然的需要，要发展儿童想象的能力，要满足儿童好奇的本能，要培植儿童丰富的感情，非用文学的材料不行。不然把千字文式、百家姓式的材料，强使儿童阅读，读书兴趣既无从发生，读书能力又怎样增进呢？这是我们改革以前深深感觉到的一件事。为甚必须各异的呢？喜新厌旧，人之常情，而以儿童为尤甚。要希望儿童读书兴趣历久不衰，与时俱进，阅读的材料非有层出不穷的新奇色彩不可。文学材料能够适合儿童心理的有：（a）诗歌，（b）童谣，（c）谜语，（d）寓言，（e）童话，（f）故事，（g）游记，（h）传记，（i）小说，（j）剧本……等。我们如能按照儿童心理方面的自然的需求，把各类材料分配组织好了，然后介绍他们阅读，所收效果必定是十分美满的。

B. 形式方面　形式的好坏，足以影响儿童读书能力者至大。常人对此大多忽略不究。不知弱小的心灵，非身心发达成熟者可比；偶或不慎他们所受到的损失已不可计算了。就普通情形说，形式方面不可不注意的，为：（甲）文字形式，要（一）合于儿童语言自然的次序的，（二）层次明晰的，（三）行文活泼的，（四）不雕砌或敷衍的……；（乙）印刷形式，要（一）插图多而美的，（二）各行的排列与长短均匀的，（三）字体较大的，（四）标点详明的，（五）字与字、行与行有相当的距离的，（六）文字分段的，（七）纸张的质料色泽不损目力的，（八）装订合法的……等。

选材标准，略如上述。我们购置图书时，在现在出版界情况之下，固难一一顾到；但总以抱定宁缺毋滥的态度，加以较严密的批判审查才是。

我们于近三年来，一方面在各科教学内，竭力提倡默读；一方面把默读时间，规定在上课时间表内；一方面又鼓励儿童在课余之暇，到指定处所默读他们所喜欢读的书。关于默读的材料，由担任指导读书的教师和较有读书研究的教师，详细审查，详细研究，然后依照材料的深浅，分配成阅读的阶段。阶段自第一起，到十八止，共有十八个。每个阶段里的图书，少则数十本，多则数百本。儿童阅读，要按自己默读的程度，支配相当的阶段，试验以后，深信现用材料和现行方法尚有可取的地方，现在先把十五年六月五六年级默读测验成绩写出，做一个较有力的证明；次把默读所用的材料——五六年级用——列举出来，以便同志们的参考。至于方法，将于第六节内，大略讨论一番。

十五年六月五六年级默读测验成绩

学　　级	五年级	六年级
该级应达到的年级地位	6.0	7.0
测验的年级地位平均	6.8	8.4
同年程度平均	57.0	63.1
总成绩平均	56.6	66.2
努力数平均	49.5	51.0
实足年龄平均	12.8	13.5

从上表看来，年级地位同年程度两方面，均比较的增高。譬如五年级应该达到的标准为6.0，而测验结果为6.8；六年级应该达到的标准为7.0，而测验结果为8.4；前者高出一年，后者高出一年半。同年程度的比较，50为标准，比50大的好，小的不好。现在五年级的平均数为57，六年级的平均数为63，是都在50以上了。再就努力数平均数看，一为49.5，一为51，是智力的使用恰如其量。要是阅读的时候，再努力一些，所得成绩要更加来得高了。下面是五六年级所用的默读阶段，关于材料必须订正或润饰或删节的，加“?”的记号，以示分别。

十二阶段——第十三阶段以上，四年以上用。

书名	出版处	价值
小小说	中华书局	$0.05
童话	商务书馆	$0.05
京语童话	同上	$0.08
世界童话	中华书局	$0.05
中华童话	同上	$0.05
家庭童话	商务书馆	$0.12
中华故事	中华书局	$0.1
我的书	同上	$0.05—0.3
儿童文学丛书	商务书馆	$0.7
托尔斯泰文学类编	同上	$0.25
儿童创作集	中华书局	$0.5
儿童戏剧	文明书局	$0.2
伊索寓言	世界书局	$0.4
印度寓言	商务书馆	$0.35
莱森寓言	同上	$0.2
青年模范史	会文书局	$0.1
鸟的故事	北新书局	$0.15
吕洞宾故事	同上	$0.15
徐文长故事	同上	$0.15
竹林的故事	同上	$0.15
面包人	商务书馆	$0.15
冒险的猴子	同上	$0.08
希腊神话	同上	$0.2
俄德西冒险记	同上	$0.3
儿童文学读本（7、8册）	同上	$0.15~0.2

第十四阶段

书名	出版处	价值
俄国童话集	商务书馆	$0.25
新月集	泰东书局	$0.25
安徒生童话集	新文化书社	$0.25
稻草人	商务书馆	$0.9
无画的画帖	新文化书社	$0.15
王尔德童话集	泰东书局	$0.25
童话集	群益书社	$0.25
两条腿	北新书局	$0.45
天鹅	商务书馆	$1.2
蜜蜂	泰东书局	$0.25
列那狐的历史	开明书店	$0.5
水浒	亚东书局	$1.32
封神传	商务书馆	$0.6
岳传	文明书局	$1.2
西游记	商务书馆	$1.2
西汉演义	华众公司	$1.0
东汉演义	同上	$0.6
说唐全传	文明书局	$1.5
隋唐	群学社	$0.9
七侠五义	时还书局	$1.6
小五义	益新书局	$1.2
续小五义	同上	$1.2
三侠五义	亚东书局	$1.05
荡寇志精华	文明书局	$0.45
西游记精华	同上	$0.5
十五小豪杰	世界书局	$0.6

续表

书名	出版处	价值
万里寻亲记	商务书馆	$1.0
野人记	同上	$0.5
荒服鸿飞记	同上	$0.55
荒服鸿飞记续编	同上	$0.8
黑白记	同上	$0.3
黑白记续编	同上	$0.3
午夜角声	同上	$0.25
还乡记	同上	$0.5
欧战从军记	同上	$0.35
从军日记	北新书局	$0.12
江湖奇侠传?	世界书局	$0.6
近代侠异英雄传?	同上	$0.5
江湖剑客传?	同上	$1.2
江湖小侠传?	同上	$0.5
江南三大侠?	交通图书馆	$0.8
古今义侠奇观?	世界书局	$0.6
窟中女侠	同上	$0.8
福尔摩斯新探案	同上	$1.8
李飞探案集	同上	$0.5
中国福尔摩斯	同上	$2.0
福尔摩斯秘密大侦探	东谊书局	$0.4
法国侦探女魔王	国光书店	$0.7
爆裂弹	大东书局	$0.7
假铁面	世界书局	$1.6

续表

书名	出版处	价值
老虎党	同上	$0.8
铁练党	同上	$0.3
残仇记	同上	$0.3
蓝汽车	同上	$0.3
八一三	中华书局	$0.8
欧美逸话	同上	$0.4
爱的教育	商务书馆	$1.3

第十五阶段

书名	出版处	价值
阿丽斯漫游奇境记	商务书馆	$0.6
路曼尼亚民歌一斑	同上	$0.15
尝试集	亚东书局	$0.4
隔膜	商务书馆	$0.5
火灾	同上	$0.6
线下	同上	$0.7
城中	开明书店	$0.5
超人	商务书馆	$0.45
芝兰与茉莉	同上	$0.4
海的渴慕者	民智书局	$0.5
海滨故人	商务书馆	$0.75
雪夜	亚东书局	$0.25
狂人	晨报社	$0.6
一叶	商务书馆	$0.6
鲁滨逊归航记	大东书局	$0.3
俄宫见闻记	亚东书局	$0.3
匪窟生活	晨报社	$0.3

续表

书名	出版处	价值
南洋旅行漫记	中华书局	$1.2
雍正剑侠奇案	中华图书馆	$1.2
秘密地穴	桃坞图书馆	$0.4
林肯	商务书馆	$0.3
巡按	新教育社	$0.1
木兰从军	中华书局	$0.15
学校剧本集	商务书馆	$0.8
三国志	同上	$1.2
儿女英雄传	群学社	$2.0
镜花缘	群学社	$0.65
官场现形记	中国印刷厂	$1.2
九命奇冤	世纪书局	$0.9
胡译短篇小说	亚东书局	$0.4
莫泊桑短篇小说集	商务书馆	$1.2
欧美名家短篇小说丛刊	中华书局	$2.5
小说汇刊	商务书馆	$0.4
小说第一集	晨报社	$0.8
小说第二集	同上	$0.8
东方创作	商务书馆	$0.1
中国创作小说选	新文化书社	$1.3
英雄走国记	国光书局	$1.2
苦英雄	青年协会	$0.35
小说月报创作小说	商务书馆	$0.1

第十六阶段

书名	出版处	价值
剧本汇刊	戏剧协社	$0.55
山河泪	商务书馆	$0.3
复活的玫瑰	同上	$0.5

续表

书名	出版处	价值
一只马蜂	现代评论社	$0.3
聂嫈	光华书局	$0.2
阔人的孝道	晨报社	$0.2
梅脱灵戏曲集	商务书馆	$0.55
现代独幕剧	同上	$0.1
女神	泰东书局	$0.55
呐喊	新潮社	$0.7
彷徨	同上	$0.8
纺纶的故事	新潮社	$0.7
达哈士孔的狒狒	中华书局	$0.7
盲音乐家	同上	$0.5
近代俄国小说集	商务书馆	$0.1
近代法国小说集	同上	$0.1
近代日本小说集	同上	$1.0
近代英美小说集	同上	$0.1
现代小说译丛	同上	$1.0
太戈尔短篇小说	同上	$0.2
托尔斯泰短篇小说集	同上	$0.65
莫泊桑短篇小说集	同上	$0.55
柴霍甫短篇小说集	同上	$0.9
冬夜	亚东书局	$0.6
繁星	商务书馆	$0.3
雪朝	同上	$0.5
万里步行记	世界书局	$0.5
荒岛孤童记	同上	$0.6
旅伴	北大出版部	$0.4
凡尔登战记	商务书馆	$0.5
红楼梦	群学社	$2.8
火油井	世界书局	$0.3
亚森罗苹案全集	大东书局	$5.0
新俄国游记	商务书馆	$0.35
点滴	北大出版部	$0.7

第十七阶段

书名	出版处	价值
时谐	商务书馆	$0.3
隐侠记	同上	$1.4
续隐侠记	同上	$1.8
天方夜谭	同上	$1.4
小人物的忏悔	同上	$0.5
青鸟	泰东书局	$0.6
一个青年的梦	商务书馆	$0.7
易卜生集	同上	$1.0
华伦夫人之职业	同上	$0.35
桃色的云	新潮社	$0.7
爱罗先珂童话集	商务书馆	$0.7
太戈尔戏曲集	同上	$0.4
儒林外史	亚东书馆	$0.9
广陵潮	震亚书局	$1.2
鱼雷	中华书局	$0.31
鲍亦登侦探案	同上	$1.4
小拿破仑别记	同上	$0.25
儿童历	同上	$0.5
武侠丛谈	商务书馆	$0.6
火星飞艇梦	中华书局	$0.2
火星与地球之战争	同上	$0.2
波兰遗恨录	同上	$0.35
旅行笑史	同上	$0.55
幼女遇难得救记	广学会	$0.2
老残游记	商务书馆	$0.6

第十八阶段

书名	出版处	价值
福尔摩斯侦案全集	中华书局	$4.0
侦探小说大观	交通图书馆	$2.4
生死美人	文明书局	$0.35
蛇首	中华书局	$0.4
水晶瓶塞	中华书局	$0.5
秘密军港	商务书馆	$0.6
血手印	文明书局	$0.15
蒙古旅行记	泰东书局	$1.2
快活之旅行	文明书局	$0.3
东周列国志	商务书馆	$0.6
百侠英雄奇观	世界书局	$0.5
西方搜神记	广学会	$0.3
域外小说集	群益书社	$0.36
鹰梯小豪杰	商务书馆	$0.3
孝女耐儿传	同上	$1.4
苦儿流浪记	同上	$0.8
瞽儿就学记	同上	$0.8
英孝子火山报仇录	同上	$0.9
撒克逊劫后英雄略	同上	$1.0
爱国二童子传	同上	$0.75
玑司刺虎记	同上	$0.65
鲁滨逊飘流记	同上	$0.3
鲁滨逊飘流记续编	同上	$0.3
块肉余生述	同上	$0.15
媒孽奇谭	同上	$0.2
金银岛	同上	$0.1
义黑	同上	$0.2

上面把默读阶段的材料，一一举出了。我们在选择的时候，虽

尽了力，费了神，加以严密的批评和审查，但结果所得，也许对于所列选材标准，有许多违背的地方，我们深愿采用的同志，再比较研究一番，然后视经济情形，酌量购置，那么，学生所得益处，当可更加宏大了。此外，内容深浅，不易分别的材料，坊间发行的，却已不少。我们就利用这种材料，使学生课余自由选读，以便适应他们的需要。试验以后，觉得可用的有下列几种：

书名	出版处	价值
小朋友	中华书局	$0.06
儿童世界	商务书馆	$0.03
少年良友	少年良友社	$0.04
少年杂志	商务书馆	$0.1
好孩子	同上	$0.12
儿童文学	中华书局	$0.15
侦探世界	世界书局	$0.3
小说月报	商务书馆	$0.2
初中国语教科书	商务书馆	$1.2
国语本读本	世界书局	$1.2
古文观止	商务书馆	$0.6
白话书信	亚东书馆	$0.64
新的小说	新潮社	$0.1
历代白话文范	广文书局	$0.7

又因儿童阅读的时候，遇着不识不懂的字句，除向指导教师询问解释外，不可不备些字典和辞书，以便自己的查阅。下面数书，似有设置的必要：

书名	出版处	价值
康熙字典	文明书局	$0.4
国音字典	商务书馆	$0.4
学生字典	中华书局	$0.3

续表

书名	出版处	价值
京音字汇	民国书局	$1.2
国音学生字汇	商务书馆	$0.3
缩本新字典	同上	$0.8
国语词典	同上	$0.5
国音学生词典	同上	$2.0
国文成语辞典	图书公司	$2.5
辞源	商务书馆	$7.0

上面各书所标的价值，都是原来定价；实际购买时，有打九折，有打对折，甚有打四折三折的。这是应该附带声明的。

（六）默读的方法

默读的图书阶段已分配好了，怎样使儿童去阅读呢？在学期开始的两星期中，用改进社出小学默读测验，分期分级测验学生。统计测验结果，视T分数（总成绩）或G分数（年级地位）的高低，决定各生阅读的阶段，这是第一步。把分配好的阶段，印成图书目录，使学生在取书之前，先加一番选择功夫，这是第二步。把各阶段的图书分架陈列再用简明的记号，标帜各种图书，使学生取阅，十分利便，这是第三步。学生入室阅读，先按照分配好的阶段，把目录检查一下，然后决定喜读的书，到书架上选取；取书以后，入座阅读；有不明白的地方，或问教师或查字典，以便吸取书中大意，这是第四步。读完一篇一书或一阶段之后，报告结果于教师；教师略加考查，如果认为及格，可改读他书或升读上一阶段图书，这是第五步——详细方法，见《初等教育》二卷一期《读书教学的理论和实际》一文内。

前面所说的，是学生默读方法的大概；此外为增进速率、理解、组织、记忆四种要素起见，更须注意下列诸要点：

a. 养成有规则眼动的习惯。

b. 免除发喉音的倾向。

c. 明了速率价值，且有求进步的决心。

d. 读时有一定目的。

e. 札记要点。

f. 组织纲要或图表

g. 读时有解决问题的态度。

h. 留意卫生。

i. 遵守秩序

我们要希望上列各种要点，一一显其作用，最好时时利用各种比赛方法。儿童没有一个不好胜的，能用比赛事项，引起他们的注意，促进他们的努力，那么，可收事半功倍的效果。这我们已屡试屡验了。不过我们要留意的：比赛单位，与其用个人，毋宁用团体；这样协作的习惯，更可养成于无形之中了。

（七）默读的地点

普通对于默读的地点，大半置而不讲，这是很不该的。成人读书，目的明了，注意坚强，外界纷扰，丝毫不足动其心。儿童呢，他们读书，不过满足自我的需求罢了。假使阅读地点，或毗邻街市，或接近操场，声浪一至，全幅精神便可不知去向。这时性情暴躁，抛书外出，探究声浪的由来；安静的，也心不在焉，视而不见了。这种现象，在担任读书教学的教师，是时常可以看到的。所以小学生默读的地点，应该设置于全校最宁静的所在；务使外界些微刺激，不易传到读者之前：这是计划默读地点第一应该注意到的事；其次室中布置，如书架的陈列，桌椅的安排，图书的装置，门窗的开关……等，都该整齐调匀，含有美的意味。而画片的悬挂，花草的陈设，凡是增加美的色彩的，更宜按照时令，设计点缀。室的外面，如能多种些葱茏青翠的树木，多养些活泼玲珑的禽鸟，那么，儿童在花香鸟语里，静心欣赏所爱的图书，小小的心怕要酣醉了。这种环境，是儿童乐于活动的环境，我们应该怎样去应适他们的需求呢！

（八）默读的考查

默读考查的材料，可分标准的、非标准的两项。标准测验，现有下列几种可用：

a. 陈鹤琴氏《初小默读测验》。

b. 陈鹤琴氏《小学默读测验》。

c. 俞子夷氏《小学默读测验》。

d. 俞子夷氏《小学白话文测验》。

——c、d 两种，标准已经求出尚待印行。

用上面几种标准测验去考查儿童默读成绩，手续既十分简便，而得到结果以后，可和全国各校学生的默读成绩相互比较，缺点优点的所在，不难了如指掌：这是何等省力的事。至于非标准测验材料，担任的教师尽可斟酌实际情形，自己编造。中华出薛溱舲等所编《小学各科成绩考查法一书》中，所举例子，也不下十种。我们能够预先定好考查目标，如速率的考验、理解的考验、组织的考验、记忆的考验，或只查一项，或兼考数种，不妨自编材料，把考查结果，整理统计出来。所困难的：非标准的测验，仅供一校自己比较用；要和别校比较，非采用标准测验不可。

（原载《教育杂志》第 19 卷第 4 号，1927 年）

8. 小学默读教学实施计划之尝试

卢冠六

在这次上海市市校国算成绩展览会里，处处可以见到各校对于默读练习方面已有相当的注意。的确，默读练习在国语科教学里是一个很重要的问题，因为它和儿童读书的习惯以及阅读能力的二方面都有很重大的关系。

所以我校（上海市立隆德小学）在去年下学期起，就预备注意实施，并草拟了一个计划，以便做实地教学时的依据。虽则遗漏和错误的地方很多，但或许可以供实施默读练习的学校做一些小小的参考罢。至于实施后的经过情形如何，那只能待以后再整理报告了。

甲、动机：

在前此不远的某一个时期，我们在中高年级国语读文课里，除依教科书施行精读教学之外，曾参用了一部分的补充的教材，叫儿童略读。我们发现本校各级儿童的阅读能力竟非常薄弱。我们进而推究它的原因，就观察到下面几件事实：

1. 儿童看书时常常发出微声或嘴唇掀动。
2. 看书时认识的广度太短，差不多要一个一个字地看过去。
3. 读书的方法太机械，并常常停顿。
4. 读了一篇较长的文字，就觉得很吃力。
5. 理解力太薄弱。
6. 阅读文字书籍的兴趣也很缺乏。

鉴于上面的种种缺点，我们便觉悟到我们平时对于默读教学少注意的缘故。为谋补救起见，就有默读教学具体计划的研究和实施。

乙、默读教学的步骤和计划：

步骤一：

1. 设法奖励儿童的默读。

2. 注意矫正儿童在读书时所发现的种种不良习惯。

3. 逐渐养成儿童在阅读时眼动有规则的习惯。

实施计划：

1. 在读文课内，相机抽出一部分的时间——但不必固定——专门指导默读。

2. 下列几种方法常常注意活用。

（1）读文课内，使儿童常练习默看课文的大意。

（2）多行快读比赛。

（3）多令儿童限时读完全文，问答大意。

（4）课文新授或温习时，教师常很活动地提出问题，叫儿童从书里很快地找答案。

（5）使用句子的闪烁片练习，使儿童眼动加速。

（6）多读简单有趣的文章。

3. 注意调查儿童在读书时所发现的不良习惯。

步骤二：

1. 把阅读的种种良好的习惯指示儿童，并设法训练。

2. 注意儿童阅读速率、理解、组织、记忆能力的培养。

实施计划：

1. 规定默读时间。根据各教育家研究的结果，我们知道：

(1) 儿童在二年级时即有默读的倾向。

（2）在四年级时，儿童的默读速率已远过朗读。

（3）各学年朗读和默读的分量的支配如下表：

年级	默读	朗读
六	9%	10%
五	80%	20%
四	73%	27%
三	64%	26%
二	35%	65%
一	10%	90%

我们参照上述的意见，把各级默读时间规定如下：

（1）二年极可相机练习，时间不定。

（2）中年级每周课内至少可有三十分钟，课外时间不固定。

（3）高年级每周课内至少可有六十分钟，课外时间不固定。

2. 种种不良习惯的校正和补救举例如下：

（1）说明什么是阅读的良好习惯。

（2）练习使儿童阅读时先明了书中大意。

（3）阅读时用手指按住嘴唇。

（4）读书不出声的奖励。

（5）课外补救。

3. 每周举行默读能力测验使儿童能明了自己的进程方法如下：

（1）选适当的材料一篇发给学生（文字内容宜是生动的浅显的，难字最好要预先提示过）。

（2）读的时限有一定，同起同止，每三分钟或五分钟一结束做一记号。

（3）把儿童在几分钟内所看字数，求出每分钟平均数来。

（4）每次的成绩要有统计揭示在教室里，激发儿童使继续努力。

（注）这种测验要每周举行一次，并同时举行理解力的测验。

4. 常用选择、比喻、问答、联想等法考查儿童对于课文或书本内容的理解，以免草率及不注意等恶习惯。方法如下：

（1）默读材料多含常识分子的，用选择法。

（2）默读材料多含推理分子的，用比喻法。

（3）默读材料须与以自由评判之机会时，用问答法。

5. 常用动作表演复述等方法令儿童表示对于文字的理解。

6. 多多供给简易爽达有兴趣的儿童文学作品引起儿童的欣赏。

7. 使用默读标准测验以考查儿童能力的进程。

（1）时期　在每学期始测验一次，学期中学期末各测验一次以资比较。

（2）材料　用陈鹤琴氏《小学及初小默读测验》。

8. 读文课内把朗读的时间尽量减少。

9. 常举行默字测验。注意儿童所识字汇的增加。

10. 订定读文科默读教学过程以便教学时之应用。

11. 在各科教学中常相机试行同样的练习。

12. 引导儿童参观他校图书馆及他校小朋友的课外阅读状况。

步骤三：

1. 扩充并供给儿童默读的机会。

2. 鼓励阅读后的发表活动。

实施计划：

1. 组织儿童图书馆提倡儿童课外阅读。

（1）低年级组织级图书馆。

（2）中高年级即利用校图书馆尽量搜集有价值的儿童图书。

2. 中高年级起每学期各级读书科除备读本外，各级兼用程度相当的补助读本。每周定期指导并加考查。

3. 中高年级起每级规定每学期课外阅读材料的最少限度。

（1）材料选程度适宜，趣味浓厚，篇幅较长的文艺作品十种。

（2）课本要由各级自备必须够全体的轮流阅看。

（3）学期始就订定本学期内所必须阅读的书名和本数（大约在半数以上）。

（4）阅后须把要项摘记在阅读笔记簿上。

（5）阅读的成绩要有公开的统计并揭示。

4. 予以选择的阅读材料鼓励儿童自由阅读。

5. 常行故事会或读物介绍会，以引起儿童的兴趣并增加儿童阅读后的发表机会。

6. 中高年级起每级订购适当的定期刊物，以供给儿童的阅看，如《小朋友》、《少年杂志》及日报等。

7. 设置儿童舒适的阅读环境。

（1）光线充分的阅书室。

（2）清洁幽静的阅报室。

（原载《教育杂志》第23卷第12号，1931年）

9. 小学默读练习的试验

徐亚倩

一　默读的重要经济和效率

格雷氏（W. S. Gray）研究九百个成人阅读习惯的结论是：他们阅读书报时几乎完全默读的，常常朗诵的只不到白分之五。派尔森（Parsons）研究二百十一个成人阅读习惯的结论是：一百三十七人完全不是朗诵的，七十四人是朗诵的，而这中间常常朗诵的，也只七八人而已。这样看来，默读的社会价值比较朗诵大得多。默读的重要，由此可见一斑。

朗读的显著特征，就是读出声音来。所以阅读的速率被发音动作所限制，因为发音动作不能像眼球动作一样快。默读就不受这一层限制，自然比较朗读快。

休爱氏（Fluey）研究二十个大学毕业生阅读速率的结论是：在默读时，二十个人的平均速率通常速度是每秒读五点六三字；最高速度是每秒读八点二一字。在朗读时通常速度是每秒读三点五五字，最高速度是每秒读四点五八字。雪米特（Schmidt）对于阅读的速率，曾作一个精密的实验研究。他的结论是：成人在默读时，每秒读五点一字；在朗读时，每秒只读三点〇八字。以上各种研究的结果，很能明白显示成人的默读比较朗读快。

儿童们也和成人们一样，默读时比较朗读快。亚勃霍梯格（O

-berholtzer）曾测验过八百个三年级到八年级的学生。测验的结果列在下面表内，用每秒钟所读字数计算。查特氏（Judd）研究过四十四个学校中数千个学生的朗读和默读的速率，用每分钟所读行数计算，研究的结果亦列在下表内。

默读和朗读速率的比较

年级	每秒钟平均阅读字数（Oberholtzer）		每分钟平均阅读字数（Judd）	
	朗读	默读	朗读	默读
Ⅱ	……	……	13	16
Ⅲ	2.1	2.3	16	22
Ⅳ	2.3	2.6	14	21
Ⅴ	2.4	3.1	15	20
Ⅵ	2.8	3.9	16	24
Ⅶ	3.1	4.7	16	21
Ⅷ	3.9	4.8	16	21

上面表内很足以显示在两种研究中，各级默读的平均速率比较朗读的平均速率高。这样看来：无论是成人，是儿童，默读总是比较朗读快。这就是说默读比较朗读经济些。

普通以为拿理会所读的材料讲，朗读总比较默读有效力。因为朗读不但得到视觉的印象，并且还可以得到听觉的印象。可是关于这问题研究的结论，适得其反都显示默读的了解率较高。譬如密特（Mead）对五班六年级作一个两分钟的测验，默读后重述大意，比朗读后重述大意成绩较优。他后来又对十七班三年级到十年级的学生，作一个同样的一分钟的测验，结果是用默读的十七班中有十五班成绩较优，学生的百分之七十成绩较优。据品脱奈（Pintner）测验二十三班四年级学生的结果，默读后能重述原文的百分之四十的要点；朗读后只能重述原文的百分之三十四的要点。品脱奈和格里兰（Gilliland）试验五十个大学生的结果是：默读的了解率较高，他们所用的材料是二百字长的选文。这样看来：默读的了解率比较朗读的高，是很显著的事实。

以上所述，很足以显示在社会生活中，默读的功用较大，并且默读的速率也较大，而在默读时比较地更能明了所读的东西。因为默读较为重要、经济和有效率，所以现在学校中自应着重于发展默读习惯的训练。

二　默读在小学学科中的地位

格雷氏在一九一八年中，调查二百五十个四五六年级的教师。请他们列举学生在预备知识科的功课指定时，怎样应用阅读能力。下面所列举的是，提到次数最多的阅读的目的。一、在阅读时，将所获得的观念，和过去的经验相联络。二、寻找答案，或解决引起思想的问题。三、寻出作者的目的。四、寻出一节或一篇的最重要的观念。五、选出主要几点和关于各主要点的细目。六、从所读的材料中，求得最确切的结论。七、选出有关所讨论问题的事实。八、批评所叙述的是否确切。九、发现研究的问题。十、记忆和重述所阅读的材料。

由上面十个阅读的目的看来，所用到的阅读方式，多是默读。小学生所以常常不能预备指定的功课，使教师满意，大部分是因为预备功课时，所用到的是默读。而他们日常所受的训练却是朗读。

把这二百五十个教师的报告，分科地分析起来，阅读在学校活动中，是重要的原素；而在各科中，它的功用稍有不同。下面列举阅读在四科中的功用：

一、在文艺科中的功用：A. 获得中心思想。B. 决定事实的线索。C. 记忆和重述故事的布局。D. 获得描写和角色的想像。E. 由阅读伟人的传记，培养理想。

二、在地理科中的功用：A. 预备详细和组织完美的报告，供给上课时的讨论。B. 寻出某种事实的原因。C. 寻出各种理由，如“为什么?”“怎样?”D. 比较所叙述的事实，以求得结论。E. 证明所求得的结论。

三、在历史科中的功用：A. 区别重要的和不重要的事实。B. 区别原因和结果。C. 比较各书中所叙述的长短。D. 寻出历史事实发展的线索。E. 选择关于所讨论题目的各方面的材料。

四、在算术科中的功用：A. 决定问题的主要条件。B. 获得了解问题所必需的知识。C. 了解并记忆定义和定理。

由上述阅读在各科中的功用看来，各科中所需用的阅读，也差不多都是默读。在小学校的活动中，阅读的重要既如上述；而所需用的阅读方式又是默读，那么默读在小学校的活动中所占地位的重要，盖可想见。有许多学生在各科中成绩的低劣，乃由于默读能力的缺乏，尤其在知识科中，据夫勒脱卫耳（Fretwell）、卡斯（Case）、斯米司（Smith）、卫波（Weff）诸人的研究，默读的成绩和各科的成绩，有很高的相关。

三　默读练习的试验

默读的重要、经济、效率和在小学各科中所占的地位，既如上述，那么小学校中自应注重默读。据美国全国教育研究会（National Society for the Study of Education）之读法研究委员会（National Committee on Reading）的意见：在小学一年级中，默读和朗读的分量应相等。在小学二三年级的时候，是阅读的基本态度、习惯和技能发达最速的时期。在这个时期中，默读的基本能力，应有相当的成熟。可是拿现在中国小学校的实际情形来讲，在一二年级中，读法的全部时间，却费于朗读上；就是在三四年级中，读法的时间，大部分还是费于朗读上面。所以默读虽如上述那样的需要和重要，可是在小学校中，默读能力的发展，完全任其自然（默读测验虽已出版有年，可是默读教学和练习，从没有提到过）。无怪小学毕业时，还没有养成阅书能力和兴趣，因为过量的朗读训练足以妨碍默读的发展呢！并且小学校的国语读本，完全充满着叙事的故事和寓言，所能养成的阅读能力，也只是限于消遣式的阅读。可是在社会生活中及学校生活中，所需要的阅读能力，是参考的能力和组织的能力，即所谓应用式的阅读。这一点，学校中完全没有注意到，例如一个小学生不能解决算术应用问题，大半是由于不能看懂算术问题中的意思，这是有关于阅读能力的。这种阅读能力，和阅读文艺的能力不同，自不能由阅读文艺的读本及补充读物所能养成。在算术课中，大部分时间又费于练习运算，无闲顾到训练阅读算术应用问题。所以即在小学高年级，解决应用问题，仍是一个大困难。

我校的默读练习（上海市立第一实验小学），就是感到上述的缺憾而产生的。现在把它的大概情形介绍于后。

A. 默读练习的目的。我们确定几个默读练习所应达到的目的如下：(1) 能获得一节、一部分，或全文的中心思想。(2) 能明了一问题的重要条件。(3) 能根据一问题而选择材料。(4) 能分析联络和组织所读的材料。(5) 能理会作者的目的。(6) 能明了作者的组织。(7) 能比较所叙述的事实和判断结论的是否正确。(8) 能增进阅读速率，而同时能有相当的了解。(9) 能注意于全文的主要点，俾能重述给人家听。(10) 培养阅读的正常态度。

B. 默读练习的材料。上面已经说过现在小学校的阅读材料，多是偏于叙事性质的文艺，只能够养成所谓消遣式的阅读能力。所以我们现在所采取的材料，注重实用的事实的材料，如属于自然社会等科知识性质的材料。这样可以补救小学校中阅读材料的偏重，而能培养应用式的阅读能力，以达到上述的目标。我们所用材料的方式，略仿陈编的《默读测验》。在每篇文字后，附有十个问题，考查默读了解的程度。每篇的问题数只限十个，是便于记载。每次练习记载了解的成绩，前后以资比较，请参看下面的记载表，自然会明白。每问题后附有四个答案，只有一个是正的，使学生选择一个。这样使便于校阅，不至多费教师的时间。问题的性质须含有事实、想像、组织和判断各方面，这样不至偏重于阅读的某一方面能力了。我们选材的标准：一是适宜于默读的；二是接近学生生活的，不致使学生不了解；三是适合儿童兴趣的。现在举一篇四年级应用的材料在下面，看了可以格外明白些。

荷兰孩子的游戏

荷兰人很欢喜游戏，在冬天河道冰冻的时候，他们都坐着雪车出去滑冰。有几辆是用狗来拖的。有些坐雪车的人，用那装着钢尖头的短棒，当做行船的划桨，把坐的车子推向前走。有一种雪车或冰船，也有一面篷借着风力向前进行。

在冬季中，有人在冰上张了帐篷，里面开个店铺，出卖热汤、牛乳和面上有糖的糕饼。那些女孩子在这时候，也把他们的小偶人拿出来，放在雪车上拉着走，那些男孩子就在冰上穿着他们的木鞋子，用一根装钢头的棍，推着向前跑。

每年十二月五号的夜里，荷兰孩子以为有个快乐的老人，要从家家的白色屋顶上面走过。这老人有长的胡须，身上穿着一件边沿装着白毛的大红长袍子，他的名字叫做圣尼哥拉。

圣尼哥拉有一个黑佣人，他的背上背着两只口袋，装着礼物送给小孩。

这时候荷兰孩子要把他们的木鞋子，放在烟囱近边，口里边唱着歌，请求那老人放些好东西在他们的鞋子里面。

在这老人来的那一日，荷兰人家，都吃好饭菜；而且彼此还送礼物哩。那些礼物是分藏在各处的，小孩子常常费去多少时光，才寻出他应得的东西来。找寻礼物的时候越长，小孩子越是高兴，越是有趣味。

默读练习

荷兰孩子的游戏

(1) 荷兰人拖雪车用：①驴 ②马 ③狗

(2) 荷兰人推雪车用：①划桨 ②有钢尖头的短棒 ③短棒

(3) 荷兰有一种雪车前进时用：①风力②水力③轮盘

(4) 荷兰在冰上开店出卖：①应用东西②吃的东西③小偶人

(5) 荷兰女孩放在雪车上拉着走的是：①糕饼②方糖③小偶人

(6) 荷兰男孩滑冰时穿着：①木鞋、②鞋子、③钢鞋子

(7) 圣尼哥拉穿的衣服是：①白色、②黑色、③红色

(8) 黑佣人口袋里装着：①食物、②礼物、③玩具

(9) 荷兰孩子把木鞋放在①窗盘上、②门外、③屋顶上

(10) 送给小孩子们的礼物是：①给他们的、②一找就寻到、③不很容易寻得的

C. 默读练习的步骤。默读练习有三个主要的步骤：

(1) 预备——预备这步骤的目的，是在引起儿童对于材料的兴趣，引起默读的动机。通常用简短的谈话。并且教师可在这时候提出能预料的儿童在阅读时所遇到的生字，使学生不致在阅读时遇见

困难，以致所记载的阅读速率不正确。但生字的提出，须包含在一短句中，或一个词内，使学生易于记忆。这讨论生字的时间须短，不使学生发生疲劳影响到阅读。在学生默读前，教师可提出几个目标，使学生达到，如不发出声音来，嘴唇不动，不用手指或铅笔指下去，要获得全文的意义和思想等几条。

（2）默读——儿童在默读的时候，教师即做测量阅读速率的手续。测量阅读速率的详细说明见后。最好这时候有一个助手，观察着学生默读时的情形，注意着有不照上述目标阅读的学生，记载着并且随时加以指导。

（3）考查了解——学生默读完了后，就做考查了解的问题，就是选择一个正确的答案。做问题时，须先把阅读的材料放开，不使再翻阅，以免不能测量正确的速率。教师可在此时巡视桌间，随时加以指导。

D. 测量速率的手续。默读速率用每分钟阅读字数计算。测量速率时可用一套大小一律的计时卡，卡片的样式如下：

正面	反面
2	1:10

正面的 2 字是表示卡片的号数，反面的 1:10 是表示所经过的时间一分十秒。对于学生可作下面这样的指导："我叫你们翻开来看，你们就翻开来看。不要跳过，也不回头去看。看的时候不要发声。读毕时抬起头来看：卡片的号数是什么（可在教桌上放一叠书，把计时卡倚立在书堆旁，使学生都能看见），你就把卡片的号数填在问题纸"时间"二字下的空白内。从这个数目，可以计算出你们阅读

的速率来，所以这个数目足以表示你们读得怎样快。每隔十秒钟我把卡片号数调换一下，所以你们一读完毕，就要抬起头来看；不过不要在没有读完的时候就抬起头来看。你们填了卡片的号数后，就做底下的问题。每一个问题下面有三个答案，一个是对的，你们以为那一个答案是对的，就把这答案前的数字填在空白的括号中（可在黑板上举一个例子）。在做问题的时候不要再翻开文章来看。做完了问题把问题纸重头再看一遍，看有没有错误。看毕，把问题纸放在桌子的左角上，自己看别的书。”

计时卡的号数须预先排列好，正面是第一号，反面是一分钟的一张放在顶上，等学生完全明了上述手续后，等秒针走到六十秒时说：“翻开来，看！”等过一分钟时，显示第一号计时卡，秒针到一分十秒时调第二号计时卡。这样每隔十秒钟调一张计时卡。等学生都阅毕，可巡视桌间，注意他们计时卡的号数都填了没有，问题的答法对吗。注意最早完毕的学生，不使翻阅文章来看。了解用做正题数计算，做正一题，获得一分。

大家做完了，可互调问题纸，教师说出正的答案数，使学生交互校阅。校阅完毕后，使学生在自记成绩折上记载速率和了解的成绩。记载完毕后，将问题纸和自记成绩折收集。教师即将各人的成绩汇记于成绩总表上揭示着。下一天，教师可将自记成绩折和问题纸发还学生，和他们讨论练习的结果。对于读得极慢的学生，和读得虽快却不很用心的学生，特别加以训告。还可以把问题逐一讨论，使学生知道错误的所在。

E. 每次练习的记载。记载所以使学生知道自己的进步和自己的成绩在全班成绩中的地位，这样可以鼓励他们的努力。本练习的记载：速率以每分钟阅读字数计算，了解以做对题数计算。本练习所用的记载表，有下列数种：

（1）个别的——所以比较个人前后的进步。

a. 了解记载表。每次记载答对的题数，做对一题在表上画去一格。表式如下：

默读了解自记表

No. ________________ 姓名________________

周次	日期	做对题数									
			2		4		6		8		

b. 速率记载表。每次记载每分钟阅读的字数，表中每格代表二十字，表式如下：

默读速率自记表

No. ________________ 姓名________________

周次	日期	每分钟默读字数																			
						100					200					300					

（2）团体的——所以比较全班中各儿童的进步。

a. 了解记载表。记载全班中各个儿童每次做对题数，表中每格代表做对二题，表式如下：

默读了解记绩总表

姓名	做对题数									
	10									

b. 速率记载表。记载全班中各个儿童每分钟阅读字数，表中每格代表二十字，表式如下：

默读速率记绩总表

姓名	每分钟默读字数																			
					100					200					300					

F. 练习结果的统计。本练习所经过的时间至短，前后只不过是三个月。次数也不多，每星期只有三次。并且在实施时，因为学生过少，没有采用控制组。而影响阅读能力进步的因子很多，如平时上国语时的精读和默读，课外的自由阅读，在在足以使阅读能力进步。所以这里所得到统计的结果不十分可靠，不足以完全指出是默读练习的效率。不过据美国举行此种差不多样式的默读练习，都有

相当的效率，都能够使学生的默读能力有相当的进步，从没有失败过。所以我们敢深信：这里的统计，足以表示默读练习效率的一部分。本练习结果的统计，分下面三方面说：

（1）了解的进步。我们估计学生了解方面进步的方法，是把第一个月的前半月中各次做对题数的平均，和第三个月的后半月中各次做对题数的平均数，两相比较兹将结果列表于下：

默读了解进度表

四年级甲组

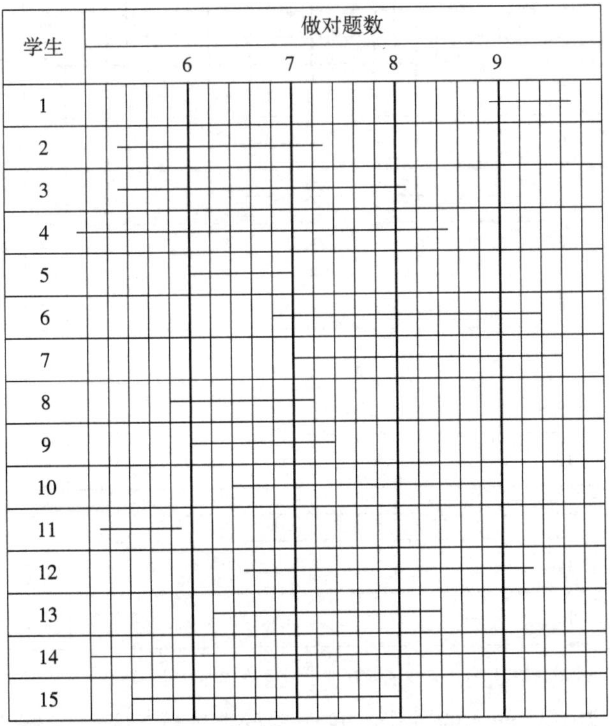

每五格表示一题，直线表示进步，如学生1从8.8进至9.7题。

（2）速率的进步。我们估计学生速率方面进步的方法，是把第一个月的前半月中各次每分钟阅读字数的平均数，和第三个月的后半月中各次每分钟阅读字数的平均数，两相比较。兹将结果列表于下：

默读速率进度表

四年级甲组

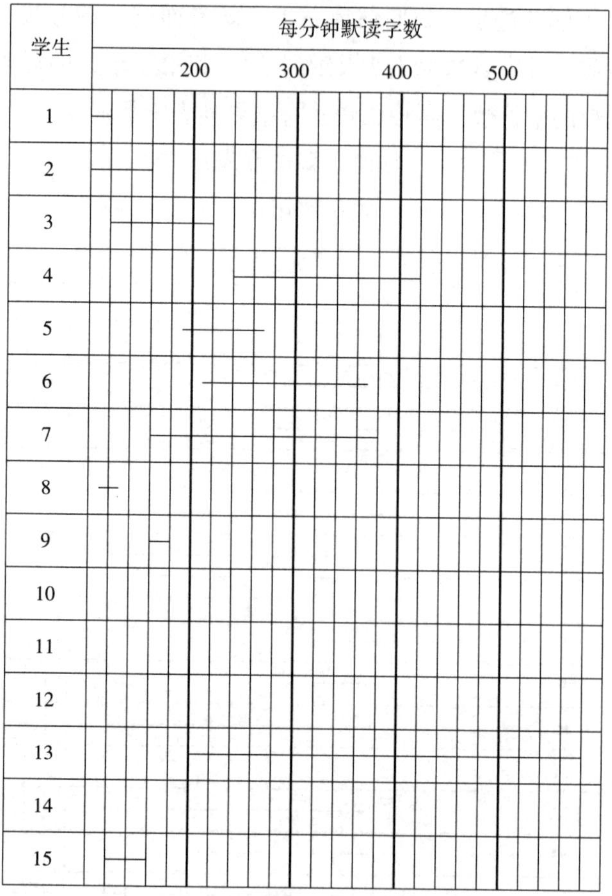

每格代表二十字，直线表示进步，一点表示不进步。

（3）默读总能力的进步。我在举行默读练习前，举行小学默读标准测验一次，经过三个月的默读练习后，再举行小学默读标准测验一次。各次求出T分数，两相比较，兹将结果列表如下：

默读 T 分数进度表

四年级甲组

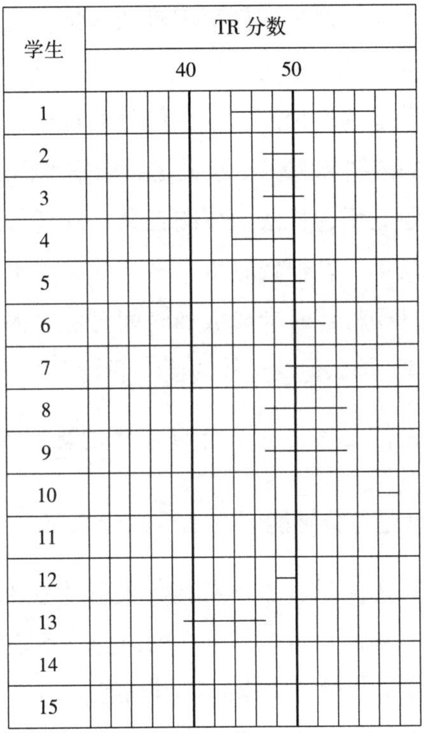

每格代表 TR 分数二分，直线表示进步，如金桃根从 46 分进至 56 分。一点表示无进步。

G. 实施时的心得。现在我把我们在实施时所遇到的困难，所获得的教训和儿童的反应，略述于下，或者可作举行同样的默读的练习者的一点参考：(1) 选材不易，要选择一篇材料，同时能适合下列条件：1. 适合学生的程度和经验，2. 适合于默读的，3. 适合于儿童兴趣的，4. 生字不能太多，5. 篇幅不能太长，6. 属于知识和事实方面的，实在不是一件容易的事情。我们所选择的几十篇练习材料，多不能使我们自己满意。最好自己编辑一种材料，可是时间又太费。

(2) 出问题和答案不易，每篇文字后一定要十个问题，每个问题下又要预备三个相当的答案，并且问题的性质又须包括思想、事实、组织、判断等各方面，这是一件很困难的事情，所以每预备一篇材料，有时竟要费去二三小时之久。(3) 学生能够知道自己的成绩，答完问题后，使学生调换校阅，并且使他们自己记载，当场就可以使他们知道自己的成绩和进步，这最足以鼓励他们的努力。(4) 校阅手续简单，问题既用选择法，校阅自易。并且每次使学生自己校阅和记载，手续简单，教师费时也不多。就是关于速率，也可以教学生计算，教师只要将计时卡号数和时间对照表揭示。譬如某生所得计时卡号数是4，那么他的全篇阅读时间是一分三十秒，就是九十秒。如全篇字数是四百字，那么计算速率的算式如下：$400 \div \frac{90}{60} = 400 \times \frac{2}{3} = 266$，就是每分钟能阅读二百六十六字。(5) 阅读时不但测量其速率，并且还测量其了解程度，使学生在阅读时不致疏忽。(6) 这样的阅读，在使学生获得全文的思想，不单明了字句间的意义。这样可以养成学生对于阅读的正当态度。(7) 材料的本身，已是很有兴趣的。而学生对于阅读后作选择题更感到兴趣。曾有几次学生竟要求每星期多加练习的次数。可是因为教师时间有限，而预备的时间又费，所以没有答应学生的要求，他们觉得非常的懊丧。(8) 速率和了解同时并进，不过速率的进步更为显著。(9) 有些儿童过于谨慎，读得很慢，了解力却很高；有些儿童过于疏忽，速率虽很高，了解力却太低。这都应该加以个别训练；想在团体练习中矫正此种习惯却是很困难的一件事。

(原载《教育杂志》第23卷第6号，1931年)

10. 指导儿童复讲故事的研究

沈百英

关于故事在教育上的价值，已有专书及报章杂志等刊物讨论过，现在可以不说。本文专就“复讲故事”的问题加以研究。

各地小学都知道故事的重要，无论课内课外，都尽量利用故事。如读书读故事，作文作故事，谈话讲故事，课外也有故事演讲班等，对于故事的提倡可说热心之至了。但对于怎样指导儿童复讲故事的问题，大都不甚注意。这里有四个原因：

（一）第一个原因是儿童不需要　现在新教学法的基础，建筑于儿童的需要上。儿童有学习的需要就教他，不需要便不要教他。儿童对于阅读故事及听讲故事是需要的，对于复述故事是不需要的，所以不令儿童复述。

（二）第二个原因是儿童怕复述　课余无事，集三四儿童在一处闲谈，是他们所欢喜的。如果要指名一个儿童，叫他站在大众面前，作正式的讲述，他就怕极了。为什么怕向大众讲述呢？这个原因很多：一则他们的语言不纯熟，不敢向大众作有组织的讲话。再则他们的姿态没有相当的训练，讲时未免难于引起听众的注意。三则受制于一种怯场病，一见人多，立即面红耳赤，格格不能说话。

（三）第三个原因是缺乏材料　儿童所听故事，大半从教师处得来，将教师所讲的故事再复讲给同学们听，同学必不欢迎。若令其在家庭内收集故事，但中国的家庭大都还不能讲一个故事；即使会讲也不一定能合教育宗旨，反不如不讲的好。如果令其自行阅读书报则校内既没有适当的图书，自己又没有阅书的能力，也是万分困难。

（四）第四个原因是没有复讲的时间　一级儿童，多至四五十人，甚或有加倍的数目。如须一一轮流讲述，每人以三分钟计，四十人亦须一百二十分钟。一周间所上科目很多，这些时间，无从抽取。

有此四大原因，所以各校对于儿童复讲故事，不甚注重。因此对于此项问题，亦少研究报告。现在我们应该先问：儿童复讲故事，对于教育上到底有没有价值？怎样复讲才算有价值的复讲？怎样指导才能达到圆满的希望？这几个问题首先弄清楚了，然后可以证明反对复讲法的错误。

现在先说复讲故事的价值：

（1）可以养成发表习惯　一个人生在现在时代，对于演讲发表应何等重视；对于优良口才的训练，当然急不容缓。教育儿童应趋潮流而合需要，所以发表习惯，在校内不得不占有相当的位置。讲到训练时期，应当从小做起，能从幼儿园内即养成发表习惯，则更易见效。讲到训练机会，则观察、问答、游戏、谈话、陈述意见等，随时随地都有机会，但各种训练机会中比较最有兴趣、最能包括各种语言的，差不多要首推复讲故事了。

（2）可以修练讲述口才　单单随便讲讲，对于说话技能，至多可以免去讷讷不出口的缺点，而不能增加优良的口才。惟有指导儿童复述故事，因须共同批评的关系，对于修练口才是个最好的机会。

（3）可以练习表情　我国对于说话的训练，向来不很注重，教人说话，只要轻静温雅，而不必表情。现在感受世界潮流的关系，逐渐注重说话练习了（现在教育部颁布的新课程中，也有说话一科，即可证明），同时对于表情的训练，也是同样的着重。表情好的直接可以帮助讲者，使讲时讲得有声有色；间接可以帮助演剧、交际、辩论等，使言语表达更加亲切有味。用复讲故事来练习表情，确是最好的机会。

（4）可以增加故事兴趣　儿童对于听讲故事的兴趣已经很浓厚了。如果再加复述故事的关系，使他们对于听讲故事更加注意，对于故事书报更加肯去认真阅读。

（5）可以增加语汇　会说话与不会说话的分别，大部分是语汇的关系。语汇丰富的说起话来，侃侃而谈，句句合理，越说越是起劲。例如说一个“来”字，起初只会说“来”、“走来”、“你来”、等语句；到后来才会说“快些来”、“马上来”、“请你来”等语句；再往后会说“你怎么不来?”“要求立刻就来”“喂，请你就来罢”等语句。总之，年龄渐长，语汇渐多，说话的技能也就逐渐进步。所以说令儿童复讲故事，对于增加语汇一层，直接间接，都有关系。

（6）可以养成批评能力　一个人向大众讲述，其余的人都静坐欣赏，讲完了，共同批评一下，经几次练习以后，各人的批评能力自会增加。批评不是消极的骂人，是积极地养成识别判断的能力，其价值也不亚于欣赏。且一个人只会欣赏，不会批评，其欣赏能力，也不会增加。必在一次欣赏之后，加一次批评，才会得到一次经验，经验越积越多，才能养成丰满的欣赏能力，增加优美的发表技能。

综上所述，复述故事，计有四个缺点，六个优点，利多弊少，当然应该提倡，无庸怀疑。兹为再把四个缺点反驳一下：

（一）辟“不需要”　一切学习建筑于需要上，这话不错。但需要也可从两方面说。其一，儿童对于复讲故事不需要，也许没有尝到复讲故事的风味，所以无从知道需要不需要。如果叫他们练习一二回，用竞赛方法鼓励一下，儿童自会感着需要了。其二，儿童对于“正的学习”不需要，可用“副的学习”引导他。儿童对于复讲故事不需要，可用演讲会、故事比赛会、某某娱乐会等引起复讲故事的需要，那么，需要不需要的问题便可解决了。

（二）辟“怕复讲” “畏缩不前”不是美德。教育的作用，将好的把它发达出来，不好的把它诱导改良。我们要使儿童当众发表是好的活动，应该把它发达起来的。儿童一时虽怕，也应当用种种方法诱导他使他不但不怕，而且乐于复讲。

（三）辟“缺材料” 名为复讲故事，实在就是儿童演讲。这“复讲”两字，并不是依照教师所讲的材料，一字不改、一句不漏地复述出来。其范围应该包括儿童一切的演讲而言（下节详细说明，兹不赘）。所以儿童有缺乏材料之困难，可以不生问题。有什么话讲什么话便是很好的材料。久而久之，自会创造新的故事，增添新的材料。

（四）辟“无时间” 讲故事是一种正当的活动，复讲故事也是同样的情形。练习的机会很多：可以划归说话科内；或者划到国语、常识科内；再不然，可以加在晨课或晚课内；或者作儿童自治事业的一种，完全作课外的活动：每次练习时间不宜过长，有了四十分钟左右便够了，练习时不必普遍全级，可以逐次轮流，时间问题便不成问题了。

说到这里，更可以断定儿童复讲故事是有利而无弊的作业，各校不妨大胆实施，无须怀疑。以下再就复讲的材料说一说。

依大概的观察，儿童复述的材料其来源约有七种：

(1) 家庭新闻 儿童在家时间很多，家庭间，邻里间，常多新闻发生，这种新闻，便可采作故事材料讲给别人听。如雷雨之后讲雷雨新闻，过新年时讲新年故事等等。

(2) 家庭故事 儿童的父母受过教育的，大都能讲几个故事，儿童即将父母所讲的故事复讲给同学们听。即使没有故事讲，讲些家庭琐事，也很好的。

（3）同伴传述　邻里间的儿童，或同校不同级的儿童相聚一处，各将所听故事互相传述，再将此类故事讲给本级同学们听。

（4）画片材料　儿童看了画片，也会杜撰一个故事，这种故事很可以提高儿童的创造能力。

（5）书本材料　年级高的能够自己阅读书本，将书内故事讲给同学们听。

（6）改造故事　儿童将教师所讲的故事或书中所读的故事加以改造，或将长故事节约成短故事，或将短故事敷畅成长故事，或将几个故事合并为一个故事，或将旧材料加以新组织。这样一来，故事材料不嫌其少了。

（7）创造故事　儿童一面听故事看故事，一面复讲故事，对于故事的组织法练习纯熟后，自然而然有能力创造故事了。

就以上七种材料而言，并无一种材料与教师所讲的完全重复（提倡创造的讲述，禁止呆板的重述）。所以儿童听儿童复讲，决不至于发生厌倦。

以下再谈指导复讲的方法：

（一）取材的指导　儿童讲述故事，最苦没有相当材料指导时，应用下列各种方法。（1）听了教师讲过的故事，节述一段。（2）照了书上的故事讲。（3）给与一种玩具，令其说明。（4）给与一种画片，令其报告画中内容。（5）事前由教师给予相当材料。（6）再照七种材料来源，令其自行收集。

（二）讲法的指导　（1）教师说话须郑重而清楚。（2）入手时先令口齿清楚的人复述。（3）对于说话技能不很高明的人，先在课外跟他谈话，使他乐于发表。（4）不好发表的人，先令其讲述简短的故事。（5）对于口舌不清的人，指导其基本的发音练习。

（三）姿态的指导　（1）第一步注意声音的模仿。（2）第二步练习双簧演讲。（3）第三步正式地注意姿态训练：初步注意手脚的大动作，其次注意面部的表情，最后注意身体各部的协同表情。

（四）鼓励复讲的方法　（1）先用志愿讲述。（2）增加自认的数量。（3）由教师指名，不讲者听。（4）由儿童推举，被推的非讲不可。（5）用抽签法轮流讲述。

（五）指导批评的方法　（1）初步练习，完全不用批评。（2）第二步只说优点，不批评缺点。（3）第三步批评优点和缺点并重。（4）批评缺点应说明理由。（5）年级渐高，应分别批评姿态、取材、言语等项。

（原载《教育杂志》第23卷第5号，1931年）

11. 中国语文诵读方法座谈会记录

（陈士林、周定一记）

诵读，是语文教学中一项具体方法。20世纪40年代却有相当一批著名学者对此作过深入研究。为了促进台湾推行国语，当时主持台湾国语推行委员会工作的魏建功先生，郑重邀请二十余位享誉全国学术界的语言学家、文学家，在北京举行了这一群英咸集、盛况空前的专题学术座谈会。《国文月刊》载存的这份珍贵历史记录，在海峡两岸语文教育发展史上留下了意义深远的灿烂一页。中国现代的第一流学者专家，如此重视语文教育，精深入微地研讨其具体方法，亦堪为当代语文教育界和名家名流们的楷模。

邀请人　魏建功

出席人　黎锦熙　朱光潜　冯　至　朱自清　徐炳昶　潘家洵
沈从文　游国恩　余冠英　郑天挺　顾　随　毛　准
孙楷第　周祖谟　吴晓铃　石素真　阴法鲁　李松筠
赵西陆　邓恭三　李长之　刘禹昌　陈士林　周定一
赵万里　向　达　钱秉雄　柴德赓

时间　民国三十五年十二月十三日下午二时至七时

地址　北京大学蔡孑民先生纪念馆

魏建功　诸位先生：我们以为本国语文教学上的诵读方法，是一个值得注意的问题。抗战胜利，我们光复了沦陷五十年的台湾。在台湾从事于国语推行工作的一帮人，更感到诵读方法的迫切需要。就是，怎样才可借重语文诵读以促进国语的推行。目前内地各省的小学教学国语似乎只有每二字一顿的读法，这当然无补于事，而且毛病很多。我们非常希望获得这一问题完善而具体的解答，所以本人谨代表台湾省教育当局和国语推行委员会邀请诸位来这儿给我们一些指示。希望诸位不吝珠玉，多赐南针。

黎锦熙 魏先生提出的这一个问题，是还不大为内地各省人士所注意的。在科举时代，读书人倒有诵读的经验，所谓“读书声出金石，一乐也!”可见前辈非但注意诵读，而且欣赏诵读。但是自从废科举、创学堂以来，在语文教学上对诵读问题就渐渐淡漠了。民国九年教育部通令改小学国文为国语后，诵读国语仍是《百家姓》或《千字文》的念法，即是魏先生所说二字一顿的法子，不顾文义和句读，当然是不合理的。廿七年，我在西北师范学院时，想到要解决语文教学上的诵读问题，应当首先设法从一般大学尤其是师范学院的课程中训练，然后才可以推行到中小学。恰好教育部规定大学一年级有国文这一门必修课，所以我就拟定了一份“中等学院国文讲读教学改革案”(登在国立各师范学院合编之中等教育第一期，又西北师院抽印单行本)，其中有许多地方与诵读问题有关。

我以为这个方案，各中学和师范学院也可循例施行。诵读不讲，欣赏和写作都受影响。我以为当今青年写作，都各自成一套语言，既非大众所用，也不是他自己的方言。“怎么样说，就怎么样写”。这两方面似乎已缺乏连系，而病根在于不讲究诵读。在战时，学校里每每举行诗歌朗诵会，实际上多半只是喊口号标语而已，似乎很少注意到像前人读诗词的韵味。

但是我这一方案在西北各校实验的成绩并不甚好，我以为并非方法本身的不好，乃是人的问题。譬如在“西北中等学校教员暑期讲习会”国文组实习时，一百多个教师的实习报告对于诵读都感到

"威胁"，因为关中一带的教师对于标准国语的声调最感烦难，不过对于文言文尚可以用方音诵读，困难还不大。中学教员又每每为改卷上课等等工作占去大部时间精力，要他们勉强那样去施行，也是事实上无法办到的。现在台湾省努力推行本国的语文教育，对于读音的标准与否，诚然也是严重的问题，然而我希望能够得到满意的解决，也好给我们在内地推行语文教育的人一个参考。

朱光潜　我对于诵读问题发生兴趣，是偏重在诗的方面。诗文的谐和与否，大半寄托在它的节奏上面。所谓节奏，就是音长、音高、音势三方的起伏变化。节奏大致可分为两种：一种是语言的、自然的、个别的节奏；另一种是音乐的、形式化的、原型的节奏。从语言的节奏方面说，又因为各人的呼吸循环器官不能完全相同，就生出生理的节奏；对于一篇诗文的理解有深浅之别，就生出理解的节奏；喜怒哀乐的变化无常，就生出情感的节奏。从音乐的节奏方面说，诗本来是伴乐的，诗的节奏即是音乐的节奏。过后诗离开音乐而独立，仍能从变化杂多的节奏中求得整一的形式，即所谓原型（pattern），使大家诵读诗词时还有大致相同的标准可循。

写作时，节奏对于表现有什么功用呢？我以为过去所谓诗文中"气势神韵"，所谓"谐与拗"等等问题，都是生理的反应而已。作者把这种反应表现于诗文中，叫读者也感到相应的生理节奏。每个作者和每个时代又各有一种原型的节奏，这种节奏我们是可以从诵读中学习模仿的。

其次我们要问到诵读时要用哪一种节奏好呢？在诗歌方面，我从前在英国尝听英国诗人诵读他自己的作品，音调都极平衡，很少极高极低或极快极慢的变化，其特别着重处，只在协韵的地方。过后，在法国听诗人诵诗也是这样。不过我以为诵诗歌通常可以用这两种方式：即戏剧式与歌唱式，都是在形式的节奏之中流露语言节奏的读法。至于在散文方面，我以为诵读古文的法子原则上应该与念诗相同，才可抓住原作的气势神韵，无形中得到某一作家或某一时代文章的空架子。等自己下笔为文时，也就不期而然的有某一作家或某一时代的气势神韵了。所以从学习和模仿的观点来说，我是主张诵读文言文应注重形式化的节奏。至于语体散文，诵读要依语言的节奏为主。何时参互并用两种节奏，则诵读人应当看文意而定。

冯　至　我以为诵读者应以作品为主，把它的好处读出来，也不掩遮它的坏处。诵读者应该站在服务者客观的地位，需要读得平实，避免过分的音乐性与戏剧性——音乐性与戏剧性，本在文章之内，而不在文章之外。现在有些朗诵者，每每想尽量表现自己，在姿态上下功夫。这样一首坏诗也可以读来动听，实在是一件危险的事。总之，我以为诵读诗文，宁可自然一点，不可太形式化。

顾　随　中国语言训练应与中国语文的诵读取得连系。根据“声入心通”的道理，“耳治”实不失为语文教学的有效方法。譬如我自己所说的所谓国语，是从听戏学来的。对我印象最深的伶人是王长林。他咬字最紧，最有劲儿，往往把一个字的“头”“腹”“尾”都念得清清楚楚。听之既久，我的口语就大受了他的影响。

我同意冯先生“形式化不必太过分”的意见。然而朗读诗文，虽无需念出每一字的“头”“腹”“尾”，于意义着重处，却必须清晰地重读，则意义更显明。如鲁迅“鸭的喜剧”那篇文章，首段的三个“寂寞呀!”，若重读，就更有力量，令人感到盲诗人爱罗先珂在北平真是何等的寂寞了。

我最近看一本外国书，说诵读的成功与否，与“嗓子”的好坏有关。这话的意义有点像中国戏子之谓嗓子为“本钱”。语文科的教员最好是具备丰富的“本钱”。而且，要能拉得下脸儿来。黎先生说教员在课堂里很难拉下脸儿来诵读，这是形式化的诵读法的实际困难。但教学者若是能够忠于其事，渐渐地拉下脸儿来，诵读的问题就解决了一半。我从前在课堂中讲《西厢记》“长亭送别”一段，到“红娘曰：‘姐姐，你今日个怎不打扮？’”我无意中突然挤窄嗓子模仿红娘的音调，惹得同学们大笑，而且送了我一个绰号——红娘。但是，习之既久，我常常模仿剧中人的口吻诵读，同学们不但不发笑了，而且曾收教学上的大效。所以，我主张中国语文的诵读要具备三个先决条件。

一、要有语言的“本钱”——好嗓子，

二、要拉得下脸儿来——不怕羞，

三、要能对作品理解。

郑天挺 从前的文人诵读诗文，实际上是有个腔调的，不过因地、因人、因文互有差异而已。我小时生长在北平，初念国文并没特殊的腔调，如《三字经》《百家姓》以至《论语》都只以语音调一字一字规规矩矩地念。不过读到《孟子》，如“梁惠王”章，就渐需要腔调，然而字音仍不离语音。入中学后，国文先生是桐城马氏，他念古文很讲究，听起来令人神往。到北大后，才晓得黄季刚先生念书有自创的特别腔调，当时名之曰“黄调”，至今罗膺中先生和陆颖民先生都仍善效“黄调”，由此也可以知道各人自有其念书的腔调。黄晦闻先生讲课并不诵读，不能知道他的腔调。碰见佳妙的句子，他只反复念之而已。沈尹默先生亦大致如此。我诵读教育的师承不过如此，故无法承命诵读，还是请顾先生范读一次罢。

顾　随 （用语调念了《阿 Q 正传》中偷萝卜一段，自“有一日，很温和”起，到“打定了进城的主意了”止）

游国恩 诵读问题，我个人没有学理可说，只是一点点经验。小时先祖父教念韵文，凡律诗无论五言或七言，遇平声字皆须稍停而延其尾音；古诗在平仄方面都有很自然的节奏，惟碰见意义有停顿处，声音亦不妨稍作停顿。后来学习古文，先祖父谓诵读时应当特别注意虚字的神韵。

（接着用美化的腔调读了杜甫鄜州《月夜》一首）

魏建功 我国标点符号成立甚晚。我个人感觉，各地的诵读腔调虽互有不同，然而诵读诗文之停逗和抑扬顿挫，即是标点的作用。所以理解文义，实在是诵读方法中的要事。可是自学校国文改为国语以来，国语的读法未定，而国文的读法已坏。目今学生能用脑用眼而不能用口。黎劭西先生注意了国语文的教学方法，而如何教授诵读，尚希各位多多指示。台湾的教师多由内地聘请而往，对于诵读方法还没有什么经验。这是内地各大学诸位先生的责任。我们并不怕人家笑我们摇头晃脑，问题只在如何以腔调显示内容。现在朱佩弦先生从医院赶回来了，请他谈谈这问题。

朱自清 目前小学以及初中诵读白话文，都是两个字作一顿而延长之，有如从前私塾里不顾文义只管瞎念的办法。老师学生也都感到这样读法不对劲儿，然而又想不出别的妙法。抗战期中，一般学校盛行朗诵会。朗诵的人稍带姿态表情，颇有戏剧性。记得闻一多先生朗诵过一首诗，那一首诗的内容并不很好，而经闻先生朗诵之下，就非常动听。可见白话文恐怕与朗诵并没有必然的关系。然而朗诵本身的技巧近年来非常进步，这也是不可否认的事。教育上的诵读方法应当在小学和初中时期养成。我以为不一定须“朗诵”，而必须有对于白话文忠实的“朗诵”。朗读的作用更大于诵读。朗读要像纪念周时读总理遗嘱，而比较慢一点儿，要把作品的意义清楚地表达出来。换句话说，像宣读文件似的。已故诗人朱湘曾经以读旧诗的调子和旧戏中的道白法去读白话诗，都恐怕不合式。有人以为白话诗文不能吟唱是它的缺点，而我以为白话诗文只宜干念，本不能吟唱，干吗要唱？唱不见得有什么好处，干念倒能注重诗文的意义。

宋朝律诗念起来不如唐律响亮好听，然而宋律内容的精深博大超过了唐律。词离开音乐独立后才扩大了意境。曲子的文学地位所以始终不如诗词，原因也就在它始终没脱离音乐。这些事实，都可以助我们反省。

胡适之先生当年作《建设的文学革命论》，提出“国语的文学，文学的国语”两大目标，国语的文学经过三十年来有意的推进，已相当成功，但是文学的国语似乎还缺少自觉的有意的推进，原因是总有些人觉得白话文里夹杂些文言词句和欧化句法，不能上口。我以为欧化的和文言的成分，在白话文里恐无法避免。青年人接触白话文最多、最久。白话文夹杂文言成分，还不妨碍诵读，只要经过涵泳融化，也就渐能上口。而欧化成分，青年在笔下多方接受，在口语里却不能接受似的。我以为欧化成分应当有意地勉力使它上口，经过相当时期以后，习惯就成自然了。新词汇在清末因来源迫促而繁多，故受到当时许多士大夫的反对。例如张之洞说他的幕客“用新名词，殊堪痛恨!”而幕客回答他：“你那‘新名词’就是新名词，尤堪痛恨!”可见拒绝新词汇的人也得无意间接受了。到今天，清末所谓新词汇更多半已成为口语了。所以我们对于欧化白话文成分应当渐渐放宽尺度，如不过分，就勉力使它上口。如此自小学即开始注重白话诵读，即使是欧化句式，亦可渐渐上口。那么，将来国语的内容必能日渐丰富，所谓“文学的国语”也就有了。

潘家洵 我作小学生时，还遇到过一字一顿的讲法，而且导读的是同学。这读法的毛病当然与二字一顿的一样。我与冯先生的意思相近：散文不必加以形式的或美化的等等读法，要从内容来决定。读文可以有“相声化”，要自然，要客观，教师也就容易办到了。具体的说罢，读散文实在不要拉什么调子，只要依照“气呼的停顿”和“意义的停顿”去念它而加以适当的调节就得了。然而诗和戏剧的读法则不然，多少需要点“相声化”。初行时也许教学双方都感到不惯，行久了就非常自然而且能发生很大的效果。这是我自己曾经难过的。

我认为“朗诵”的“朗”字最好不要释为“高声”，要释为“清楚明晰”较好。“朗诵”，就是“读出来”，“读得清楚”，“意义完全表达出来”。

周祖谟 诵读古文，首先要揣摩文章的情与理，文中情理的着重处，要重读。如《史记·荆轲传》：“将军岂有意乎?”一句中的“岂”字宜重读。又如韩愈的《柳子厚墓志铭》中，“呜呼”以下二十句，系情理的着重处，都要重读。其中如“肝”、“生死”、“不相识”、“皆是也”诸处更要特别加重，借以见出韩文的刚健。

孙楷第 诵读技术与作品本身的好坏是两回事。剧曲中，往往有不好的作品而演唱出来娓娓动听者，例如沈自晋的“望湖亭”便是。我以为中国语文诵读，照国语说话式就得。惟诵读者要注意两件事：（一）明句读；（二）正音读。

徐炳昶 我以为诵读并不是一个严重问题，因为本有自然的语音作主。若是想求得发音标准化，教学者就反而困难重重了。我在法国很久，深知巴黎人和马赛人念法语即互不相同，甚至巴黎大学的教授发音也不标准，但都不害其应用。字典中的标准音与语音是两回事，语言的目的只在于“声入心通”，其他都可以不管。语言是天然的社会契约，不容少数人标新立异。所谓二字一顿或一字一顿的念法，诚然不自然，而其来由是因为不懂文义。小孩子日后长大了，晓得了文义，就自然能随着意义读出节奏了。所以我以为这并不严重。总之，“自然”是一切道理最高的准则，我们要努力顺乎自然，凡事不可操之过急。中国早在葛洪就已提出“衣食万物”的口号，希望征服自然，而西方到佛兰西斯倍根才创此说，可是西方人反而能早日征服自然。中国向来不标榜同化，而中国的同化能力最大，近三百年来西方各强国口口声声要同化别人，又何曾同化过弱小民族和殖民地，反而引起无穷的民族间的冲突而已。中国语文诵读亦不例外，可以不必强施大力。所以我不赞成各位先生提出的不自然的诵读方法。文言文所以需要诵读，其作用在传情，在帮助理解，但只应自然的高声诵读，不必定立什么形式。

再说到一点：中国的戏剧所以不自然，是因为本来是由于野台子戏发展而来，因为台下空阔，观众嘈杂，台词就不得不高亢做作，不顾自然，以引起台下的注意。过后搬到茶馆里，再进一步有了正式的戏院，也不能摆脱那种矫揉造作的毛病。中国语文诵读万万不可舞台化！反过来看西洋戏院，发达很早，所以到现在台词与语言相差很微。要使中国台词接近自然语音，政府首先要在北平兴建大规模的精致戏院，多多物色说国语的演员。

魏建功 耽搁诸位先生的时间已经很多了！我们今天的座谈会就算告一段落。这儿虽然还未能得到一个具体的结论，但是诸位先生却供给了我们无数宝贵的意见和启示，同时也证实了我们所提出的这个问题之重要性。谢谢诸位先生！

附记：这本来是应该由我记录的，但因为忙于办理为台湾甄选教员的事，不能参加座谈会的全部，于是请了在北京大学中国语文学系任教的周定一、陈士林两位先生代为记录，在这儿要由衷地谢谢他们。同时，更希望借着这份记录的发表，能够引起国内研治教育及中国语文的朋友们的讨论和论见。这不独是我们在台湾致力推行国语工作的所渴望的，同时也正是有其全国性的重要的。

吴晓铃　卅六、二、五，北平。

（原载《国文月刊》第53期，1947年，有删节）

12. 谈文章的诵读问题

傅庚生

本刊第五十三期载有一篇《中国语文诵读方法座谈会记录》，各位发言的先生虽只说了些扼要的原则，却都足以发人深省。诵读的提倡与否，在国文教学上，很有大家讨论一番做一个大体决定的必要。我偶而也对学生谈到这问题，间或朗读几篇诗文给他们听，但却声明不是作“示范”用，我只希望能唤起他们对于诵读的注意，要求他们各就理解的情形，用乡音的习惯自己去朗读。几次我只是随便谈谈而已，没有认真把它当成一个大题目去鼓吹。学生中照办的恐怕也很少，或者竟一个也没有。现在因为看到了这篇记录，才不自揣浅陋地想把我的体验写出，对学文的青年同学容许有些裨益；同时怕不免有些偏见，希望能够听到明达的指示。

人们在讲话时，可以借许多动作、手势、面部的表情等帮助完成表达情意的效果，在语言本身的就是抑扬顿挫、轻重急徐的语气。把语气度到文章里，就要借章法、句法、修辞与虚字等去安顿它；总括起来说，便是“文气”。“气”是文章的音节，表情达意实在离不了它。音节在汉前的散文中是一任自然的，在骈文中是借人工去求整饰的，在唐宋以后的“古文”中是透过人工而仍以合于自然为极诣的。

《孟子》“三宿出昼”的一段：

……予三宿而出昼，于予心犹以为速。王庶几改之；王如改诸，则必反予。夫出昼而王不予追也，予然后浩然有归志。予虽然岂舍王哉？王由足用为善，王如用予，则岂徒齐民安，天下之民举安。王庶几改之，予日望之。予岂若是小丈夫然哉？谏于其君而不受，则怒，悻悻然见于其面；去则穷日之力而后宿哉！……

这里许多企望惊叹的词句，都借虚字表现得恰到好处。另外，不惮烦地用着“予”字和“王”字，都是一片感情上的宣科：口口声声地称“王”，为了他是布政的诸侯，孟子要行己之道而使“天下之民举安”，必须在“王”的身上打主意；口口声声地称“予”，是为了信道笃，自信坚，除了“予”就办不了事。要加重语气，把“予”字几次都提到“追”、“然后”、“虽然”的上面——这在修辞上把句法的改变，只是要我们理会能够加重地去读它。我们读到这一段时，为孟子爱社稷、爱人民的情感笼罩着，自然而然地便把“三”“予”“速”“反予”“不予追”“予”“浩然”“予”“用”“齐”“天下”“举”“小”“去”等字用力读出；读着“犹”“庶几”“诸”“夫”“虽然”“岂”“而”“则”“之”“也”“哉”等虚字时，也不禁要随着词意，或纡徐，或急遽，或带着企望的神旨，或伴着感喟的腔调去吟诵它，这样便自然读出文气儿来了。

孟子自己说“我善养吾浩然之气”，行仁讲义，至大至刚，表现于文章中的自然便带着一种刚性美；朗读起来，真是痛快淋漓。汉世贾谊的文章也有类似的气魄。贾生以英才自负，又忧谗畏讥，眼见得天下积薪措火，不由得便要痛哭流涕长太息，表现于文章中的，便也有充沛的气势与雄伟的风格。我们试读他的《过秦论上》罢，一起首便是：

秦孝公据殽函之固，拥雍州之地，君臣固守，以窥周室，有席卷天下，包举宇内，囊括四海之意，并吞八荒之心。

真是喷薄以出，旁若无人的气概。我们只能一口气读下去，中间其实是连一个“,”都不须有。

从“及至始皇，奋六世之余烈”到“始皇既没，余威震于殊俗”一段，与“然而陈涉瓮牖绳枢之子”到“山东豪俊遂并起而亡秦族矣”一段，做一个鲜明的对比，下面又将陈涉与六国放在一起比较，看起来原该是一万个陈涉也不足为秦患的，归结到：

> 然秦以区区之地，致万乘之权，序八州而朝同列，百有余年矣。然后以六合为家，殽函为宫。一夫作难，而七庙隳，身死人手，为天下笑者，何也？仁义不施，而攻守之势异也。

这一个“何也”掀出一个大问题来，以上的一大篇烘托比衬的文章，故为这一个“何也”做的；我们便不能不十分怀疑，加倍用力，极尽荡漾地去读这两个字。“仁义不施，而攻守之势异也”是真知灼见的总结语，我们也必须首肯服膺，一字一顿，加重拖长地读出。《过秦论中》一篇只当得这一句的注脚。

先秦、西汉这一类的文章，是自然的节奏，诚如唐顺之所说“法寓于无法之中，出乎自然而不可易”的。诵读这些文章，原无一定的读法；但为了它的本身是有组织的，有抑扬顿挫、疏密缓急，而且像有一条绳索儿贯串着，需要我们朗读是无疑义的。

东汉以后，逐渐走上骈俪的路。在初期，还不至于字斟句酌，削趾适履，所以能做到文不减质，人巧的整练不妨害天成的自然。后世有许多人认为魏、晋的文章写得最好，这该是一个重要的因素。读这时期的文章，我们从一些骈俪的词句间，不但不会发生蹇涩的感觉，有时更会觉得它可以帮助气势的流畅。譬如读魏文帝《与吴质书》：

> ……昔日游处，行则连舆，止则接席，何曾须臾相失。每至觞酌流行，丝竹并奏，酒酣耳热，仰而赋诗。当此之时，忽然不自知乐也。……以犬羊之质，服虎豹之文；无众星之明，假日月

之光；动见瞻观，偶时易乎？恐永不复得为昔日游也！……

又如曹植《与吴季重书》：

……当斯之时，愿举太山以为肉，倾东海以为酒，伐云梦之竹以为笛，斩泗滨之梓以为筝，食若填巨壑，饮若灌漏卮。其乐固难量，岂非大丈夫之乐哉？然日不我与，曜灵急节，面有逸景之速，别有参商之阔。思欲抑六龙之首，顿羲和之辔，折若木之华，闭蒙汜之谷；天路高邈，良久无缘。怀恋反侧，如何如何！……

这里都有深沈肫挚的感情在作者的内心燃烧着，迸射而出的便不容是孤意单行的句子。为了它有情思之本，闳中肆外，不着强为系援的痕迹，自然便没有骈拇枝指之累了。我们读这一类的文章，只觉得它配搭匀整，笔调自然，如源泉混混，欲罢不能。作者原本无心于骈俪，我们也只认定它做散文读；它仍然是夭矫变化，舒卷自如的。

后来弃散崇骈，不自知地变成了蓄意的，自然的节奏便也演而为人为的音节了。“巧夺天工”不是人人能臻的境界，多半都难免露出斩削的痕迹。务末就不能不丧本，偏重文章的形式便容易忽略其内容，写出些专为雕饰辞藻、因文而造情的文章。时迁势异，遂落得“遗理存异，寻虚逐微。竞一韵之奇，争一字之巧。连篇累牍，不出月露之形；积案盈箱，唯是风云之状”的贬辞。我们读诵这一类文章时，迎送吞吐，都有吻合着预期的常法，是一种方便，也是一种快愉；不过在朗读时，又会感到它太机械了，太严整了，反倒令人提不起劲儿来。比如读徐陵《玉台新咏序》：

……楚王宫内，无不推其细腰；魏国佳人，俱言讶其纤手。阅诗敦礼，非直东邻之自媒；婉约风流，无异西施之被教。弟兄协律，自小学歌；少长河阳，由来能舞。琵琶新曲，无待石崇；

箜篌杂引，非因曹植。传鼓瑟于杨家，得吹箫于秦女。……

读着便不免有堆垛繁琐之感，不容易度入一贯的气势，像七宝楼台，拆碎下来，不成片段。又如读他的在北齐《与杨仆射书》：

……足下高才重誉，参赞经纶，非虎非貔，闻诗闻礼；而中朝大议，曾未矜论；清禁嘉谋，安能相及？谔谔非周舍，容容类胡广，何其无诤臣哉！岁月如流，平生何几？晨看旅雁，心赴江淮；昏望牵牛，情驰扬越。朝千悲而掩泣，夜万绪而回肠，不自知其为生，不自知其为死也。……

本是一些抒情的句子，转为文辞的工丽所妨。音律太整饬了，使我们读起来像是听谁度着什么谱调在哭诉的一般。"谔谔容容"五言的句子羼杂在里面，半诗半文的，又有些碍口。这些都是朗读的障碍。我们试把这两段和杨恽《报孙会宗书》里的一段相较：

……夫人情所不能止者，圣人弗禁。故君父至尊亲，送其终也，有时而既。臣之得罪，已三年矣。田家作苦，岁时伏腊，烹羊炮羔，斗酒自劳。家本秦也，能为秦声；妇赵女也，雅善鼓瑟。奴婢歌者数人。酒后耳热，仰天抚缶，而呼呜呜。其诗曰："田彼南山，芜秽不治。种一顷豆，落而为萁。人生行乐耳，须富贵何时！"是日也，拂衣而喜，奋袖低昂，顿足起舞。诚荒淫无度，不知其不可也。……

这有多么爽利，读来时让我们的喉咙也跟着宽绰了许多。只为了它没有受到什么束缚，音节是极其自然的，所以"家本秦也，能为秦声；妇赵女也，雅善鼓瑟"的偶句，不会令我们意识到什么骈文。"人生行乐耳，须富贵何时"的诗句，也不会让我们感到把诗句写入散文中有什么扞格不胜。读起来铿锵有致，只在文章音节的自然中。

由散入骈，原是中国文章演进史上不可缺少的一页，为了语文的特质，有客观的必然性。所以起初还是大家自然而然地走向骈俪的路，随后便归纳成“浮声切响”的理论。浮声切响原是一种变化，但是一但把这变化搞成了图案式的，便又回复到单调去了。若只就诵读上说，骈文委实是不耐读的。

骈文违反了文章音节的自然，韩愈便针对着这一点，讲出“气，水也；言，浮物也。水大而物之浮者大小毕浮。气之与言犹是也，气盛则言之短长与声之高下者皆宜”的理论。韩氏文气说的精髓只是追求自然的音节，摆脱骈偶的桎梏；但他又把汉前的纯任自然，化为工力的陶冶。一面因为他有避免邯郸学步的聪明，一面因为他有镕范文章形式的本事，所以他的文章复古运动成了功。唐顺之所说“唐与近代之文，不能无法，而能毫厘不失乎法，以有法为法，故其为法也严而不可犯”，也包括着韩文的文法的。韩愈是善养他浩然的“文气”的，他用“奇”炼辞句，以“气”御音节，辞必己出，吐纳卷舒，“然后浩乎其沛然矣”。他的《送董邵南序》：

> 燕赵古称多感慨悲歌之士。董生举进士，屡不得志于有司，怀抱利器，郁郁适兹土，吾知其必有合也。董生勉乎哉！夫以子之不遇时，苟慕义强仁者，皆爱惜焉；矧燕赵之士出乎其性者哉！然吾尝闻风俗与化移易，吾恶知其今不异于古所云邪？聊以吾子之行卜之也；董生勉乎哉！吾因子有所感矣。为我吊望诸君之墓，而观于其市，复有昔时屠狗者乎？为我谢曰：“明天子在上，可以出而仕矣。”

一起首是突兀其来，收束时却是戛然而止。中间新意层层转出，对董生的怀才不遇，抒摅着无限的同情。辞气之间，也当得一首“悲歌”。我们朗读着这篇文章时，便自然领略到情思的充沛。这里的夭矫神奇，却有一番人巧的安排，所以我便也说了些类似冬烘评文的滥调。这人巧又能不着痕迹，很贴切于古文的自然，所以我们感到他的格调类似“孟子”。

就文章的技巧说，这又是一种进步的现象。他活用了骈俪的工巧，却完成了古文自然的音节了。这类自然的音节，在气势的急徐转折中见出，他在文章中的效用是借音调摹写情感，不朗读就无从领略到这些。学习摹仿也要从诵读入手，所以一直到清代桐城派古文家，还极端重视这诵读的工夫。刘大櫆说得很透辟：

> 凡行文字句短长，抑扬高下，无一定之律，而有一定之妙；可以意会，而不可以言传。学者求神气而得之音节，求音节而得之字句，思过半矣。其要只在读古人文字时，设以此身代古人说话，一吞一吐，皆由彼而不由我。烂熟后，我之神气即古人之神气，古人之音节，都在我喉吻间；合我喉吻者，便是与古人神气音节相似处，自然铿锵发金石。

用字句短长，抑扬高下，形成一种音节与神气，以表达内在的情意，是无可非议的；观念的错误只在心目中存着一个“古”字，毕生的精力便都可怜掷于虚牝了。姚鼐所揭櫫的“神理气味格律声色”八字，“声”与“气”便是讲这音节的；曾国藩所说的“有气则有势，有识则有度，有情则有韵，有趣则有味”，“气”与“势”也是讲这音节的。这种揣摩工夫到了家，也跳不出如来的掌心了，于是乎韩昌黎乃为后世古文家的宗主，历两宋、元、明直到清代，所有古文家对韩文总是“瞻之在前，忽焉在后”。

民初还沿袭着旧日的办法，一般学文仍然是特别注重背诵与朗读的，私塾里读《孟子》、《左传》等，不消说要读文气，学校里的课本也叫做国文“读”本。后来这读诵工夫渐渐不讲求了，课本的名称也改为“国文讲义”、“国文选”，或干干脆脆的“国文”了。一般教师遇到文言的教材便逐句移译为现行的口语以“讲”其“义”，白话的教材用不着翻译，又不想去分析它，便说“你们自己看看就行”了。学生用眼用脑，不用口，不用心（这“心”字，我是借它代表读者的感情的）的习惯，就逐渐养成。他们一向也不理会文章中还有什么音节气韵，很少能在字里行间得到什么启示或蒙受什么感动的。自己试作起来，便是纯粹的平铺直叙，缀字句成篇章而已。

过去注重诵读，大概与桐城派有关。桐城派已经是古文家的尾巴了，可是在清末民初，甘作尾巴尖儿的还大有人在。那时有许多思想上还留着辫子的人，自己明知不是凤凰，也偏要沾些儿“桐荫”，听说习文要求音节于字句的，便“死朽罢咧”地去读诵。读不出什么“子午卯酉”来，却摇头晃脑地像煞有介事；引起来的反动，便是压根儿不读，看看算了。

学文到底应该不应该循着一种什么腔调去诵读呢？我以为应该分别去说。汉前的散文，我们为了求较深的了解，是可以朗读的；从它的疏密急徐上，我们可以约略地领会到作者的神旨。骈文自然也可以朗读，但他本身却是不耐读的，变化比较的少些。唐、宋以来的“古文”便有它的“架子”了，这“架子”怕只有透过诵读方能摸索到。要在古文上揣摩一番的，也只有学曾文正公常去“读书声出金石”。读的腔调虽说没有一定的格式，但为了它和语言的音节迥乎是两回事，就自然是一种所谓“美读”的——它难免带着音乐性的夸张与戏剧性的表襮。

现在该谈到白话文的诵读，作本篇的结束了。在这里要注意“言”与“文”的分合问题。远在先秦，文体与语体即已分了家，语言的节奏和文言的节奏初赋仳离，差别恐怕还不太大，可能共同的还保持着一种同具的“自然”。以后语言上的变迁很大，文言的发展却一贯地保守下来，言与文节奏上的差别愈来愈显然了；向时的“自然”已经成了不可跻之天，只好借着规矩画方圆，“古文”便成为一种专门的行业。文学革命以来，言与文又来了个破镜重圆，“国语的文学”的父母，会生出“文学的国语”的儿女，文章的音节和语言的节奏应该便是一码子事了。白话文的诵读是应该提倡的，这诵读才是真正的“自然”。慢说过去的骈文音节比起它来，是一种机械的、病态的玩意儿；便是唐宋古文的“自然音节”也只是一种“文言”的自然音节，里面充满保守与因袭的成分，新生的东西只是难能而未必可贵的人巧，严格地说它就不配称之为“自然”的。真的“自然”既经抬头，最好就诱导着它自然的发展下去罢。“以读旧诗的调子和旧戏中的道白法去读白话诗”，实在是滑稽而又危险。同理，用读古文的造作的调子读白话文，也难免有些怪声怪气，而其实又大不该。但是习惯也着实使人没奈何的，就我个人说罢，为了运用腔调读古文遗下些潜力，偶而读起白话文来，遇到一些流利的或是带着情感的句子，心里想着的倒是语言的自然节奏，嘴里却不自知地哼出怪声怪气的古文腔调来了。但我们一定要“惩羹吹齑”，说白话文只该看，不该读，死文字和活语言便不能打成一片，读者对于作者的情思之本也就不能亲切地探得它，正是矫枉过正了。

语言本身就有抑扬顿挫、轻重急徐的语气，言文合一了，这语气便很道地地形成了白话文中自然的音节。这“自然”是文章的极诣，就诵读来说，它便也是诵读的极诣。旧日的所谓“美读”也者是因袭的古调，今日话剧里的所谓“美化”是畸形的发展；白话文的读诵切莫误入歧途。惟有语言自然的音节才是无比的自在、无上的完美！

（原载《国文月刊》第56期，1947年）

13. 朗诵与国文教学

邢楚均

朗诵对于国文教学是很重要的。一位对国文教学有经验的教师，时常在朗诵中间就已经收到讲解的效果。对于一篇文章的作者说，我们固然要替他解释那篇文章的主旨、层次、章法、句法以及词句的意义；可是对于他表现于那篇文章中间的情绪和意旨，以及经营于文句之间的节奏，作为一个国文教学者似乎也负有传达的责任。那么，我们就不能把朗诵推委做教学范围之外的一种特殊技巧了。

朗诵并不是吟唱。在文言文一方面，各地都有一种沿习的朗诵腔调，但是这种腔调已经跨进音乐的领域，不在讨论范围之内。至于旧诗词呢，大半本来就有一定的曲谱，而现在已经失传。曲子虽然还可以唱得来，但是如果我们带了笛子上讲堂去吹歌起来，似乎也不是国文教学本身上的事。

最近我读到洪深先生所写的《戏的念词与诗的朗诵》一书，对于讨论这个问题有很大的帮助（这本书是民国三十五年十一月大地书屋出版的）。在这本书中所接触到的许多问题，差不多大半都可以应用到我们的问题上来。在国文教学中所要求的朗诵，需要我们讨论的，不外乎（一）吐字问题，（二）节奏，（三）情绪表现和（四）朗诵者的态度（当我写到这里的时候，碰巧又得到本刊第五十三期，这一期中有《中国语文诵读方法座谈会记录》一文。不过就记录看，这次座谈会虽然提供了许多很珍贵的意见，但是所接触到的大半都是关于朗诵的外围诸问题，在具体的方案上，我们似乎不能得到更多的有系统的意见）。

现在我想把我的意见，依照刚才的次序逐一加以讨论，以供同行的以及对国文教学有兴趣的人做参考。

一　吐字问题

朗诵时必须吐字清楚，这是个基本条件。关于语文方面的功课，如果不能使学习者在听感上得到清晰的印象——不管是生字的读音还是连贯的文句的诵读——恐怕要算是最大的失败了。我的所谓吐字清楚不仅是指口齿明朗，同时也指着发音正确而言。那么，问题就来了。首先我们必须知道，想吐字清楚，就必须使用一系活的、实际的方言，譬如：北平话、上海话、广州话等。若是南腔北调，往往就易犯吐字不清的毛病了。从方言地图上看，“北方官话”所覆盖的地域最广大，而其间最为风尚的则是北平话；就历史说，六百年来演唱剧曲、居官临民，也就是习用着这北方官话。所以今日定北平音系为标准音，就是所谓“国语”，仿佛是很合道理的。不过还有一个必须注意的事实，就是，我们不能勉强所有的国文教师都能说一口很地道的北平话。如果勉强做去，那就是南腔北调，于教者学者两无益处。南腔北调的最大坏处就是没有固定系统，一个字今天这样读，明天却又那样读。如果这样，倒不如索性用乡音诵读，让不是同乡的学者，也可以从教者固定的读音中找出跟自己的乡音中的一套对比关系出来。再就讲解上来说，如果用乡音则可以显微阐幽，畅所欲言，较之用南腔北调的话，收效反而更大了。

一个教国文的人常常会遇到这样的问题的提出：这个字“原来”该怎样读？或者说：这个字怎样读才算“对”？仿佛超乎一切方言之上还有个标准音似的。没有的，一切方音都是“对的”，你的读法只要能对你的乡音负责，就是说你没有故意撇个别处的腔来念，总是对的。如果要撇，那就得努力成套地撇，那就是说学习另外一种方言了。再说“原来”这个词也是有毛病的，你要“原来”到什么时候为止呢？秦、汉以上，《诗经》时代周王朝所用的官话，也就是“子所雅言”的“雅言”，虽有人构拟，然而材料缺少，难以征信。唐、宋以后，韵书多有保存，所构拟的语音系统也比较上有接近事实的可能，然而也只是一些formula，是不能恢复成活语言的。那么，剩下来的唯一的方法就是依照《广韵》的反切，读进自己的方音系统。如果这样做，在原则上是很好的，可是事实也有困难。我不说逐字翻检《广韵》的不胜其烦，也不说《广韵》反切字本身就有立法未精之处，而是说从《广韵》语言到各个方言之间是有一套规则的音变的。如果拿不稳这规则，也还是会弄出错乱来。何况音义后起的字，在《广韵》中是翻检不出来的呢。

所以，所谓读得正确也只能解释作读在一种统一的语音系统之中罢了。我们发音吐字都要向着那活的语言去学习，如果遇到疑难，我们就比照着《广韵》的同音字去读。自然，你翻检《康熙字典》或其他的辞书也是一样的，只是你不要去翻检《国音字典》，除非你说的是北平话，或愿意学北平话。

四声问题是包含在字音问题之中的。我们解决了字音问题，同时也就解决了四声问题。一句话，一切朝自己的方音学习，没有入声的就不硬加入声，如北平话；去声分阴阳的就在去声分阴阳，不必不分，如长沙话；平上去入都分阴阳，而且入声又另分中调的，那就是九调，不必减少，如广州话。在洪深先生书中曾用许多篇幅来讨论中国字的四声阴阳的问题，讨论“音长”“音势”“声调”表现在四声中的情形，讨论阴阳平、阴阳上、阴阳去的标准读法，仿佛超乎一切方言之上，仍然有个必须遵循的读法似的。在这里，我照样说，是没有的。就平声而论，有的方言念的就不是“水平调”，有的方言念的很高，而有的方言却念的很低。洪深先生对于这个问题的不苟的态度和辛勤的功夫，我是极其佩服的；不过，恕我坦白地说一句，洪深先生在讨论这些问题的时候，却犯了许多的错误。关于这些错误，可惜我不能一一在这篇文章中细说，因为这些都是一些愈说愈钻进牛角尖儿的问题。

既然四声问题的处理也被我们放进方言学习的课题里去，那么“连读变调”的问题，我们似乎也不必特别提出来，只须向某一方言潜心学习就成了。在洪深先生原书（第二十六页）上所转引赵元任先生所举的连读变调的例子，如两上声字相连，第一字改作阳平，譬如“美女”念成“梅女”，“好马”念成“豪马”，“永远”念成“喁远”，“往往”念成“王往”等，但须知这只是就北平话而言，并不是说所有方言都如此。又，洪深先生所举的“晚上”“打扮”“钥匙”“愿意”……等例的第二个字，只是轻声，并非连读变调。

洪深先生又说：“如果因为数个字音迅疾连出，舌唇齿口等部位不及调整改换，而致不能不改变声母，这在术语上名为“同化”（assimilation），中国语中是几乎没有的。”中国语也是有的，譬如，在北平话中：“南门”的“南”字本来念 nan，可是因为受了第二个字的声母 m－的影响就变成 nam。又如“南口”的“南”受了第二个字的声母 k－的影响就变成 nang 了。这些虽然所改变的是韵母，但也是一种“同化”。这些地方又都是些岔出去的讨论，我以为一个朗诵者可以不顾这些，他果然能朗诵得合乎语言之自然，也就能得到这些了。

关于入声，洪深先生觉得“如果作者在写诗时曾是有意地使用入声字，旁人朗诵时便不应无别地将入声字母视抹杀”。他又引《国音常用字汇》的第六条“说明”云：

入声的读法，还应该兼存，因为讽诵前代的韵文，尤其是律诗与词，若将某某入声字读成阴平或阳平，或将一首诗中几个押韵的入声字读成阴平、阳平、上、去几个不同的声调，必至音律失谐，美感消灭，所以这是应该依旧音读为入声的。如张祜诗：

“故国三千里，深宫二十年。

一声何满子，双泪落君前。”

此中“国”与“十”二字，决不可读阳平，必须读入声，音调方谐（“一”与“落”二字，若读阴平与去声，虽无大碍，却嫌弛缓，故亦宜读入声）。又如柳宗元诗：

“千山鸟飞绝，万径人踪灭。

孤舟蓑笠翁，独钓寒江雪。”

此诗押韵之“绝”、“灭”、“雪”三字，决不可读阳平、去声与上声，必须读入声（“笠”字读去声，“独”字读阳平，虽无大碍，然亦以读入声为宜）。

意见是很好的，可是事实上在没有入声调的北平音系中要读出个入声来是怎么个读法呢？这问题在《常用字汇》里没有正面的解答。但在字汇“附录三”里，却有这样一句：“北平无入声，而叱驴马走声之‘吁’字却是入声。”这话是不对的，因为在任何一系方音中都有些特别字，而这些特别字是不算在语音系统之中的。北平音系中既无入声，“吁”字即不得指为入声，虽然它很像其他方言中的入声。我们如果把语源上该归入入声的字，当诵读诗词时，都比照着“吁”字读出来，恐怕是一件很麻烦的事。因为不属音韵系统之内的读音，就是说撇出来的读音，一定是生硬而且不自然的。结局闹到满嘴叱驴，大概也就不会有什么美感了。

洪深先生所提出来的朗诵时不应抹杀作者有意使用的入声字的

话是非常有道理的。可是，请仔细想一想：齐、梁以后，复古运动之前，文士们对于朗诵者的要求岂独是入声字吗？前有浮声，后有切响、双声、叠韵、轻重、清浊……太多了。然而你有什么办法呢？我们既然生在今日，没有赶上豪华的六代去一个风流人物，难道还要我们会说他们的话吗？再说，群经、诸子、楚辞、汉赋、乐府、古诗对于我们朗诵者的音韵的要求，以及唐人律、绝，宋词、元曲对于我们音韵的要求，是我们所能胜任的吗？我们只能对自己的、活的音韵系统负责罢了。舍此他求，那就是“道在迩而求诸远”了。

不错，在古诗以及律绝、词曲中，我们如果读不出入声来，恐怕是足以使“音律失谐，美感消灭”的。但是，这正好说明了一件事，那就是说：作为文学中介的语言在其本身的盈虚消息的中间已经警告我们，这些东西早已该回归它们历史的地位，因为它们每一个细胞都已经僵化了，即使是美，也只是一种僵化了的旧时候的美；新兴的文学，在中介上，必然是充满了生命力的，活的，属于人民大众的。

二 节奏

无论哪种语言，当其在进行中时，都各自有其声音之美。这种声音美不是由于做作或矫饰出来的，而是属于语言素质上的。而节奏，就是当语句进行中造成声音之美的最有力的支柱。关于节奏的解释，我引洪深先生的话（原书四十五页到四十六页）于下：

> 所谓节奏，乃是相等的即同长的“时隔”（time interval），被再现（即回复）的“加强”（stress）所刻划、所记出的意思。如果没有若干个相等的“时隔”（至少两个）连接在一起，即不成其为节奏；而如果没有“加强”的回复或再现，我们无法得知“时隔”的起讫。

可是关于什么是造成中国话的节奏的素质，洪深先生没有说明白。我个人以为造成我们的语言中的时隔的是“长词”与“合词”，刻划这时隔的是“轻声字”与“顿歇”。不过较长的并列性的、加附属词“的”字的和重叠的合词，在语句进行中则不止只支持一个时隔（关于长词和合词，可参考王了一先生的《中国语法纲要》，在《开明青年丛书》中。此处所谓合词，王称仂语）。

所谓“时隔”，换个看法就是“音步”。

长词对单词而言，单词是一个“字”所造成的“词”，如：“天、地、十、百、好、坏、吃、喝、很、最、你、我、是、非、和、与、吗、么……”，在现代文章和诗中，一个单词很少能造成一个音步的。长词是由一个以上的“字”所造成的词，大致有四类。譬如：

窈窕　磐薄　参差　逍遥　崔嵬　㞦赜　仓庚　蝴蝶

葡萄　田鸡　虾蟆　手续　积极　介绍　赞成　胡同

哥果里　布尔雪维克

这是一类。又如：

陟降　窗户　干净　国家　妻子　兄弟　睡觉　忘记

这是一类。又如：

东西　利害　横竖　反正　好歹　动静　早晚　多少

姑娘　热闹　打发　裁缝　请教　得罪　开销　出动

这是一类。又如：

妈妈　舅舅　太太　弟弟　叔叔　指指　点点　站站

看看　刚刚　每每　远远　老老实实　干干净净

哭哭啼啼　吵吵闹闹　舒舒服服　玩玩笑笑

这又是一类。至于“合词”则是由一个以上的“词”所造成的词，大致有六类，譬如：

父母　山川　祸福　天地人　良辰美景　焚香拜佛　细致轻巧

像下面所引《红楼梦》的两句话，在引号中所示者，虽然字数很多，仍然应当算做一个合词：

昨儿见了老太太正房，配上“大箱、大柜、大桌子、大床”，果然威武。(第四十回)

合家“祭天祀祖、还愿焚香、庆贺放赏”已毕。(第二十一回)

以上就是所谓并列性的合词。又如：

书签　山顶　干粮　流水　破瓶　废物　瓷茶杯　流水账

脸盆　水缸　马车　水碓　丸药　枣泥　胡椒面　糖葫芦

卖的布　哭的小孩　出租的屋子　没有上锁的门　成都寄来的信

细看　苦谏　躬耕　静静地坐着　一声不响地走了

大红　最好　颇佳　怪麻烦　得讨厌

以上是一类，中间有些是带附属词“的”字的。又如：

吃饭　骑马　读书　做大事　贪小利

这是一类。又如：

治好　打死　烧红　推开　弄坏　拿起来　赶出去

这是一类。又如：

问路　跳楼　打拳　贪心　跑马　刮风　看医生　走亲戚

这是一类。又如：

家家　件件　问问　尝尝　表白表白　热闹热闹　请教请教

这又是一类。一共六类。

现在我们进而谈轻声字。唐、宋以前的口语中有没有轻声字，我们不得而知。就文献看，唐、宋以后的口语中虽然大量地出现了“子”“头”“儿”等附属词，但是不是轻声，我们也不敢十分断定。不过在今天，词义的分别，轻声是一个重要因素。常有个词字音完全相同，却靠轻声别义。譬如（加“.”表轻声）：

老子（人名或书名）	老子（父亲）
莲子	帘子
虾子（虾卵）	瞎子
蛇头	舌头

北平话中轻声字大致有九类：

一、两个字合成一个词，第二字往往念轻声，但是有一些却并不念轻声。念轻声的如：

葡萄　琵琶　萝卜　石榴　胡同　先生　窗户

衣裳　暖和　干净　利害　得罪　开销　麻烦

二、“子”“头”“儿”数字用作附属词时，如：

包子　皮子　馒头　石头　梨儿　馅儿

三、“们”字用来表复数时，如：

我们　你们　姐妹们　兵士们

四、“的”字用在作为修饰或限制的词之后的时候，如：

我的书　红的花　青年的生活　苦闷的象征

我的　红的　骑马的　拉车的

五、重叠词的第二个字往往念轻声

叔叔　妹妹　看看　等等　偏偏

六、“了”“着”“来”等字用在动词后面时，如：

吃了饭　睡了觉　算了　瞧着　骂着

拿来　你可干什么来来着

七、“么”字用在副词的后面的时候，如：

这么大的年纪！　那么不害羞！

有多么难看！　怎么能不理他呢？

八、“呢”“吗”“罢”“啦”等字用作语气词时，如：

还说呢？　怎么办呢？　你不去吗？

你回去罢！　他来啦！　别提啦！

九、有的时候为了语言的经济作用，我们也可以斟酌情形，把原来非轻声的字轻读。如：

我最喜欢两种花：一种“是”兰“花”，一种“是”桂“花”。

那么“不”害羞！

我们知道了轻声字，也就能认识在我们的语言中原就有足以刻划时隔，因而造成节奏的东西。我们知道了长词与合词，也就解决了洪深先生所提出来的疑难，他说：

> 人们说话，不是说单字，而是说意义，将整句的意义分为若干清楚的完整的相差不大的部分或单位，一一分明地而又接续不断地，严别轻重地而又彼此连系地传达给听者，在听者自然是更易把握与领会话句的意义，在说者自然便造成“话句的声调”。声调的必须条件，从内容上看，是分“意群”（sense group）；从形式上看，是分“短语”（phrase）。意群与短语，在声音表现上，可视为一件事。这些本都是显而易见的，但在实施时却有困难。所谓“短”，短至如何程度；一个字，或两个字，或三个字……最多能至几个字？所谓“意”，一字孤立岂无意？两字三字或五字都可组成意群，而两个、三个或五个意群又可组成较大的意群……是否有一定的标准？

现在，我们可以较为肯定地提出一个标准：长词不能读断，因此它可以造成一个音步。合词在原则也不能读断；不过较长的合词，如并列性的，或词中一部分可以看成附加词的和有轻声字隔断的，那就不止一个音步了。像在前面曾经举过的例子中的这样的例子：

合家“祭天　祀祖，还愿　焚香，庆贺　放赏”已毕。

没有上锁的　门

静静地　坐着

请教　请教

现在我们进而谈“顿歇”。顿歇不是休止，休止是声音完全停止，譬如在该用顿号，或者点号，或者句号，或者一段终了的地方，我们都各各用上一个不同拍子的休止；而顿歇却只是在音步与音步之间，不换气的略一顿逗，为时甚短，而声音却牵连不断。我这样解释顿歇，是和洪深先生稍有不同的。现在我用空格表示顿歇，把何其芳先生《黎明》一诗解析于下（轻声仍用六号铅字加“.”表示）。因为这些东西，诗里面是表现得最明白的：

山谷中　有雾，草上　有露，

黎明　开放着　像花朵。

工人们　打石头的　声音，

是如此　打动了　我的　心，

我说，劳作的　最好的　象征　是建筑：

我们　在地上　看见了　房屋，

我们　可以　搬进去　居住。

啊！你们　打石头的，砍树的，筑墙的，盖屋顶的，

我的　心　和你们的　心　是如此　密切的　相通，

我们　像是　为着　同一的　建筑　出力气的　弟兄。

我无声地　写出　这个　短歌　献给　你们；

献给　所有一醒来　就离床

一起来　就开始劳作的　人；

献给　我们的　被号声　叫出来　早操的　兵士，

我们的　被钟声　叫起来　自习的　学生，

我们的　被鸡声　叫到　田里去的　农夫。

散文与诗同样是有节奏的，不过诗的节奏比较整齐，而散文可以由好几种“时值”（duration）不同的音步组成。所以诗大半是一种节奏到底，而散文则不妨轮用好多种节奏。譬如鲁迅《示众》中有一段的节奏，解析起来，仿佛可以是这样：

像用力　掷在墙上　而反拨过来的　皮球一般，他忽然飞在马路的　那边了。　在电杆旁　和他对面，正向着　马路，其时也站定了　两个人；一个　穿淡黄制服的　挂刀的　面黄肌瘦的巡警，手里　牵着　绳头，绳的　那头，就拴在　别一个　穿篮大衫　上罩白背心的　男人的　左臂膊上。　这男人　戴一顶　新草帽，帽檐四面下垂，遮住了　眼睛的　一带。　但胖孩子　身体矮，仰起　脸来　看时，却正　撞见　这人的　眼睛。　那眼睛　也似乎　正在看　他的脑壳。　他连忙　顺下眼，去看白背心，只见背心上　一行行的　写着些　大大小小的　什么字。

朗诵古文时，我们虽然不赞成那种摇头晃脑的歌唱腔调，但是抑扬顿挫之处，我们既然没有方法能知道它的本然的素质，也就只能承袭那一套传统的朗诵腔调，而除其歌唱成分罢了。在这一套朗诵腔调中，有一些字，似乎也有轻声的读法，譬如作为连接词的“之”字和否定词“不”字。这情形在骈文中尤易看出，如陆贽文：

汉家　之传　十世　宜　光武　之中兴

献公　之子　九人　惟　重耳　之尚在

我们又从“之乎（之于）为诸”，“之焉为旃”，“不可为叵”，“盍训何不”这此合声字的事例看，似乎在古文中仍然是有读轻声的可能的。

朗诵古文除去使用各种不同拍子的休止之外，还使用一种不同拍子的延长。这种延长与合词有关，与字调也有关。试读韩愈《送董邵南序》开头一句（用直线表延长）：

燕赵古称—多感慨悲歌——之士。

“称”“歌”两字皆平声，故可曼声引长。且“歌”字下照文法讲似不应逗，但为了抑扬，各地讽诵，往往于此一逗而延曼其声，以显衬出所谓“气势神韵”的空架子。气势神韵并不是什么神秘的东西，不过是一种腔调罢了。

现在仍把洪先生举过的王安石《读孟尝君传》的例子举在下面，而解析一下它的节奏（以“。”表休止）：

世皆称—孟尝君—能得士—。士—以故—归之—。而—卒赖其力—以脱于—虎豹—之秦——。嗟乎——。孟尝君—特鸡鸣—狗盗—之雄耳——。岂足以—言得士—。不然—。擅齐—之强—。得一士焉——宜可以—南面—而制秦—。尚何取鸡鸣—狗盗—之力哉—。鸡鸣狗盗—之出其门—。此士—之所以不至也——。

关于旧诗，游国恩先生在“中国语文诵读方法座谈会”中曾述及一种方法。这种方法也是我们在课室中常用的，不过也和朗诵古文一样，要除去其歌唱成分罢了。游先生所述的方法是：

凡律诗，无论五六言或七言，遇平声字皆须稍停，而延其尾音。古诗在平仄方面都有很自然的节奏，惟碰见意义有停顿处，声音亦不妨作停顿。

关于律诗，我把杜甫《登楼》的节奏解析于下：

花近——高楼——伤客心——万方——多难——此登临——。
锦江——春色——来天地——玉垒——浮云——变古今——。
北极——朝廷——终不改——西山——寇盗——莫相侵——。
可怜——后主——还祠庙——日暮——聊为——梁甫吟——。

古诗与词，不另举例。

三　情绪表现

好的声音表现，不但要使原作的形式在听众间发生效果，就是在内容上也应该加以发挥。譬如，当我们体会出一篇作品的作者要求读者予以最大着重、最大注意的地方，我们也当予以“重读”；肯定、询问、疑难、惊讶……诸口气，和欣喜、悲痛……诸情绪也应当予以适度的表现。这一切表现都应该向实际语言中去学习，语调和轻重都不要违反人情而变成过分的夸张。

诵读陈腐了的古文，在有些情形之下，我们仍然可以给他吹进几口生人气。譬如《论语》“子路问津”那一段：

长沮曰：“夫执车者为谁?”

子路曰：“为孔丘。”

曰：“是鲁孔丘与?”

曰：“是也。”

曰：“是知津矣。”

像这一类，我们仍然可以把它读得活灵活现的。

我们设法使自己成为一个很忠实的“作者代言人”，在朗诵中，我们应当把极客观的“代言”当作一种艺术。所以我们既是一个“客观”的代言者，就应当尽量克服私生活中主观的情绪侵进“情绪表现”中来。但是，这是很困难的，尤其是在教书人不如豪门大户的狗的今日。

四　朗诵者的态度

在《中国语文诵读方法座谈会记录》中读到顾随先生的意见，他觉得朗诵有三个要点：一个是“要能对作品理解”，这是非常对的。又有一个是“要有语言‘本钱’——好嗓子”，这条是使我们很伤心的。还有一个是“要拉得下脸儿来——不怕羞。”他说：“我从前在课堂中讲《西厢记》‘长亭送别’一段，到‘红娘曰：姐姐！你今日个怎不打扮？’我无意中突然挤窄了嗓子，模仿红娘的音调，惹得同学们大笑。”不过，顾先生说：这次笑过之后，后来的效果是很好的。那么，当我们讲《黑旋风报恩》的时候，是不是又要放宽了嗓子，用一个黑头的腔调，来模仿李逵的说话呢？像这样追求下去，我们势必要闹到彩排才放手。所以这种方法，尽管可以让兴致好的人采用，却是不足为训的。

关于朗诵态度，我极同意洪深先生的说法。他说：

> 朗诵时，其实是诗人用自己的人格向群众说话。……这是朗诵的特点，也是朗诵与演戏不同之点。即使所诵的为故事诗或戏剧诗，亦无例外。故事或戏剧诗中，大都有人物的对话；朗诵这些对话时，当然应将人物的性格、情绪刻划表现；但朗诵者与故事中人物，应保持相当距离，朗诵者应始终不失去诗人的人格。他的朗诵这些对话，应像演说者引用别人话句，虽然同情地忠实地发挥话句的内容，但倒底是别人的话，不是他自己的话。他只是引用者，他并不化身为那所引话句的发言人。这样，朗诵莎士比亚的剧诗，与表现剧中的一角，也可是有显明的分别。如果朗诵者放弃诗人自己的人格，而竟化身为故事中人物，完全使用故事中人物的口气与姿态，那便是“说书”“唱大鼓”而不是朗诵了。

此外，在朗诵速度上，与其快，毋宁慢一点；在响度上，与其尖叫，不如让它跟说话成比例地增大一点；换句话说，要一个最有效率的中段音高。这里不细说了。

三十六年五月十日，南开大学。

（原载《国文月刊》第58期，1947年）

14. 低年级读法教学

钱希乃　应怀训

低年级的读法教学，可分四部分来讨论：

一、一年级在普通的动作上，都包含着读法。

二、用书以前，借黑板与纸片教读法。

三、用书读法的开始。

四、二年级的读法教学。

（一）一年级在普通的动作上都包含着读法

读法教学，我国虽没有多大的研究，却比其他的学科差胜一筹；而较之美国教育家的精研实试，不遗余力，又瞠乎其后了。派克Parker所视察到的芝加哥大学附属小学 The Elementary School of Chicago 里，哈台 Marjorie Hardy 女士的教学方法看起来，觉得儿童不但不以读书为可怕可厌，简直有乐此不疲的样儿；寓言呀，神话呀，冒险的事情呀，……都能使儿童神游心往，仿佛飘飘而欲仙。这因为每一个步骤里，教师总有系统的计划和组织，极合儿童的本能与兴趣的呵。

偶然的读法　哈台把儿童有的经验，如家庭，邻里状况，农田景物等，用游戏的方法，使儿童在动作里表演出来，这样继续研究下去，可以发展到历史、地理、公民、卫生各科目去。社会的第一个单元是家庭，儿童从家庭到学校往往互谈家庭里的状况，什么在厨房里炊饭，在膳堂中吃饭，在床铺上睡觉，种种事情，不一而足。游戏室里摆有许多木头和纸片，儿童看见，便殚心毕力地规划起来，建造怎样的房屋，房屋造成以后，布置怎样的什物。那么，一方面是游玩的建设事业，一方面如在厨房里炊饭，在膳堂中吃饭……等语句，就可以当作读法。家庭研究过之后，便可以研究农田生活，农作场、房屋、道路、器具，都在沙床里仿造起来；关于农民的故事，如挑谷到城里，或用火车载去，便趁这时间讲讲，可从乡村的观念连带到城市上去，使儿童知道社会上的种种组织，在这里也有诵读的及计算的材料。像这样利用儿童的动作以教读法，和幼稚园里相同。就是在幼稚园里的有声韵而没有意义，却很合于儿童想像的儿歌，如社会上最普通的“一颗星，拨沦敦，两颗星，挂油瓶”之类，也应采入。有许多儿歌在幼稚园里把动作和唱歌联络起来，一年级也是如此。这种儿歌可以供给读法的材料。

十五分钟的正式读法　哈台女士的正式读法，只有早晨十五分钟至二十分钟工夫。正式读法以外，整天有偶然的读法材料穿插着。在十五分钟的继续诵读里，也把儿童每种的动作，利用到读的动作上去，因此变化多端，毫不板滞，可以免除儿童的烦燥。厌倦和单调、机械的痛苦。

（二）用书以前借黑板与纸片教读法

用黑板教读法　我们初教读法，必先教可动作的字而且可以比赛的，如跑、跳、抛等。怎样比赛呢？把字写在黑板上，叫个儿童蒙蔽着眼睛，又一个儿童到黑板前把字一指跑到自己的位置里，说声预备，便跳一跳，那个蒙蔽着眼睛的儿童便可以指着什么字。哈台用这个方法把字和身体上的动作连合起来，儿童非常欢迎。我们把动作的字用比赛的方法练习，最好采用整篇的儿歌。哈台第二天就介绍一首儿歌给儿童：

伶俐的弗雷，
快跳呀快跳，
快跳过灯台，
跳过灯台来。

怎样用比赛的方法教儿歌呢？起初儿童不晓得如何做，教师就用曲线画儿童跳过灯台的样子，儿童便看样来画，有的并且能够画出烛焰，一面画，一面唱，动作和读法连合起来了。哈台就暗示儿童，请求教师把儿童写在黑板上，儿童讲一句，教师写一句，等到写好，可以不用书本，只看黑板读，多少有趣。这样讲一句，写一句，用继续性的方法，教继续性的材料，是教第一课书最好没有的方法。

用纸片教读法　上面讲过用黑板教读法，以后要讨论用纸片教读法了。把原来的儿歌写在一幅纸上，告诉儿童，这就是写在黑板上的字，我们可以读一读，哈台拿一条狭长的黑板放在字的下面，读一行，移过一行，给儿童以视线上换行的帮助；继续儿童个别读，教师仍把黑板移下去，另外拿出写着儿歌可以一行一行分开来的一幅纸，问儿童道："这一张字不是同那一张一样的吗？"又拿出一具可以挂在黑板上的架子，架上能够摆着一片一片的纸条的，把那幅里一行一行的纸条摆在架上，凑成行来这叫做拼行。

（1）教师叫儿童闭了眼睛，把架上任何行拿去，叫儿童在另外的一幅纸里猜是哪一行拿去了，谁错谁不错，这是最好的游戏。

（2）上面的游戏是教师拿去叫儿童猜的；现在把纸条分给儿童，说我叫哪一条，拿哪一条的人跑来拼到架上去，这也是使儿童认识行句的方法。

这时儿童只知字的地位而不知字的形状，如晓得“弗雷”二字的地位在第四第五，而不晓得字的形状到底怎样？我们可以用另外的一幅纸，写“弗雷到学校里去”的一行，叫他们指点，或许要指点到“学校”二字上去的，这是第二天的功课。第三天里，开始便用狭长的纸板放在每行字下，叫每个儿童把儿歌完全读一读；读毕，把一行一行的纸条放到架上，而且说，我放上去的一条是哪一行，第二条是哪一行，依次读完。以后再做一个游戏，叫儿童做教师，立在黑板前，把纸条一条条拿去，叫其余的儿童猜，是哪一行拿去的。游戏的进行，可分七个步骤：

（1）做教师的儿童和同学说，大家把眼睛闭着。

（2）拿去里面的一条。

（3）轻轻地同教师说，哪一行拿去了。

（4）叫一声预备。

（5）其余的儿童都举起手来。

（6）做教师的儿童指出一个来猜。

（7）猜着了，就叫他拼到相当的一行上去。

如此换一人做教师，轮流演习。又叫儿童到黑板前，把黑板划开大家画灯台，画曲线，且画且唱，画毕，都坐在原位。教师说：“我另外有首歌，弗雷也在其内的。”这时有好几个儿童立起来说：“乔克到山上去的歌里有的。”教师说：“哪个会画山，会画乔克和弗雷跳上山去，跳下山来，好像弗雷跳过灯台去，跳过灯台来。”于是儿童和从前一般地起劲画曲线，曲线画过，就跑到自己的位置里，教师写这歌，叫儿童读一行，写一行，把第二首儿歌写在黑板上。提出几分钟，用狭长的纸板帮助儿童读，第三天过去了。第四天里，把第二首儿歌写在一幅纸上，教儿童读，像读第一首儿歌一般。

（1）全体儿童用狭长的纸板助读。

（2）叫一个儿童读，好的赞赏几句。

（3）教师读一行，叫儿童寻出来。

（4）教师把第二首儿歌分做条子。一条条放在架上，使儿童注意他放的次序错不错。

（5）闭起眼睛，寻出拿去的一行。

上面的方法，不过使儿童明了一行一行的字，下面进而教一个一个的字了。哈台把一行一行的纸条分做一字一字的卡片，每个儿童给他一片，叫他寻出自己所拿的字在一幅纸上的哪一处，寻出的举起手来，那时全体举起手来，哈台就指点那一个叫他拼在架上。这时候儿童都可以拼得不错，可是还读不出来，那就要用卡片练习，将个别字在短时间内示给儿童，使儿童读出来，这便是电影练习。第五天，（1）先叫儿童全体读儿歌，后又个别读；（2）教师读出一行来，叫儿童寻；（3）每个儿童给他一张卡片，叫他们在一幅纸上去寻自己所拿的字，使他们认识个别字，儿歌里有特别的字，用特别的方法去练习，就是用电影卡片练习。以后教师把个别字乱放在架上，叫儿童读出来，读得快，甚至于放不及，又叫一儿童一个个上来，自点自读，读得好大家拍手。读毕，做闭眼游戏，一个儿童把眼睛闭起来，立在教室那一边，另一个儿童跑到架子前把字点一点，跑到自己的位置前，喊一声预备，那个儿童就跑到架子前一个个字猜过去，错的大家说错，不错的大家拍手，这时认个别的字，认了许多时候；为了身体上动作的调剂起见，又做了一个游戏，叫做老猫睡去，有一个儿童不依照教师指导的方法去做，大家正围着唱歌，他却先跑到自己的坐位上，才唱末了的一句，哈台就训练他们，游戏的时候，不应越出范围。除掉交换休息的动作以外，正式的读法不过十五分钟，儿童对于读物的内容都非常清楚；而且在前一天末了时，差不多没有一个能完全认识个别的字，到此时都能认识了。第六天里，就用老猫睡去的儿歌作教材，先把昨日做过的游戏做一做，就将画着老猫写着儿歌的一幅画挂上：

老猫睡着了
老猫睡着了，
老猫睡得很熟，
捉不着我们了。

读这首儿歌，也用以前的方法：(a) 读全首儿歌，(b) 认识行句，(c) 练习个别字。哈台把一条条的行数，在儿童前面分成个别的字，叫儿童认；这种从全篇分析到个字的读法，很可以使儿童明白记忆，不过有几个劣等生，提出一个字来叫他读，他只能读出全句而读不出个字，那就要用特别指导了。教师给他一个“老”字的卡片，叫他拼到纸片上或架子上去，本来他的视线的感觉上可以见到五个老字的机会，他却一个都寻不到，于是教师把老猫睡着了的一条拿来读给他听，再把“猫”字拿去，继又把“睡着了”三字拿去，问他剩下的是什么字，到此时儿童才认识“老”字，才能拼到纸片上或架子上去。哈台又对全体儿童说：“我们所读的故事读本里也有许多‘老’字，像老妈妈，老农夫，老虎等。”随把老猫睡去的儿歌用游戏方法练习一回，提出“老”字来叫劣等生认，便可以不加思索地读出。这是对于劣等生时常遇到的困难，我们遇到这种困难，要对于儿童有同情心，有忍耐心，很持久的个别注意。当这儿歌进行的程序中间，在旁的时候，就可以得到旁的故事的经验和旁的建设的动作。与读老猫睡去的儿歌时，在旁的时候讲了三只熊的故事，在沙盘里造起熊的房子，架了树枝当作森林，好似他们常在这里跑的。这是表明读法进行时，旁的动作也一同进行，且可和读法互相联络。三只熊的故事讲过了，房屋森林也造过了，于是总束他们所经过的事情，写成简短的文字：

我们造一所房子，
这所房子在森林中；
我们做了三只熊：
一只是大熊，
一只是中熊，
一只是小熊。

这是他们的建设的动作的记录，可以作读法的材料。现在每个儿童给他一本用马粪纸做成的书，把读过的儿歌故事贴在上面，叫他们保存起来。这种自黑板读法与纸片读法转移到用书读法的过渡时代，大约有五六星期光景，在这五六星期里，要养成他们有良好的读书态度，使他们感觉到读书的兴味而努力进行。这在先进的学校里，未采用书以前，是个很普通的方法，极合于心理学的原则的。

黑板读法与纸片读法的原理

一、开始读的时候，要有良好的读书态度——哈台教黑板读法与纸片读法谓最重要的原理，是使儿童对于读物有特别浓厚的兴趣与特别良好的态度，就是要顾得儿童不单认得字而且能够了解意义。用旧方法教读法的最普通的弊病，是拿一本书，眼睛看看，口嘴喊着“这是老猫”“这是老猫”，并不顾及其意义的明了与否而信口地读。更进一层，读书的态度因为材料关系而有种种不同之点，如读诗歌与读新闻截然不同，读诗歌要有欣赏的节韵的；读新闻只要读得快，把重要的观念记住就是。又如读新闻纸上的诙谐文章，与读林肯的演说辞，态度当然各异。我们要训练儿童有读书的良好的态度，要使儿童对于一种材料发生一种的兴趣，在读物中得到有意义有兴味的经验与各种读的态度，以养成将来诵习高等读物的技能。

二、读的材料必定要有意义的——我们要儿童读书，因为要得到读物里的意义，不单是认识字句，这是正当的读书态度。要养成这种态度，必定要选择达到这个目的的材料，譬如哈台所取材的跳、逃、抛等字，学生要做这种动作，必先了解这几个字的意义，所以他的注意力不期然地倾向到意义方面来。偶然的读法里，讲到谷仓，农民的住房，在沙盘里造起来，要造起来，必先了解它的意义，所以他的注意力也自然而然地集中在意义方面了。讲到儿歌，意义当然比较的复杂一点，这种了解儿童的经验，和词句个别字的了解，迥乎不同，了解儿歌的经验，是大体的经验，是欣赏的整个的经验，这种整个的经验不是一个一个字可以解释成功的。这样讲来，我们呆板地教儿童读个别的字，简直没甚意义呢。我们所需要的，就是儿童第一次读书时，能够使儿童得到大体的意义，得到整个的欣赏的经验，与了解个别字的意义不同。儿童最喜欢读的是儿歌，所以把儿歌当读物，是最好没有的材料。

三、选取兴趣浓厚的读物，培养学生愿意去读——所谓读的态度不但要学生得到读物里的意义，而且有乐此不疲的兴趣。我们要使学生觉得读的材料有供给愉快的经验，要培养学生拿书来读，有自然的快乐的倾向，和做游戏听故事一般。

四、先有完全的整个的经验，才行逐段的部分的练习——从上面的意思看出，在初读的时候，应当要造就儿童有意义有兴味的经验，所以我们所选的读物，要如讲故事听故事的一样含有故事的色彩，这是要使儿童得着整个的经验，才可以一部部分析练习。我们从哈台的教学法看来，有下列的几个步骤：

（1）儿童学习儿歌和故事，何以先叫儿童口述出来，不过所讲的最好和书里相仿佛。

（2）叫儿童报告先生，把全首故事写在黑板上。

（3）把全首故事读一读。

（4）认识行句。

（5）认识且记忆个别的字。

要低年级的读法教学妥贴适当，最好采用上面的几个步骤。现把哈台的教学法归纳起来，共有三点：（a）拿出读物以前，要有充分的预备；（b）训练学生认识行句；（c）认识个别的字。五、用黑板与纸片教读法，容易集中学生的注意力——儿童初教读法，就用起书籍，注意力往往非常散漫；如果用黑板与纸片教读法，就可把儿童的注意力集中拢来，教师也可趁此看清儿童的明了与不明了的地方，这就是用黑板与纸片教读法的好处。六、用行句与个别字的纸片，可以补助教学的功用——以前讲用黑板与纸片教读法，使儿童注意力集中，这是一种教学方法的进步。现在用一个架子，嵌上行句与个字的纸片，教儿童读，更加可以帮助教学的功用。七、设备挂牌，应用到偶然的读法上去——在这挂牌上，时常贴着各种图画，挂牌的表面是很软的，可以用铜钉钉上。凡是报纸上杂志上的图画或另外的事情，教师绘起图来；或只有图画而没有文字的，教师添进文字去；这种材料都可以贴在挂牌上。八、读的材料上，要附加有游戏比赛的材料——以前讲到如何能使学生有读书的好尚，是读的材料适当，合于儿童的经验。因为儿童得到有兴味的经验，才努力去读，所以读的兴味是读的结果，这是从材料而言，现在还要注重到动作上面，和材料连合起来。因为材料的适当，使学生有读书的好尚；动作的注重，也能够使学生反复练习，不觉厌倦，对于读法的技能上，很有效力的。用书以前的读法，最好是游戏比赛，现在把游戏比赛应用到写字、读法、算术、言语上来，好像苦的东西裹在甜的东西里面，只觉其甜而不觉其苦了。所以无论何种材料，应用游戏比赛，都可使儿童练习格外注意。如以前所讲的纸片比赛，电影卡片，都利用这方法的。九、应用游戏比赛，要靠教师有很好的技能与丰富的经验——派克曾见一个教师，在十分钟里，用卡片做六个游戏比赛，所以那个教师很能够支持学生对于功课的热力与注意。十、儿童的个别差要特别留意——末了的一条原理是在用书读法以前，要注意儿童的个别差。以前教读法的时候，儿童愚笨的很愚笨，聪明的很聪明，这两种人教师都要特别留意，所以完善的学校里，于分团这一层，一而再再而三地视为极关重要。

（三）用书读法的开始

实例　一、第一课书怎样开始——从前讲过黑板读法与纸片读法有五六星期之久，现在要讨论怎样从黑板与纸片读法转移到用书读法来。末了的一课纸片读法，包含在一本书的第一课程，形式与实质都是一样。在读第一课书以前，哈台问学生道："我曾经和你们讲过，今天做什么事情？"学生回答道："今天有书本了。"哈台又说："书从哪里来，我给你们一本吗？"学生一齐说："先生给我们一本。"于是哈台拿出一包书，把儿童和书本数一数，分发他们，叫他们拿起书来，问这是什么书？而且介绍他们著书的和绘图的是什么人。有许多儿童认识这本书的，都说："这本书我们家里也有。"哈台又说："你们看看书里，有没有你们已经晓得的地方。"因此儿童很高兴地把书看着，忽地一个儿童喊道："这课书我已经晓得了，我能够读。"还有一个儿童要晓得书里有哪几种故事，哈台就叫他们把目录翻着来，将目录里所载的故事一个个数过去，这样很随便地玩弄有五分钟工夫。乃给他们每个人一张助读片，叫他们放在第一行下，读一行，移过一行，问他们第一行讲的是什么，因为儿童在纸片读法里已经读过了，所以回答得很正确。于是读第三行，同时观察全班儿童，并帮助做不来的儿童。目录读完，叫他们翻到第一个故事里，看第一个图画是什么，第二个图画是什么，一直看下去，一壁看，一壁讲。看完哈台说："你们翻到第一页里，把助读片好好地放在题目下面，大家读来……把助读片放在第一行下，大家读来，要读得轻……约翰你读来……把助读片移下去读第二行，能够读的举手。"在这般进行的时候，儿童往往很踊跃地喊起来："我能够读，我能够读。"间有难读的几行，就用全体指导的方法指导他们，因此几分钟工夫，好几页书读过了。哈台又指点他们，如何读这故事，从右下方继续到反面左上方。末了告诉他们道："你们把助读片放在书里，除掉读片以外，不要去玩，免得弄脏；而且对于自己的书要负责任，昨天不是同你们讲过'责任'二字吗？你们要把书好好地放在桌上呀"！二、第二课读的预备——教儿童读第二课书时，须有特别的步骤，因为第二课书儿童并没有读过，所以在没有翻开书以前，我们要把新的故事，耗废整个时间去预备，预备分三个步骤：

（1）教师把第二个故事讲演一遍，所讲的话应和书里相同。

（2）重复讲演一遍，并提出特别的词句，或在故事里时常发现的字，用卡片练习。

（3）再行电影练习。

三、开始读第二课书——开始读第二课书的方法和读第一课差不多，有两个步骤：

（1）儿童看着图画讲故事，大概费五分钟工夫，一面看一面讲；这时儿童很自由地可以讲话，教师就用谈话式叫儿童回答出来，和书中相仿佛。

（2）图画看过以后，叫儿童翻到故事第一页上，用助读片帮助着一行一行地读下去，以下就是哈台教读法的实际上的进程。哈台对儿童说："你们翻到第一页来，假使个个人很留心地读，我们可以读得很多……读第一行，看那个读得来，这是故事里最紧要的一行……读第二行……把两行并拢来读，虽然比较的难一点，但是用助读片帮助着读，倒也容易……”忽对其中的一个儿童说：“你的书跌在地上已经四回了，你对于读书，何以不用心若此！”那个儿童受了这种刺激，不再把书跌在地上了。又对全体说：“第三行讲的是什么，大家静静地读，会读的举起手来……现在把助读片移到第一行去，三行并拢来读，你们觉得很难吗……”

原理　一、我们教学生读书，必须继续地衔接地迅速地有意识的——哈台的用书读法的第一要件，是想出种种方法，使学生有继续地衔接地迅速地有意义地读，因而养成正确的读书的态度与习惯。此在未用书读法中特著的要件，其效果在用书读法时显露出来。就是教学新方法不熟悉的人，看到哈台的学生的成绩，便觉得这个教法的完善。在用书读法三四天里，能读二十页故事而能很有兴味很能了解，其成效多么大呀！二、开始教用书读法时，第一课书已经在纸片读法里读过了，就可以减少许多困难——教第一课用书读法时，最要顾到的是儿童复杂的心理与肌肉的动作，这非但对于字句的形式有关，就是手拿书眼睛看等等的困难，也须注意。假使在用书以前，没有读法的练习，总难望他有继续的衔接的迅速的顺利的读。反言之，已经有了普通的看字句的形状的习惯与能力，加以书本里的故事在从前已经读过的，所以心理上的种种困难，差不多消灭尽净，留下的只有手与眼的肌肉上的困难罢了。三、选取继续性的故事材料，且能使儿童受了震刺似的——要儿童继续地衔接地读下去，故事的内容当然要取有继续性的衔接性的材料。所以最完善的初学读本，必定选取适合于儿童的经验的故事，这故事延长，到好几页之长，而且有一定的计画，能够使儿童自首至尾地读下（我国的文学读本，除掉商务出版的儿童文学读本具这性质以外，坊间流行的，都顾不到此）。四、使儿童能够继续地顺利地读，文学读本里的词句要时常重复——编初学读本的人，对于里边的材料的排列，要非常注意。词句时常重复，可以帮助儿童读得便利；一个故事里含有一种问题，可以使儿童的兴味支持到底。新的材料增加一点，新的困难也增加一点，增加的生字不多而且时常重复，自然继续地顺利地读下去了。五、正式读书以前，要有充分的预备——哈台教第二课故事的时候，先将故事讲完一番，把里边的生字用卡片练习，同时将故事重复一遍；后来叫儿童翻着书，一面看图画，一面讲故事。这样的教法，书里的图画很是重要，应请有名的艺术家去画(美国的学校里所用的教科书的图画，都请高等艺术家画的，所以他们的图画都含有故事性质和动作性质，小孩子极喜欢看的)。六、书要尽量地读——一个故事读完，立刻第二个故事开始，这是同旧法的一课书读过又读不同。不但如此，第一本书读完，当即开始读第二本，所以美国小孩，一年之中，可以读至十本或二十本（我国小学，用坊间的教科书两年之中，至多六本至八本)。书里的故事，差不多都是普通动植物的故事。因为要养成儿童读书的良好的态度与习惯，能够继续地顺利地读下去，个别字的练习总在另外时间，读书时不过间或认认卡片罢了。七、用助读片帮助视觉的便利——肌肉的练习，是包括眼球的动作，从这个字移到那个字，从这一行移到那一行。把诵读时的眼球仔细考察，可以晓得眼球的动作与停止的状态，如左右动，换行动等。就是成人读起书来，从第一行换到第二行，也稍微感觉到困难；所以教学儿童，尤加要用助读片帮助他读。助读片不但帮助儿童视觉的便利，而且帮助教师使全班儿童集中到教师所讲的一行去。

（四）二年级的读法教学

预备　芝加哥附属小学里罗咯司女士 Miss Lanra Lucas 担任二年

级读法，讨论猴子与鳄鱼，在故事未读以前，有二分钟的谈话：

你们有几个到过动物园，看见鳄鱼的动作是快的还是慢的？

他是不是和猴子一般地爬到树上去？

他住在冷的还是热的地方？

猴子住在什么地方的？

假使鳄鱼要捉猴子，怎样捉法？

你们喜欢读鳄鱼如何去捉猴子的故事吗？

罗喀司就在黑板上写“鳄鱼先生”和“猴子先生”八个字，对儿童说：“这是他们相互的称呼。”……

默读　罗喀司叫儿童翻开书本，对他们说：“你们翻到第几页，静静地读，不要发出声音，不晓得的，可以问我。”儿童就依照她的指导，很注意地读故事，读的时候，有许多咿咿唔唔的声音，这是表明有许多儿童默读不及朗诵的快。读的时候，罗喀司坐在矮的椅子上，儿童有疑惑的地方，个别的到她的前面去问，她就轻轻地告诉他们；但是告诉他们时，并不是照字直讲，是帮助他们自己领会自己发言。罗喀司又把儿童所问的难字写在黑板上，哪人先读好，就叫他到黑板前来研究，等到一切儿童都读完，乃叫他们把书本盖拢，一一问道：“鳄鱼用什么方法去捉猴子，第一个计策怎样？第二个计策怎样？”儿童把故事里的事实回答得很流利很清楚，足见对于这故事已经充分的了解。罗喀司又指点黑板上的难字对他们说“这是你们要问的字，如果不认识，可以举起手来问，我一个个解答你们。”罗喀司解释生字的时候，不但自己把声音读出来，而且叫全体儿童共同读出来。

朗诵　罗喀司除教默读以外，还采用朗诵。她教儿童很迅速地很顺利地读，读的时候还有许多偶然的暗示。等大家读过以后，就说：“我们把故事再读一读，要哪个来代表故事里的人物，应当如何读法?”儿童一齐回答道:“我们把全篇连拢来读,和讲话一样,才读得好。”

默读与朗诵 二年级读法教学的原理,也无庸详述。不过有两点,我们都应晓得的:

(1)读物里的意义,要能够迅速地了解。

(2)养成儿童有独立解释生字的技能,才知道真的读书,才能够鉴别同程度的书去读。默读固然很迅速地可以明了书中的意义,朗诵也未必不便于儿童(有许多儿童,拿着书本,就脱口而出地读起来)。不过有几个儿童,默读固快,朗诵也很快,那么应当给他们补助读本了。

此篇自 Parker:Types of Elementary Teaching and Learning 中译出,详明透澈,切于实施。惟例引语气,参以己意,于原文颇有增删,祈阅者谅之!钱希乃、应怀训附识。

一九二五,四,二七。于浙江五中小学部。

(原载《中华教育界》第15卷第4期,1925年)

15. 小学高年级读法教学的实际问题

石民傭

（一）选材

A. 须利用机会　机会之来出于偶然，非人力所能创造。如果有很好的时机，让它错过，那是一件极可惜的事情。机会很多，时令、时事、社会、学校各方面都有机会可以利用。我们要利用机会最好是自编讲义，如果事实上难于办到，那么我们用书的时候，不可为课数所限。只要是机会来的时候，我们尽可把书上的次序颠倒。如果书上没有材料可选，应当设法搜集，油印教授。现时略举几个利用机会的例在下面：

1. 时令方面　以中华《高级新小学国语读本》第一册为例，“天然的音乐”应当在三月里教，“孔子”应当在孔子圣诞日教，雨天可以教《山中落雨》一课，远足登山以后可以教《上山》一课，如此教法儿童自然能够发生兴味，尽力研究。

2. 时事方面　时事是随时发生，书中不能规定的。我们做教师的应当到报上去取材。这有两种好处，（1）可以引起儿童看报的兴味，（2）可以养成儿童看报的能力。所以我们教读法的人，对于时事应很注意。我们在江浙战争的时候教过一课《避难》，那时因为无锡避难的人很多，社会顿形恐慌，教《避难》一课是要叫他们镇定的意思。在江浙战争以后教过华洋义赈会代黄渡浏河难民的募捐启

(各报都有)，那是因为要教儿童出去募捐的缘故。时事是常常有的，我们要拣重要的，与儿童切身有关的去教学。如果什么时事都去教学，那也是很不相宜的。

3. 社会方面　如有重大之事发生，我们就可利用它来教读法。譬如社会上迷信之事很多，遇有机会，我们就可把中华《新小学国语读本》高级第二册的《巫师》、第四册的《迷信与理信》教学。有时社会上失慎火烧，我们就可教商务新学制第一册《高级国语教科书》中的《高冈上火起了》和《口技》二课。这不过略举一二，其余可以类推。

4. 学校方面　学校方面的机会很多，我们可尽量利用。当校中要开学艺会的时候，我们就教可以表演的材料。如中华《新小学国语读本》第一册的《痛快的赏赐》、第三册的《鸿门之会》等。当校中要开演说会的时候，选说理透辟、条理清晰的文章，使儿童可以模仿。如中华新小学第二册《国语读本》的《巨人自述》、第四册的《最苦与最乐》等。余类推。

B. 须注意文章的内容　关于内容方面，须合下列各条：

1. 从儿童经验里的几个分子组成未经验的事实的；

2. 多变化的；

3. 儿童需要的；

4. 积极的；

5. 平民的。

C. 须注意文章的形式　关于形式方面，须合下列各条：

1. 合儿童语言的自然次序的；

2. 层次明晰，读了就晓得它的大意的；

3. 多反复的；

4. 行文活泼，非平直呆板的；

5. 自然，不雕琢，不用典故的。

（附注）关于B、C两项。我们用教科书的人须加以注意，如有教材不合BC两项的，当加以删削。不要存一种教科书是万应灵丹课课适用的心理，教科书要活用才是。

（二）预习

这是大家公认的。无论何种功课，要让儿童自由去研究，自力去研究。教师不过从旁加以指导，加以督促罢了。读法当然也是如此。个人教读法的方法，材料是由教师指定，研究则任儿童自动。每次材料选定以后，于星期六读法课中发给儿童，叫儿童预习。所以要在星期六的缘故，因为有一个星期日可以利用。我规定星期日儿童一定要交预习本的。预习本交来以后，教师订正一遍，不合之处，下星期上课时逐项加以讨论，共同加以修正。现时举几个预习的例在下面（以下所学课文见中华《新小学国语读本》第四册，恕不列出）：

一个初入学的孩子　　三月八日——十日

1. 生字音义
2. 问答
   （1）阿菊在家里的情形？
   （2）阿菊是几岁进学校的？
   （3）女教师携着阿菊的手阿菊觉得怎样？
   （4）运动场上的种种情形？
   （5）阿菊到了运动场里起一种什么感情？
   （6）阿菊到了课堂里怎样？
   （7）阿菊听着歌声回忆着什么事情？
3. 词的注释
   委婉　怅惘　突突　主宰　姗姗　率性　蹁跹
4. 段落大意

(1) 某日……界里

(2) 他被……去了

(3) 一个……才止

(4) 等了……子上

(5) 他们……唱了

5. 模仿练习

(1) 我校的运动场

(2) 我的家庭四周的景况

(3) 回想初来校时的种种

再会了 四月十二日——十七日

1. 生字音义

2. 问答

(1) 麻沙利，苏活二人最喜欢的是什么事情？

(2) 麻苏二人因何去见杜中尉？

(3) 麻苏二人看见普鲁士兵的驻地，如何走法？

(4) 苏活为何叹“人生”？

(5) 麻苏二人在什么地方给人捆起来？

(6) 兵官逼麻苏二人说什么？

(7) 麻苏二人结果如何？

3. 段落大意

(1) 巴黎……得吃

(2) 有一……活的

(3) 平时……友了

(4) 后来……前行

(5) 不多……钓鱼

(6) 前面……管了

(7) 忽然……人生

(8) 苏活……岛上

(9) 岛上……开口

(10) 那兵……会了

(11) 拍拍……壤呢

4. 这篇文中

(1) 最悲伤的句子

(2) 描写最好的句子

1. 惊吓 2. 酷肖

(3) ……

(5) 读了这篇以后的感想

(6) 疑问待解

比利时 四月十九日——二十四日

1. 生字音义

2. 问答

(1) 比利时是一种什么国家?

(2) 德人为何必须假道于比?

(3) 德人攻比几时方才攻下?

(4) 比人拒德，何国最受其惠?

(5) 比人为何不肯假道于德?

3. 段落大意

(1) 比利……忌了

(2) 原来……御他

(3) 德皇……梦想

(4) 现在……崇拜

4. 词的注释

怒不可遏　蹂躏　无恙　螳臂当车

5. 代法人写一封感谢比利时的信

6. 留心文中的插叙法

7. 读后的意见

8. 疑问待解

毛遂定从　　四月二十六——五月一日

1. 生字音义

2. 问答

(1) 平原君到楚国去有什么公事?

(2) 毛遂为何要自荐?

(3) 何谓定从?

(4) 毛遂对楚王说的话包含几层意思?

(5) 毛遂定从的时候，对十九人说的话，你们觉得怎样?

3. 词的注释

合从　舍人

4. 段落大意

(1) 秦围……十人

(2) 门下……笑之

(3) 平原……者也

5. 疑问待解

6. 对于这篇的意见

(1) 谓平原君知人罢，毛遂作客三年，而彼不知；谓平原君不知人罢，一席话就许毛遂偕行。很使人疑惑。平原君究属如何？要请诸同学明以告我。

(2) 还有毛遂初见楚王之时，楚王叱之下，后来楚王又惟毛遂之言是听，这是什么缘故？也要请同学明以告我。

（三）练习

练习是教学法中最重要的手续。俞子夷先生说："启发是头，练习是尾……"我很赞成他那句说话。（详细的言论请参观商务所出的《教育丛著》第四种、俞子夷先生的《小学教学法上的新旧冲突》），然而一般小学教员还没有注意到。去年我在无锡暑期学校中演讲的时候，曾经做过一个调查问他们读法课中有哪许多练习，他们大多数回答不出。我看了以后非常惊骇。现时不揣固陋，把我所常用的练习法写在下面：

A. 朗读练习

1. 朗读的顺序

（先）试读　（次）练习　（后）美读

2. 朗读的方法

一、一人读　用于试读，因为容易纠正错误。

用于美读，因为听得清爽。

二、二人以上之读　试读以后用之，利其可以普遍。

三、齐读团读

（1）用的时候须在稍为熟习以后，新授时决不可用。

（2）齐读的功用。

a. 准备　一个手续开始时用之。

d. 结束　一个手续终了时用之。

c. 过渡　一节课用两种手续时，用齐读隔开使不相混。

d. 静默　最易看出，在默字练习以后，那时很闹，如果齐读一遍就可以静了。

四、表演读　读时把书中动作表演出来，如读快跑，就做快跑的样子……。

五、对读　用于对话体文字。

六、表情读　把书中喜怒哀乐之情表示出来。

七、听读　一人读，众人合书静听。或命优等生读，或命劣等生读，彼固常有错者。

（注意此须用在课文稍稍熟习以后）

八、读演　一人读文，众人随之表演。

九、精读　要注意课文中的句读，要把文中抑扬顿挫处读出来。

十、韵读（吟味）　读诗歌体时用之。

十一、范读　儿童读文未能合法时，由教师范读，须把抑扬顿挫处加以说明，叫儿童仿读几遍。

B. 词类练习

这是用卡片练习的。卡片的大小，长约密达尺五寸，阔约密达尺一寸五分。现时把它的创制和使用法写在下面：

（甲）创制

1. 根据每篇课文，创制若干卡片。

2. 卡片限于词类，不采用句子。

3. 低年级多采用单词，高年级多采用复词（但最好在四五个字以内）。

4. 每张卡片后注明课名，号数以便检查。

5. 写卡片的字最好是用蓝色，以保目力。

（乙）使用法

1. 拿时要敏捷，不要遮没片子上的字。

2. 拿法可分两种：

一、固定法　举起卡片放在正中，使儿童读讲。

二、闪烁法　把卡片闪烁一过，合在台上，使儿童读讲。

3. 读法可分三种

一、齐读

二、指名读 （最好要个个儿童喊到）

三、轮流读 （教师随时注意不留心的）

4. 讲法可分两种

一、读的讲 以读代讲，读了就不要讲了。

二、翻译讲 指名讲或轮流讲。

5. 时间 每即至多五分钟

6. 在授新课文第一节时，不温卡片，其余亦得酌量不温。

7. 本课新制卡片至少须温一星期。

8. 以前的卡片在每节轮流温习至多以三十片为限。

C. 默字练习

1. 用的时候 每课课文结束时用之。

2. 用的字数 每次五十个。

3. 字的取法 在课文中拣出。

4. 可以重复 多数默错的字可以重默。

5. 读字方法 参用默字测验的方法，举例如下：

地：“地”字 就是这个地方那个地方的“地”字，天地的“地”字，“地”字。

做：“做”字 就是一个人应当做事的“做”字，做东西的“做”字，“做”字。

6. 读字时间 每字略停数秒钟。

7. 读字声调 不宜过慢，也不宜太快，声音须使全室的人听得见。

8. 不许发问 儿童听不清，不许发问（因教师负完全责任，决不致全体听不清。一二个儿童听不清，只好置之不理）。

9. 一齐收卷 默字完毕，由每行最后一个人，向前收齐交到教师处。

（附）默字练习用的表格

月　　日

（　　）　默字练习　（　　）

(1)		(18)		(35)	
(2)		(19)		(36)	
(3)		(20)		(37)	
(4)		(21)		(38)	
(5)		(22)		(39)	
(6)		(23)		(40)	
(7)		(24)		(41)	
(8)		(25)		(42)	
(9)		(26)		(43)	
(10)		(27)		(44)	
(11)		(28)		(45)	
(12)		(29)		(46)	
(13)		(30)		(47)	
(14)		(31)		(48)	
(15)		(32)		(49)	
(16)		(33)		(50)	
(17)		(34)		对	

D. 查字典练习

1. 养成概念　常常同儿童讲查字典的重要，使儿童观念中有一个查字典的印象。再把胡适先生的《劝善歌》油印分发给儿童。歌辞如下：

少花几个钱，
多卖两亩田，
千万买部好字典！
它跟你到天边；

只要你常常请教它，

包管你可以少丢几次脸

2. 教学步骤　我们初教儿童查字典的时候，先叫儿童查部首的页数，次叫儿童查字的笔画，次注意音与字。

3. 时时携带　同儿童说明，无论是读法，是看书，是作文都要带字典上课。有不明白处，先问字典，后问教师，问教师的时候，要携带字典，由教师查给他们看，讲与他们听。

4. 教学注意

一、初查时顶好每天特定一个时间。

二、须时时用比赛方法，先比赛谁查得准确，次比赛谁查得快。

三、音须用国音，义须用白话注释。

（四）表演

开纪念会的时候，利用表演，大家都已知道。教学各科的时侯，利用表演，还有一部分人很是怀疑。我是主张各科利用表演教学的，而于读法尤其主张。我的理由，现时借杜威的说话来证明。杜威说："有许多学校里面不拘教什么功课，其第一步都用表演的工夫来做帮助，在低年级中尤其用得多。例如第一学年教授读法，把书中教材都表示出来，剧中的人物由各儿童分任扮演，或扮鸟兽，或扮人类。如此可把书中所写情景完全体会出来，因为读法这门功课不仅是认识或诵读几个孤立的文学或词句而已。不但这样，并且书中情景还有一种兴趣，可以引人入胜，使儿童的注意力潜力潜移到文字的艰涩处去，假使不用表演，专去讲解每每败人兴致。……演剧方法，既可使人注意课文中的思想，又可使人不知不觉把话说得很响亮，使大家都能听得明白，并且把发音辨得非常正确。"（朱译《明日之学校》P. 110）他的话已经说得详尽无遗，怀疑表演的人，似乎可以释然无疑了。现时且把表演法来说明。

1. 讨论分幕　文艺材料遇有不能表演的节去。拣它可以表演的划分数幕，可预备逐幕表演。

2. 推定剧员　儿童的个性不同，剧中的角色各异。宜择儿童的性情，举动，相近剧中人物。那么学习扮演，容易收效。

3. 批评修正

（1）言语　不纯熟不合度不正当等，要矫正。

（2）态度　扮演不像，不合法的，要矫正。

4. 利用时机　校中有集会的时候——游艺会、恳亲会、周会夕会等就可把读法课中表演过的材料，拿来复演一遍。这有几种好处：（1）轻而易举；（2）多复习机会；（3）教室中表演没有布景化装等，在集会中表演就要布景化装等了，可以补教室中之缺点。所以个人对于利用时机一层，以为很是重要的。

（五）考查

考查成绩很是重要。教师可以估计自己教学的效率，儿童可以确定班级的升降。个人所常用的考查法，分平时的和标准的二种：标准的考查，用中华教育改进社所编的默读测验和默字测验两种材料，每年于开学后一周放学前一周加以考查（考查的详细手续，另有说明书，可向商务书馆购买，兹不赘）。平时的教了一课或几课书以后加以一次考查（或一周或四周考查一次）。考查儿童对于文字的内容方面形式方面已否明了，所用的方法举例如下：

六上阅读测验（《最后一课》）

时日　十五 年五月八日　　　姓名________

国耻纪念的前一天　　　　　时间 30 分

下面共有三种不同的方法（A）是填字如1、6、15、16、18；（B）是说明句子里的意思对不对，对的在括弧里填个“+”，不对的填个“-”；（C）是把顶对的一个用圈圈出。

1. 他想要逃学因为：（a）________（b）________（c）________（d）________

2. 他不敢逃学因为：（a）先生要考文法，（b）父母不许，（c）胆子小，（d）先生要骂。

3. 他走过市政厅他就：（a）看见许多人，（b）一直跑到学校里去，（c）打听消息，（d）打木球。

4. 他跑到学校里那时课堂里面：（a）肃然无声，（b）学生胡闹，（c）先生铁戒尺发声，（d）开关抽屉。

5. 他那日到课堂里去，心里觉得很快活。（　　）

6. 他那日走到课堂，觉得非常奇怪因为：（a）________（b）________（c）________

7. 他那日看见的许多旁听的人，面上都是愁容满面的。（　　）

8. 先生说起话来是：（a）端端敬敬的，（b）是很快活的，（c）常觉得很难为情，（d）随随便便的。

9. 亚尔萨斯和劳兰那时是属于：（a）法国，（b）普鲁士，（c）德国，（d）英国。

10. 那个学生平时最欢喜的是：（a）研究文法；（b）研究历史，（c）爱国，（d）游戏。

11. 那天他看见的告示，写的是：（a）法国做普鲁士的属国，（b）那位先生应当免职，（c）亚尔萨斯及劳兰学校里，不许教法文，应教德文，（d）学生不许继续求学。

12. 先生那天穿特别的礼服因为那天是：（a）国庆，（b）最后一天的上课，（c）先生的生日，（d）要想出风头。

13. 先生问那位学生生字，他一答就答得很对了。(　　)

14. 先生对于本国语言以为是：（a）最难懂最没有道理的，（b）最麻烦最讨厌的，（c）最合论理最美最明白的，（d）最没有研究保存价值的。

15. 那天的习字写的是：________________几个字。

16. 那天的功课顺序是：（a）________（b）________（c）________（d）________

17. 那位先生对于那块地方恋恋不舍因为：（a）学校办得好，（b）学生有趣，（c）薪金多，（d）做了四十年事情。

18. 旁听的人是：（a）________（b）________（c）________

19. 普鲁士兵士走过学校门口先生就：（a）大演说，（b）洋洋得意，（c）意气自若，（d）说不出话来。

20. 先生最后写的字是：（a）法兰西万岁，（b）普鲁士万岁，（c）亚尔萨斯万岁，（d）劳兰万岁。

21. 做这篇文章的用意是：（a）表示他的作文章能力，（b）要想做历史家，（c）要博得人家的称赞，（d）激励国民爱国心。

22. 亡了国应当：（a）保存本国的语言文字，（b）说外国人的坏话，（c）拍外国人的马屁，（d）做他们的走狗。

23. 我们读了文章可以：（a）很有乐趣，（b）引起国耻观念，（c）晓得普法战争的结果，（d）晓得法国人对于普鲁士很可恶的。

中华民国的国耻纪念日

——五月九日——

明天就是了

读了这篇文章——最后一课——

你们心里觉得？

（原载《中华教育界》第16卷第8期，1927年）

16. 初中国文之教学

孟宪承

一

在《对于初中课程的讨论》一篇文章里，朱经农先生说："旧式中学校里面教授国文的实在情形，人人都知道的。一个教员拿了几张油印的讲义（或现成的国文课本），在课堂上逐字逐句地讲解。下面听讲的学生真是七零八落。那种精神涣散的样子，实在叫人看了短气。坐在前面的几个学生，虽然'一心以为有鸿鹄将至'，表面上总算在那里看讲义。至于坐在后排的学生，有的在讲义旁边放着一本英文教科书，自己在那里阅读；有的低着头做他的算学题目；有的女生还在桌子下面打手工，有的偷看小说；有的简直睡着了。教员勉勉强强敷衍完了一点钟，夹着讲义去了；学生也就一哄而散。试问这样研究国文，究竟有何结果？"（《教育杂志》十六卷四号）朱先生这里所描写的，是那国文教学不好的学校，不能代表普通初级中学。但是我们对于初中，如果仔细调查起来，一定也能发现许多可惊的事实。朱先生末了问："试问这样研究国文，究竟有何结果？"现在初中国文教学，因为教材的未经组织，方法的未经讨究，比起其他各科教学来，缺乏结果，实在是无可讳言的。本国语言文字，为最重要的教育工具，此而没有结果，岂不成了严重的教育问题！

二

推究到国文教学所以没有良果的原因，最普通的答案有两种：一是教师不能引起学生的兴趣，二是教师不能启发学生的思想。现在分别说一说：

（一）兴趣说　大家知道，没有兴趣，很难有学习的动机。旧式教学，全不顾到生徒能力上的差异，心理上的需要。所以从教材方面而言，所选的读物，往往有很艰深，很古奥，而不合现代精神，不合学生心理的材料。现在初中读本，各人选材容有不同的标准，而“浅显有趣”，欲为一共同的倾向。我们试将五六年前流行的读本如商务所出许国英《国文读本评注》翻开目录来一看，他所选的：是周树槐《汉高帝论》，薛福成《海瑞论》，梅曾亮《士说》，袁枚《原士》，王世贞《蔺相如完璧归赵论》，刘大櫆《焚书辨》，吴敏树《杂说》，吴敏树《说钓》，梅曾亮《观渔》，邵长蘅《渔父》，梅曾亮《游小盘谷记》，龙启瑞《病说》等等。我们再将民智书局所出孙俍工、沈仲九两先生合编的《初级中学国语文读本》第二册目录翻开来一看便大不同了。上面所选的，是胡适《一个问题》，托尔斯泰原著《三问题》，孙少侯《我对于一切人类的供状》，《新青年》杂志的《宣言》，李大钊《少年中国》的《少年运动》，李大钊《由纵的组织向横的组织》，戴季陶《到湖州后的感想》，鲁迅的《孔乙己》，胡适《吴虞文录序》，仲密《祖先崇拜》，冰心女士《笑》，爱罗先珂原著《我的学校生活的一断片》等等。我们把这两种选本，对比一下，便立见他们的异点。（1）旧本所选的是古代文学，新本是现代文学；旧本是文言文，新本多语体文，并且有时是翻译西洋文学作品的语体文。（2）旧选文体，多论说文，兼及记叙文；新选文体丰富，各类文艺作品，小说、诗歌、剧本都有。（3）旧选没有思想的内容，如《汉高帝论》《蔺相如完璧归赵论》等，而新选的多现代思想上流行的问题，这种教材当然易于引起兴趣了。有了这种教材，教法自然随之变更。旧式教学，先生讲，学生听，国文课往往是最枯窘的。新的教材，有的可以讲解，有的可以讨论，有的还可以表演。教师口才好的，往往逞其雄词博辩，来宣传新主义，解决新问题，或则妙语解颐，利用小说故事材料，来破国文教室的沉闷。这是兴趣论在国文教学上已奏的灵效。但是兴趣论这样东西啊，是很容易遭人误解的。哥尔文教授在《学习的历程》里说："近几十年来，教育上的兴趣论的注重，把教学法革命了。在许多方面，它的利益，是很大的，而其随伴的误解与流弊也很多……他是近来一种'柔性的教学'（soft pedagogy）所由起。这种柔性的教学，在心理上没有根据，而在教育上是没有效力的。说要维持注意，必先引起兴趣，原是不错的。但是引起儿童兴趣，不单是供给儿童娱乐……须知真的兴趣，并不和严正的工作相对抗，并不和为要制胜困难获得结果而用的努力相抵触。遇必要时，在作业上含有劳苦的机械的部分，教师应绝不踌躇地要求生徒的注意。"（Colvin，Learning Process，p. 283）

在我们国文教学上，兴趣论也很有危险。教材上，教法上，都有故意趋易避难迎合生徒一时的嗜好与娱乐，而不顾他们永久的需要与国文教学自身目的的弊病。至于单用语体文、翻译文，来达到国文教学目的，也还是可以根本怀疑的。

（二）启发说　国文教学失败的第二原因，是不能启发学生的思想。旧式教学，偏于记忆，不重理解。在教材上，很少与学生的时代社会有关系的问题，能促起他的思想的。现在极端的一派教材，专搜集讨论现代问题的文字，如前面所引《初级中学国语文读本》即是代表。他们的意思，以及"为增加学生读书的效力计，与其叫他读《庄子》《墨子》《荀子》等，不如叫他读《胡适文存》《独秀文存》一类书，因为一则难懂，一则易解；一则未必适合于现代思潮，一则可以当做现代思潮的一部分的代表。就轻重缓急论，要做一现代的人，不懂《庄子》《墨子》等学说，却不要紧；不懂国语文提倡的理由，不懂女子解放问题、贞操问题、婚姻问题、礼教问题、劳动问题等，却是要做一时代的落伍者"（沈仲九《中学国文教授的一个问题》，《教育杂志》十六卷五号）。根据着这样观念，所以有簇新的以国语文为形式、社会问题为内容的教材出现。有了这种教材，所以方法上自然也废除了逐字逐句的讲解，而注重到问题的讨论。这不可谓非国文教学上一大解放。然而我以为这样的启发思想说，也多少不免一种偏见，而含有必然的危险。国文科的训练，本注重思想的形式上，至于思想的内容，是要和各科联络，而受各科供给的。现在专重社会问题的讨论，是否不致反忽了形式上的训练，喧宾夺主，而失却国文科主要目的，很是一个问题。此外还要注意的，人生思想内容，很复杂而很多方面的，单以这一类的问题为中心，是否不致养成偏见与武断，对十三四岁的儿童宣传社会上政治上种种主义，是否不致揠苗助长，阻碍思想自由的发表，又是一个问题。"教育不是传布偏见，不是灌输成说，乃是解放幼年的心灵，发展他自己的判断力。换言之，教育不是给人见解，乃是帮助人得到见解"（陶孟和《社会学科的性质》，《教育与人生》三十四期）。在教学上宣传独断的主义，我们现在举目一看，到处有这危险，正不仅在国文教学上为然啊！

上文总结起来，即向来国文教学的失败，虽然都归咎于：（一）不能引起学生的兴趣，（二）不能启发学生的思想。而从这两方面改革的结果，则对于兴趣尚不免一种误解，而对于启发也还有许多偏见。这种误解与偏见不能捐除，就很可以为健全的教学的障碍。据私见看来，所谓不能引起兴趣，所谓不能启发思想，还是果而不是因。为什么不能引起兴趣？为什么不能启发思想？其最普遍的原因，还别有所在。

现代教学的精神，根本上是要生徒活动，生徒自学。好的学问不能由教师代学，正如好的馔，不能由他人代吃。《学记》上说的好："虽有嘉肴，弗食不知其旨也；虽有至道，弗学不知其善也。"《孟子》也说："君子深造之以道，欲其自得之也。"这些话，都很合教学的原则，我们国文教学所以失败，正为违反了这一个原则。向来国文课，只有教师的活动，没有学生的活动，只有教师的教授，没有学生的学习，这实是国文教学失败的总原因。能引起学生的活动，指导和督促学生的学习，一定不患不能诱发兴趣与理解的。让我们本着这个见地，再进一步看看初中国文教学法问题。

三

《新学制初中国语课程纲要》里，国语科作业支配分（子）读书（丑）作文（寅）写字三项。除习字专属技能，暂置不论外。请分读书、作文两项来讨论。

（一）读书　《课程纲要》里所谓读书，分二种。(1) 精读选文（由教师拣定书本），详细诵习研究；大半在上课时直接讨论。(2) 略读整部的名著（由教师指定数种），选用笔记，求得其大意；大半由学生自修，一部分在上课时讨论。这种教材，私意以为精读宜以中国文言文为中心，略读则除散文、诗歌、小说、戏剧外，宜分年择定一种平易的古书——如《论语》《孟子》《左传》等的选本——为中心。我们这里因为讨论教法，所以涉及教材，至于为何要这种教材？理由很长，不更冗赘，以免论点纷歧，请读者参阅拙著《初中国文教材平议》（《教育与人生》二十八期）后，指正为幸。

略读的教材，怎么样教学呢？《课程纲要》上定为大半由学生自修，只有一部分在上课时间讨论。“讨论”两字，太含糊了。这种课外的阅读，事前要有适当的指导，事后要有切实的考查。指导的事项，包括（1）读什么书？（2）怎样读法（计划和方法）？（3）有什么特别意义要指示的？（4）有什么特别困难要讨论或说明的？考查的方法，则或令学生作阅书札记，或由学生在上课时轮流提出口头报告。而我们的目的，既在养成阅读的能力，则所谓阅读的能力，尤不可不明白确定它是什么，然后再问用什么方法去养成。读书的能力，分析起来，至少包括领解与敏捷两个元素。要试验这种能力，则可于限定的时间内，指定篇幅令学生标点，或于限定的时间内，举行口头或文字的问答，这是课内的。如要试验课外长篇阅读的是否领解，更有一简省时间的试验法，即将全文要点，分列问题若干条，命一级中学生人答一题，会合起来，全文内容，已提纲挈领，显豁呈露了（Thomas：The Teaching of English in the Secondary School，p. 250）。各种方法，本说不尽 以上所述，也不过发凡起例罢了。假如每周上课时间略读占两小时，则读书指导约占一小时，而考查试验，约占一小时。这样认真的做起来，略读的目的，是不难达到的。

精读的材料，怎么样教学呢？上边略读的指导和考查两层，自然都是适用的。《课程纲要》定为大半在上课时直接讨论。这“讨论”两字，又太含糊了。选读的教材，当然要有相当的提示。这个提示，却不须逐字逐句的讲解，而要将这文的背景与大意，文法上与修辞上的特点，为一个扼要的有趣味的说明，作一番有力的介绍。使学生热烈地要去读他，读了欲罢不能地要去玩索他。“精读”一个名词，大多数教师，恐怕还只有很模糊的一个观念。其实为明了正确计，不如直截了当地把它作为“熟读精思”解释，包含记忆与理解两个要素。名为精读，而不能记忆，怎样能永久地欣赏与应用？旧时读书背诵，并非不好，其不好之点，乃在只能背诵而不能理解。

至于已经有理解，而不能背诵，则还是不能受用。现在学校各科作业中，都有一大部分记忆工夫，何以独有国文则随讲随忘，教师不令学生背诵？这真不可解。桑代克在《教学之原理》中说：“现在痛诋记忆为知识的奴婢，是很时髦的，好像在什么类化、兴趣、思考等等名词中，‘记忆’连一学都不配……其实记忆有什么不好，单记忆文字而不了解内容，才不好耳……内容了解了，则愈能记忆愈好……在学业中有一大部分，生徒并不难于了解，倒是单了解了而不刻实地努力，便不会给他们享用”（Thorndike：Principles of Teaching，p. 24）。这几句名言，真好像为我们国文教学而发的！有许多文章，学生看了，只须稍为指点，便已了然，何用逐字逐句地去讲解，白白地费了多少可贵的光阴，而学生依旧是一无所得。至于试验记忆的方法是默写，试验理解的方法是课题。默写可随时指定文章的全部或一部为范围，课题可就形式上（字法、句法、篇法）内容（思想、感情）出为简短问题，令学生笔答。依我浅短的经验，每星期上课时间，精读如占两小时，则所选的文章，只可限一篇，以一小时提示教材，而一小时试验学习的所得，我觉得必须这样切实的读文，方能读一篇得一篇的益。

还有朗读、默读的问题，这里也附带提一句。普通阅览，自然重默读，而为文章的精研，朗读也不可废。所谓“朗读者，熟练文章之习惯于口的筋肉，使此等型范的结合，容易再现于他时”（郑宗海《修学指导》，四八页），也有它的价值。上课时间，可以由教师范读，学生个别的朗读，则可在课外行之。

以上读书教学根本的精神，是的确要使学生能读书，而不单成为教师的讲书。重的是学习，不是教授。如上所述，教师的职能，在诱起学生的兴趣，帮助他的了解，指导他的学习，督促他的努力，考查他的成功。哪里是寻章摘句，敷衍讲解，便算完事？更哪里有工夫来谈故事闲话，讨论初中学生所不了解的社会问题？

（二）作文《新学制课程纲要》上规定的，共四项：（1）定期的作文；（2）无定期的作文和笔记；（3）定期的文法讨论；（4）定期的演说辩论。用什么作教材，倒没有规定。私意以为此项教材，应为一种混合文典。其目的在训练学生运用文字发表思想和感情的能力。内容为文法修辞上普通规则的说明，各体文章的示范（包括应用文程式的举例），各种作文和练习，而为小学中学语文之过渡衔接计，尤须有语法和文法的比较与联络。和这种教材平行的，便有许多练习（演说、辩论、笔记、作文均在内）。单提作文出来讲，有命题的，不命题的；限时的，不限时的。可以随时地相间地指定。而要在训练发表技能的有效，则不但注重学生的习作，还须注重教师的订正。寻常教师易蹈的错误，不出二途，一是太省事，单将原文加些圈点，末了加一个很笼罩的批语，就算了事。一是太认真，把原作改得体无完肤，面目全变，学生看了也莫名其妙，这样作文，多作有何效力？矫正这种错误的作文次数欲多，而篇幅不妨稍短，订正则每篇要有两次的手续。第一次只用几种符号，标出文中的缺点，或加眉批说明其理由。批后以原卷发还学生，令其自行研究，自行批改。有不能改的，可以详细质问。改好后，另卷誊正，再作第二次的批改，不用符号，竟为涂抹笔削。发还时再加以个别指导（限时的作文虽在课内，而种种订正指导工夫，都应在课外做的）。这里根本的精神，也是重在学生的活动，与上文是一贯的。

以上几种教学方法，没有一种是新奇的，只就个人参观或实验所及，而比较认为有效力地说一说。我很感于篇首所引的朱先生那一问，那“这样研究国文，究竟有何结果”？而窃望依着上提的教学精神与方法，可以作一答案道：“这样教学国文，或者会有点结果。”

（原载《新教育》第 9 卷第 1、2 期合刊，1924 年）

17. 初中读书教学法之客观研究

孟宪承

我前作《初中国文之教学》一文（见《新教育》九卷一二期），其中所提各点，有人以为太偏于主观。我自己也很想搜罗些客观的材料，更作虚心的研究。适江苏中等学校国文教学委员会，有调查各校国文教学实施状况之举。计算截至本年二月止，共收到各校报告意见书等四十六份。我既很幸运地得翻阅这一部分有价值的材料，因先从“读书”一项，从事整理，以成此文。文中所讨论的几个问题，介绍的几种成法，虽然大半根据着这次所调查的事实，而文字的责任，应由我个人负之。这并不是委员会的报告或批评，读者幸勿误会。

案新学制初中课程纲要，“读书”分精读略读二种，现在就依次分别讨论。

（一）精读

（甲）内容　读书的第一问题，便是读什么书。精读的第一问题，便是——精读的教材是什么？我们看江苏各中等学校精读教材，有的用现成课本，有的自编选本。总计四十六校中，用书的十六校，自编教材的三十校（用书各校中，采商务印书馆《新学制初中国语教科书》的十校，采中华书局《初级古文读本》的六校）。八中的报告说：“坊间国文读本多矣。然选材标准，是否适当；排列次序，是否合宜，在编者且难自信。何况学校教法，贵能顺应时期；或利用偶发事项，俾生徒有直接的观察与觉悟，徒取刻板文字，挨次讲授；直敷衍教室时间而已。”这很可代表自编教材者的态度。然而问题却正在此了。拿自编的教材，和书局出版的课本比，选材标准，便较适当吗？排列次序，便较合宜吗？

选择教材有什么标准？我们仔细翻检各校报告，有不举选材标准的，有很概括的标准，如“以适合应用为标准”之类。有分析的标准，如中华职业学校报告里所列的：“（1）能启发或补助智识思想者；（2）合于民治精神及时代潮流者；（3）有文艺价值饶有兴趣足以欣赏者；（4）适切应用者；（5）层次清晰组织有系统而易于效法者；（6）合于论理者”。有综列标准与选材手续的大纲的，如下录一师的例：

- （一）标准
  - 内容
    - 作者方面
      - 古文
      - 今文
    - 读者方面（适合）
      - 心理
      - 境遇
  - 外形
    - 体裁方面（适于模范应用）
      - 语体
      - 文体
    - 词句方面（适合）
      - 论理
      - 文法
- （二）方法
  - 主观的鉴别——合于标准（假定）
  - 客观的考查——学生
    - 理解
      - 明
      - 不明
    - 兴趣（填表测验简答（确定））
      - 爱
      - 不爱

依据标准选定了教材以后，便须问——

编次教材有什么原则？关于这点，江苏各校报告中，有并无一定排列方法的，有白话文言递进的，有依时代为先后的（如“由近代以溯周秦”，“依文学次序排列”之类），有依文体分类的。我们以为这是一个很重要的问题。教材编次了不得当，便成为零碎的没有系统的选本。这种选本，教者学者，都不会感觉什么兴趣。所以编次教材，最好分为若干单元，每一单元中，至少有一个中心的精神，贯穿的计划。我们试翻检美国通用的初中英文读本，便知道了。如郜尔和勃拉地二氏合编的《文学选读》第一册（Dyer and Brady：Readings in Literature，Book I.）是初中一年级用的，中间所选诗歌、小说、戏剧和散文，分几个单元。开头四十八页所选，都是关于美国开国的诗歌，演说和论文目的完全在激发学生爱国的观念的。以下按着分组选 Lowell，Holmes，Bryant，Whittier 等美国诗人的作品，每组前冠以作者一段小传。表面看来，虽也是零碎的杂选，其实散中有整，是很有计划的。又如裴柯和桑代克合编的《日用古文选》第八册（Baker and Thorndike：Everyday Classics，Eighth Reader）是初中二年级用的。这一册书更自成一大单元，标明为"文学入门"（The Introduction to Literature）。书中分为七大段：（一）文学总论；（二）古文学作品；（三）中古文学作品；（四）短诗；（五）故事；（六）长诗；（七）散文。每选一篇，附着"作者小传"、"学习指导"、"问题"、"简注"等。编辑得最为精密。我们的国文教材，能这样编法的，还不多见。我们只可举钱基博先生在学校里所编的教材（约翰大学附中《中国文学读本》）做个例子。下列选文篇目是初中最高年级用的：

〔上学期〕司马谈《论六家要旨》　《老子》（节录）　夏曾佑《严评老子序》　《庄子·逍遥游》　《庄子·齐物论》　章炳麟《齐物论释序》　《韩非子·难势》　《史记·老子韩非列传》　《礼运》（节录）　《孔子世家》（节录）　龚自珍《六经正名》　《易·乾文言》　苏洵《易论》　《书·秦誓》　孔安国《尚书序》　《诗·七月》　子夏《毛诗序》　孙诒让《周礼正义序》　张尔歧《仪礼·郑注句读序》　《礼记·檀弓》　孔颖达《礼记正义序》　《左传·吕相绝秦》　杜预《春秋左氏传序》　《公羊传·宋人及楚人平》　《谷梁传·虞师晋师灭夏阳》　《战国策·鲁仲连义不帝秦》

〔下学期〕赵歧《孟子题辞》　《孟子·有为神农之言者许

行》《孟子·墨者夷之》《孟子·杨子取为我》《孟子·告子章》《荀子·性恶篇》《史记·孟子荀卿列传》《墨子·兼爱篇》《墨子·非攻篇》 俞樾《墨子闲诂序》 梁启超《墨子之根本观念》《列子·杨朱篇》(节录) 柳宗元《辨列子》《公孙龙子·白马篇》(节录)《管子·小匡篇》 柳宗元《辨晏子春秋》《史记·管晏列传》《庄子·天下篇》

钱先生的文学读本，是依时代逆溯的。这一册是周秦文学，而中间包含着几个单元。他自己说他的编法："录太史公《论六家要旨》冠于前；《庄子·天下篇》殿其后，说明周秦学派之总关系。而每录一篇作品，又必录司马迁做的作者传详其行实，汉唐以下儒者做的作品序跋，述其旨趣，以引起读者知人论世的思想。"这种方法，在原则上很可供我们的研究参考的。

教材与学级编制 还有一个问题，在这里也可以附带叙述，即是教材和学级编制的问题。我们录八中报告里的一段话为例：

> 学校之有年级，最感困难者，厥惟国文教授。同一范文，程度深者，不俟讲解，即可了然；程度浅者，虽再三指示，尚苦不尽领会。……本校往昔议用能力分级法，第非各科同时实施，此法终苦窒碍。况他种学科，一年级中只有一二阶级，国文则可至五六阶级，设依能力分级法延请教师，学校经济，岂可担任？最近拟采用分团教授，就一年级分为若干团，由教师编配，每两月得改组一次，渐期程度齐一。其有程度特优者，则径予升级。所分各团，授以不同之范文，此时在乙团者期进甲团，必深自激励，较教师督促为尤切矣。

这样计划，是很有试验的价值的。

（乙）方法 关于精读的教学方法，我们又可分为教授和成绩考查二项。分述如下：

精读怎样教授？我们须记得上面所述的事实，即各校三分之二是自编教材，油印发给学生的。其教授的顺序，有简单讲读的，有预习讲读的，有分预习、问答、读讲、讨论、应用、欣赏等段阶的。填答的三十三校其教式和采用的校数统计如下表：

讲读（凡“范讲”，“讲解”，“范读”，“美读”，“诵读”等均属之）…… 三

预习，讲读……………………………………………一一

预习，问答，讲读………………………………九

预习，问答，讲读，讨论……………………一〇

只有灌云初中于预习前加“引起学习动机”一段。只有一师于预习中分析指导事项。兹摘录一师教学纲要如下：

（1）预习　指示
- 字典辞源使用法——反切法注音法
- 辨别词性及词之用法
- 标点法
- 笔记法

（2）问答
- 订正
- 补充

（3）读讲
- 美读
- 演讲

（4）讨论
- 分析（文法章法）
- 撮要
- 推理
- 表记

（5）应用（此指记述说理文）
- 命题造意
- 书　跋
- 摹　作

（6）欣赏（此指文艺作品）
- 内容美
- 外形美

我们从这里看，知道现时学校里教授国文，简单的讲读已渐少了，多数是有预习问答等各段的。换言之，多数已采取自动的精神，自学辅导的原则，而同时不废讲解的。我们所要注重的有三点：(一) 所谓预习，教师应有相当的职能，如指定功课，引起自习动机，预免学习困难，指导学习方法等等（参阅柯尔文《中学教学法》二三六——二四三页 Colvin：Introduction to High School Teaching，p. 236）。教授以后，教师应有相当的考查，这层下文再说。(三) 上项教式，也决不是固定的程序，仍要看教材的性质如何。譬如美文欣赏的教学，要知道学生对于一种文艺的"第一印象"，是很强固、很热烈的。教师要能利用这"第一印象"去激发学生的想像，引起学生的情绪。若刻板地由预习而问答而讲解，完全错过了"心理的时间"，便兴味索然了（参阅海沃德《欣赏之教学》第一章 Hayward：The Lesson in Appreciation）。

精读成绩怎样考查？关于考查精读成绩的方法，统计如下：

问答……………………………………一六

背诵……………………………………一五

复讲……………………………………一四

测验……………………………………一二

默写……………………………………一一

检阅笔记………………………………一一

讨论……………………………………七

(以方法为单位，有一校采取几种方法的)

上面所列"背诵""默写"是考查记忆的能力的，"复讲""检查笔记""讨论"是考查理解的能力的，"问答""测验"是考查记忆或理解的能力的。我在初中国文之教学论文里，有一段说：

"精读"一个名词，大多数教师，恐怕还只有很模糊的一个观念。其实为明了正确计，不如直截了当地把它作为“熟读精思”解释，包含记忆与理解两个要素。名为精读，而不能记忆，怎样能永久地欣赏与应用？旧时读书背诵，并非不好，其不好之点，乃在只能背诵而不能理解。至于已经有理解，而不能背诵，则还是不能受用。现在学校各科作业中，都有一大部分记忆工夫，何以独有国文则随讲随忘，教师不命学生背诵？这真不可解。桑代克在《教学之原理》中说：“现在痛诋记忆为知识的奴婢，是很时髦的，好像在什么类化、兴趣、思考等等名词中，‘记忆’连一提都不配……其实记忆有什么不好，单记忆文字而不了解内容，才不好耳……内容了解了，则愈能记忆愈好……在学业中有一大部分，生徒并不难于了解，倒是单了解了而不刻实地努力，便不会给他们享用”(Thorndike: Principles of Teaching, p. 24）这几句名言，真好像为我们国文教学而发的 。有许多文章，学生看了，只须稍为指点，便已了然，何用逐字逐句地去讲解，白白地费了多少可贵的光阴，而学生依旧是一无所得。至于试验记忆的方法是默写，试验理解的方法是课题。

这种主张，我现在还认为正确的。

因为学校里不注重记忆与熟练，生出许多不满意的结果。所以现在实事求是的教育家，很有极端主张读书须成诵，能默写的。兹录五中报告中的一段，以见这种趋于反动的主张之一斑：

昔初创学校时，鉴科举教学之太陋，顿开科学多门，以授学生。学生从家塾来，略有读书习惯，迨入学校，国文进步速，科学成绩亦佳。当时亦遂据以为此学校之功也。今之学生，皆陶自学校，乃每下愈况，不特国文成绩见逊，即科学成绩，亦未必如前。间尝深思其故，以为诵读之工，太缺略也。求学何故必须诵读，则当考之于古人之说。《列子》曰，“纪昌学射于飞卫，飞卫使学视小如大。纪昌以氂悬于牖，南面而望之，三年后，如车轮焉。以观余物，皆丘山也。乃以燕角之弧，朔蓬之笴射之，贯虱而悬不绝”。此虽寓言，实有至理，凡物经谛视而不瞬，所见必渐审也。于文亦然，咏叹之，淫液之，趣味日深，乃习与俱化矣。庄子言女偊之闻道也，曰，“闻诸副墨之子，副墨之子闻诸洛诵之孙，洛诵之孙闻之瞻明，瞻明闻之聂许，聂许闻之需役，需役闻之于讴，于讴闻之玄冥，玄冥闻之参寥，参寥闻之疑始。”副墨，文字也。由副墨而洛诵之，乃瞻明矣，未可云已澈悟也；而需役焉，而于讴焉，乃渐洞及玄冥，参乎寥廓矣。学国文者，非仅学其文字已也。文之中有道焉，不见其道，则口无可道；口无可道，即笔无可述。文言俗语之争，徒皮毛也。欲学者能见其道，非由洛诵于讴而至于玄冥参寥不为功。《学记》曰，“君子之于学也，藏焉，修焉，息焉，游焉，夫然，故安其学而亲其师”。今之教学，徒见缚之束之驰之骤之已耳。其所学，无可以云安者，其于师也亦不亲。盖有故乎？然则增加其洛诵于讴之工，不可缓也。

这样的论调，我们知道是很得多数经验派教师的同情的。

（二）略读

胡适之先生说，“从前的中学国文所以没有成效，正因为中学堂用的书只有那几本薄薄的古文读本。我们试回头想想，我们自己做古文是怎样学的？是单靠八九十篇古文得来的呢，还是靠看小说看古书得来的？我自己从来背不出一篇古文，但是因为我自小就爱看小说，看史书，看杂书，所以我还懂得一点古文的文法。古文的选本都是零碎的，没头没脑的，不成系统的，没有趣味的。因此，读古文选本是最没有趣味的事。因为没有趣味，所以没有成效。我可以武断现在中学毕业生能通中文的，都是自己看小说看杂志看书得来的，决不是靠课堂上几本古文选本得来的。我因此主张用‘看书’来代替‘讲读’。”这话和我们精读的主张，似乎相背，其实一毫没有冲突。古文读本本来不应该常是这样薄薄的，没有系统的，我们已在前面教材组织一节里说过了。至于天才生能有自己看书的能力和素养，几本薄薄的古文读本，更是可有可无。若就实际教学上论，一般中材的学生，还有并这几本薄薄的古文读本，而不能诵习的；能诵习了，至少读书也有了一些训练和基本，再指导课外阅书，也是很顺的。所以为大多数学生说，讲读和看书，是可以并行的。初中课程纲要，规定精读选文略读散文名著的折衷办法，是很妥当的。曾国藩也说过：“看者涉猎，宜多宜速；读者讽咏，宜熟宜专。看者日知其所亡，读者月无忘其所能。看者如商贾趋利，闻风即往，但求其多；读者如富人积钱，日夜摩挲，但求其久。看者如攻城拓地，读者如守土防隘。二者截然两事，不可阙亦不可混。”

略读有没有必要？据这次四十六校的调查，有略读的规定者三十三校，无略读之规定者十三校。至于所以不规定略读的理由，有的是为了没有时间，如说“每星期国文时间只三小时，故无略读之规定”。有的是为了没有适当的书，如说“会旁搜可供学生略读之书，讫无善本。取古，则学生程度不能跂及；取今，则驳杂不纯，甚或虑其为累于心术，故宁从阙”。我们以客观的眼光来看，觉得前者的态度，固不免将错就错，后者的态度，也有些因噎废食。国文科时间，照新学制规定占三十二学分，每学期六学分，则一星期应有六小时。时间不够，应当使它够，况且略读原只要学生课外行之，教师只要肯任指导督促之责，所以没有时间的理由，恐怕不能成立。至于没有适当的书本，确很是一个问题。但究竟不能说全没有书可供略读。古书虽然“学生程度不能跂及”，然而尽有很平易的古书；

新书虽然“驳杂不纯”，然而纯与杂只是相当的标准，只要大纯小疵，为接引初学起见，也就可用。所以没有相当书本一层理由，我们也不敢赞同。

略读用什么书？既有略读，应该指导学生读些什么呢？规定的办法，各校不一。有听学生自由阅读的（如一中、一师、四师、七师、一商、奉贤农师等）。有规定书目的。规定书目之中，有概括规定的（如三中、十中、五师、三女师、第二代师、一农、二农、如皋初中、睢宁初中、江都初中、崇明县师、如皋女师、嘉定县师、吴江中学、无锡中学、中华职业、灌云初中、海门初中等）；有分年规定的。分年规定之中，有在指定范围任学生选读的（如八中、八师、九师、女高、丹阳县师、东台县师、钟英中学等），有确定书本，共同必读的（如三师指定前期一年读《论语》，第二年读《孟子》，第三年读《左传》）。

略读书目，有繁有简，繁的如如皋初中开列文集诗集小说杂志五十五种。简的如一农规定“读《孟子》及《说文解字部首》”。

书的性质，依新学制初中课程纲要中略读书目举例为（一）小说：《西游记》、《三国志演义》、《上下古今谈》、《侠隐记》、《续侠隐记》、《天方夜谭》、《点滴》、《欧美小说译丛》、《域外小说集》、《胡适译短篇小说》、鲁迅《小说集》、《阿丽思漫游奇境记》、林纾译小说若干种。（二）戏剧——于元明清词曲内酌选其文词程度为初中学生所能了解而其意义无背于教育者，如《汉宫秋》、《牧羊记》、《铁冠图》之类；于近译西洋剧本内酌选，如《易卜生集》之类。（三）散文各种选本。对于这个书目，我以为还不能充分达到课程纲要所列教学的目的，即使学生能看平易古书，引起学生研究中国文学的兴趣。这里既没有一本古书，而且大半是西洋文学的译本，又很少中国的文学名著。我曾主张至少加些《孟子》、《论语》、《左传》和诗词的选本进去（见《初中国文教材平议》，曾载《教育与人生》二十八期）。虽然朱经农先生说："在初级中学里面，国文与国故，不能完全混为一谈……整理国故是高等专门以上学校的责任。这一副千斤重担，初级中学的学生是万万挑不起的。"（朱经农《对于初中课程的讨论（五）》，《教育杂志》十六卷四号）而我们确信在初中读古书，和所谓"整理国故"，绝不相干，乃是求达能看平易古书的目的所必由的一种方法。初中学生，当然绝对谈不到"整理国故"，而已经整理好的最低限度的国故，乃是初中学生所必具的一种文化常识。所以我还是主张略读里加入古书。

从这次调查上看，有略读的三十三校中，大多数是采取这样主张，酌定书目的。其中也有极端偏于小说文艺的，也有极端采取国故重要书籍的。前者如十中之规定《水浒》、《儒林外史》、《隔膜》、《老残游记》、《官场现形记》、《镜花缘》、《域外小说集》、《二十年目睹之怪现状》等书。后者如无锡中学之选择《五经》、《四书》、《四史》、《三通序》、《历代史略》、《老子》、《管子》、《庄子》、《荀子》、《韩非子》、《墨子》、《法言》、《论衡》、《说文》、《尔雅》、《音学五书》、扬子《方言》、章炳麟《新方言》、严译《名学浅说》、《马氏文通》、《文心雕龙》、《经义述闻》、《经传释词》、《读书杂志》、《国故论衡》等书（这书目是陈柱先生为旧制四年中学拟的。陈先生有《中学研究国文之方法论》，曾载《学衡杂志》）。我们很愿意知道这种略读的试验结果如何。

略读和图书设备　关于略读内容，还有附带的一点，就是学校里是否有供学生的博览。五师的报告里有一段说：

> 本校书籍，甚觉贫乏，学生课外修养，除少数固有图书外，几于无书可阅者，此后宜增加预算，力求扩充图书，俾教者学者，胥有充足之参考品。

像五师的设备，还感到图书的缺乏，其他各校，当然也有同样的困难了。这也是关于略读教学上一个先决问题。

略读怎样指导？关于阅读的书籍，上面既有两种不同的趋向，所以指导的方法，也随之不同。摘录两例于下：

一师略读指导法：

（一）课内指导

（1）特定时间，令学生各带课外阅读之书，在课室内继续工作。

（2）学生各自阅读，遇有大意或主要思想段落等一时不能明了者，得由教师助之分解，遇有必须深究讨论者，得提出与教师讨论之。

（3）学生各带字典辞源及他种参考书入课室，置于中排空桌上，备同学共同应用。课毕各自带回。

（4）学生各带笔记簿。有须记录者，即时记出。

（5）发《读书汇记表》，令学生填记其一小时之工作。

（6）教师备有记录纸，分三种：（一）记一小时质问讨论之学生姓名；（二）记学生所问一时未能确切回答之出处意义等项；（三）即《读书汇记表》。

（7）以个别指导为准。凡质问讨论，声浪须低，不妨他人。

（8）特定指导次数，随年级递高为反比，由两周一次至三月一次。

原案云："此项教学法之试行动机：（一）因观察学生自习，工作未熟，每遇困阻。（二）因调查学生阅读状况，每有遇不能立时解释处，辄生厌倦。为求免除上二项之困难，乃计划得此课室内自由工作之教学法。实具道尔顿制之精神者也。"

（二）课外指导

（1）个人的｛谈话问答
检阅笔记读书录

(2) ⎧多人的同一问题的讨论
⎨同一书籍的研究
⎩特组的某书研究会

（三）假期作业

(1) 指示假期作业法。

(2) 指定书籍令择一问题一事项研究，或听自由选择。

(3) 检阅成绩之笔记读书录。

三师略读指导法　三师前期三学年中，分年指定共同必读之书，上文已经详述。兹摘录其前期第二年略读指导方法如下：

本学年每周国文课七小时，《孟子》研究占二小时。除《孟子》原本外，兼发参考及补充之讲义。每周先由教师发本周研究进程表一份，指定研究章目，并开示笔记大纲，由学生于课外修习。堂课两小时，为质疑问难共同讨论及教师公共指导之时间。其研究之进程，大略如下：

（一）孟子之事迹　(1) 游梁；(2) 游齐；(3) 由宋归邹至滕至鲁。

（二）孟子和同时学者之辩论　许行、陈仲、匡章、宋牼、夷之、白圭、淳于髡、慎子、告子及其他。

（三）孟子和诸弟子的讨论　公孙丑、万章及其他。

（四）孟子之性善论。

指导进程表举例——孟子之事迹（一）游梁

读本：《孟子集注》第一章至第六章；

参考书：焦循《孟子正义》，《史记·孟子荀卿列传》，《史记·魏世家》。

笔记大纲：

(1) 孟子至梁以前梁之国势；

(2) 孟子对梁所抱之政策。

问题：

(1) 当时七国战争与现世列强交争有何异同？

(2) 当时一般平民对于国家之观念如何？其生活之状况如何？能本此六章为之证述否？

(3) 梁惠王梁襄王为人之比较何如？

读后评

(1) 试评孟子义利之辨。

(2) 孟子云："天下定于一。"又云："不嗜杀人者能一之。"其后秦一天下，非不嗜杀人者，天下亦能定。试评孟子所言是否有当。

(3) 试评孟子此言，对于现世尚可援信否。

以上所举一师三师两例，各有各的长处。一师的自由阅读，易于适应学生个别的兴趣与能力。三师的共同研究，易于督促学生的进程而作有效的指导。

略读的成绩怎样考查？　最后我们要问一问略读的结果，怎样考查？综览各校的报告，方法的种类和采取的校数可作以下的一个统计：

检阅笔记……………………………………………一九

问答内容……………………………………………一〇

测验……………………………………………………六

略讲……………………………………………………五

关于略读最紧要的一点，是检查学生读书笔记。然而这层往往不容易切实办到。教师和学生，并有困难。录入中所提问题为例：

每读一书，随手抛置，亦随过辄忘耳！故议书必有札记。作札记有数种疑问：(1) 不读书而抄书，岂非敷衍塞责？(2)

生徒无暇晷作札记奈何？(3) 札记体裁若何？(4) 教师披阅札记，与改文不同，人将疑教师之惰。

以上四问，皆非有经验者不及此。然本校同人意见：第一，生徒即不读书，只抄书一遍。其脑中已未尝无书，况犹有考查方法以继其后。第二，此项札记，少则一周缴一次，多则二周或一月缴一次，以逐日阅书所得，至日曜日誊钞之，安得谓无暇晷？第三，札记以所读书籍为限，取讨论式及表解式，不取日记体裁，若阑入其他记载，未免浪费笔墨。第四，各人读书不同，所记载亦不同，教者须逐书勘验，并答其疑问；加以批评，试问更何从省力？此外若更无疑问，毅然行之可矣。

（三）教学法与教师

上面详论了精读略读的各种教学和指导的方法，读者或许有一种疑问。就是：这种国文教学，和通常的国文教学观念不同；教师的职务繁重如此，可有人能胜任愉快，切实执行吗？运用方法的是人，讨论教学法，当然不能不联系到教师。所以本文就以“教学法与教师”的讨论作结。

第一，我们承认以上所述各种方法，实施起来，要骤然加多教师所费的时间和精力。通常对于国文教学的观念，以为它只有讲文改文两个元素，其中除改文要费时间外，讲文常看作一件比较轻而易举的事情，用不着多大准备、研究和成绩整理的。现在“讲文”一个原素，竟化出这么许多手续来，自然要加重教师职务的负担了。所以有人把教师的工作时间和报酬问题，认为“改进国文教学的先决问题”（参照《中等教育》二卷五期，中学国文教学研究号）。陈夑勋君讨论这问题时，着实有些感慨。他说：“即以东大附中而论，国文教员每人担任改文至少两班，每两星期作文一次，平均每星期有学生正式作文四十篇以上。每月每班尚有读书笔记，这种笔记，每人一册或两册。因此之故，终日疲于改文看笔记，有时还要看临时试验卷。这许多作文、笔记或试验卷，发了复来，来了复发，一来一去，源源不绝。又况除此之外，还要预备上课。所以弄到废寝忘餐，面无人色。各种娱乐和社会活动，几为之剥夺净尽。人常怪国文教员闭门谢客，不与人周旋，其实事实上迫到他不得不如此。左右邻人，看见这样，也常惊问为什么事体做不了。唉！他不晓得这许多作文、笔记、试验卷等等，光看也不易看了，何况还要改正呢！还要批评呢！”陈君文中，还附有一个他们学校规定的教员工作表，一个他们教员共同拟定的工作标准表。录在下面，供我们的参考：

学校规定教员工作表

(1) 上课时间	16
(2) 改文	24
(3) 看笔记等	14
(4) 上课预备时间	32

共86小时，每天平均14小时。

拟定教员工作标准表

(1) 每周上课12小时。

(2) 作文本每班以四十人为度，每周改文约需16小时。

(3) 看笔记、读书录、课外作文等，每周约需9小时。

(4) 上课预备时间，每周约需24小时。

共计61小时，每天平均约需10小时。

一般国文教师，谅和陈君多有同感。至于他所拟的工作标准，到底是依着一校特别的情形，我们举来做个例子而已，尚不能认为普遍的“标准”。我们对于这问题的看法；一方面，学校以钟点计薪，本来很有疑问。如果必须以钟点计薪，那么，陈君文中所引

“作文钟点，明白规定，另外送薪”的办法，在教育行政上，不无讨论的价值。作文这样，我们认为最重要的读书笔记，当然也应受同样的承认。而在他方面，我们深信普通人把教书看作一桩容易的、不费气力的事情，实在是一个很谬误的观念。自然呢，星期假、寒假、暑假，是教师职业上“容易”的时间和报偿。然而除此以外，那每日的上课准备和课前课后的整理，非有极规律的习惯，极勤劳的工作，不会有什么成功。虽不必如陈君所说“各种娱乐和社会活动，几为之剥夺净尽”，而凡是忠于职守的教师，对于这些娱乐和活动，本须力加限制，才能“用志不纷”。但维斯教授论教师的职务说：“凡是热心外务而放弃本分的人，无论他的活动怎样可取，这样的人，总是不足取的。多数教师，对于自己所选择的职业，可惜还没有明了的观念。他们不晓得学校以外的活动，尽管不妨碍校课，尽管不妨碍上课的准备，但是只须妨碍了教师的正规的睡眠和休息，已经使他不能维持最高的效能了。因为兼营外务，耗费精神而致神经衰弱、易怒、健忘、没气力、欠活泼的人，实在于他的职业上为不道德”。(参照 Davis：The Work of the Teacher，p. 321)

最好的教学法，原是需要教师最大的努力的。子贡称孔子道：“学不厌，智也；教不倦，仁也。仁且智，夫子既圣矣。”不厌不倦，真不是件容易的事情。在我们职业里能始终不厌不倦的人，也可以称“教师之圣”而无愧了。

(原载《新教育》第 10 卷第 3 期，1925 年)

18. 论高中文科读文教学

阮　真

（上）

国文教学之道，余曩曾著论，载《中华教育界》。今学制既改，高中文科，关于国文之课程时间，既已增设，殆将偏重此科，使学生有专修文学之预备与倾向矣。则余不得不为进一步之研究，而重有所论列焉。夫高中文科国文，读作而外，包括文字学、文学史、文法学、文学概论、国学概要、书法概要、文学研究，而选修课程，且及诗歌、词曲、小说、剧本、书牍、新闻学、儿童文学，则非一教师所得而兼矣。上列各项课程，应否增设，他日当专论之。惟课程既多，研究教学，必待专论，是篇所论，专及读文。请分述之：

一、教旨　夫文学一道，体例既多，派别更繁，所包内容，又复至广，故恒不能如其他科目有定量有定程，可以按步进修，而编教本选教材者，遂各以其个人之好尚，或时代之好尚为准。尝考今日国文教师，可分新旧两派。而旧派之中，有偏重辞章者，有偏重考据者，有偏重理学者，复分三派。新派之中，有偏重新思潮者，有偏重近代时文者，有偏重新文学者，又复分三派也。每更一教师，则易一主张，而学者乃不知所适从矣。此无他，盖为教师者，仅有文学上偏面之研究，而无教育学理之研究，仅以文学家之态度教学生，而不以教育家之态度教学生故也。余之教旨，以教育目的为准，故不偏重个人之好尚；以指导研究为准，故不偏重时代之好尚。夫初级国文教学之目的，在使能阅读浅近之语文，所作文从字顺而已。而高级文科国文教学之目的，则当使能阅览古籍，所作雅驯整饬流畅也。而历代各体各派之文学，亦当使稍稍浏览，略识门径，而引起其研究之兴趣与倾向，以为专修文学之预备。余本斯旨，再论教法。

二、教法　近人论教学，有所谓自学辅导法者，有所谓设计教学法者，有所谓道尔顿制教学法者，又有所谓葛雷制教学法者，余雅不欲标此名目。余以为学问之道，即学即问而已。道本在迩，何求诸远？导学生以问学，即余之教学法也。凡所教学，先期提示，令学生预习之。毕举疑难，加以标记，而后于授课之时，充分讨论而已。

抑吾又有不能已于言者：近年教国文者，恒重内容思想而轻形式章句。潮流所趋，无敢反其说者。而教者学者习非成是，此不可不辨也。夫国文一科，其所以异于哲学教育，政治经济、社会、史地、理化、生物诸科者，正以此重形式章句，而彼重内容思想也。学生既学习诸科，获得常识，有所思矣，而笔不足达之，此有赖于国文也。使其为文，句无修炼，章无结构，即富有思想则谓国文教学之失败可也。而今之教者乃曰：吾重新思潮，举凡政治、经济、社会之一切主义问题而讨论之。而文皆通俗白话，固无待乎形式章句之讨论者。如是则喧宾夺主，使观者既疑为问题主义之讨论课，而不知其为授国文也。即以内容言之，以国文教师之学力而足以讨论政治、经济、社会之诸大问题，谓有彻底之见解者，吾不敢信。凡此皆专门学者之所研究，夫岂教国文者所能博而通之耶。抑岂仅阅报志之论文，即能解决偌大问题耶。其有以偏激之主义，宣传于思想未成熟之青年者，则既误青年，亦所以自误其主义也。虽此种教法易受学生之欢迎，固有合于青年之兴趣者。然绳以国文教学之道，则相去远矣，考其结果，则使学生仅能为粗浅之白话，字句累赘，篇章散漫，语不成文，文不成章，下笔辄数千言，而纠缠复杂，无可取者。此重思想内容，而不重发表思想之形式训练故也。虽然离内容即无形式之可言。文学之内容，如思想、情感、想像、风格，均有当注意者，非特思想一端已也。曩日学校初兴，教授国文，尚不脱科举时代之习气，故专重形式，而于内容如何，绝不措意及之。近数年来，一反所为，教者学者几以讨论章句为迂腐矣。不知其弊更有甚于曩日之过重形式也。故余教读文，当首重形式而以内容为次。

抑教学之道，不但指导问学已也。而考查成绩所以督促问学者则为尤要。学校教英文者，每授课时，必有朗诵、精讲、默写、练习与其他测验考查。而教国文则仅以作文定成绩，更无其他考查之法。故学生于平日所授选文，辄以为无关碍矣，不复诵习。随教随忘，而欲其国文之进步，何可得耶？近年教国文者，每重兴趣而不重努力，重理解而不重记忆，此大误也。夫重兴趣者，尤当使学生用其继续不断之努力以制胜学业之困难也；重理解者，尤当使学生熟诵文字，俾能记忆，保持永久，而受用不尽也。昔日书塾重记忆而不重理解，固属不当。今日学校重理解而不重记忆，则亦不可。且文学非如其他科学之仅重智识者，而欲摘其辞藻，味其神韵，摹其格调，则尤非熟诵不可也。故余于读文教学，当以测验问答，考查学生能否理解；背诵默写考查学生能否记忆。背诵问答，每次授课行之；测验默写，则每月复习后行之。此所以督促其平日之问学也。本此教法，再论教材。

三、教材　近年编教本，选教材者，恒以个人之好尚与时代之好尚为准，首段既言之矣。故学校选材，既无标准，而坊间所出教本，亦难适用。余惟于古代文学选本，择一搜罗宏博，而抉择精当者，以为读文选材之资，而于现代及近代文学选本，择定数种，为学生自修之用而已。高中文科读文，每周以五时计。兹定三小时为精读，所选偏重古代文学，而以《经史百家杂钞》为主，精读之文，贵熟诵而不贵博览。该书二十六卷，为文约七百篇，足供高级三年之选读而有余。又定二小时为略读，所选偏重现代与近代文学，则务博览而不务熟诵也。高中文科为期三年。第一学年所读以《近人白话文选》、《古白话文选》、《当代八家文钞》为主；第二学年所读以《续古文辞类纂》为主；第三学年所读以姚氏《古文辞类纂》为主；俾得与《经史百家杂钞》相衔接并可参互而比较之也。余所以于古今文学仅取选本，而不采专集者，以高中文科学生，仅为专修文学之预备，固未能为专门研究也。与其囿于一家一派与一时代之文，孰若涉猎各家各派与各时代之文，俾诸生于吾国文学略有系统观念得择其性之所近，而定其趋向耶。而历代诗歌，自诗经、楚辞、文选古诗以迄唐之近体，宋之词，元之曲，与现代新诗，（仅取有韵者）亦常酌量选授，并于课余导诸生以歌咏也。至于小说、剧本，以今后眼光测之，殆将与诗歌并为纯粹文学之主干，而于吾国过去文学史上犹未占重要位置。课余假日，亦可浏览。而于课内，则《近人白话文选》与《古白话文选》中，已有节选，余不及焉。

近人章太炎胡适之诸先生，曾开列中学必读书目，涉及经史子集专书。余均未敢赞同。余以为酌选其切要者，令毕生于课余假日自由阅读，以补正课之不足，固无不可。若必责一般学生一一读之，则未可也。并欲使中学生成一不偏不倚之完人，则学科之内，尚有外国文，与其他科学、艺术；学科之外，尚须浏览报志，游戏运动，课余娱乐，并及学校与社会之服务，以锻炼其体魄，愉悦其心情，修养其品性也。探讨专集，固为大学专科者之事，非所望于中学生也。如必以此责之，则将改高中文科，为国学书院。教育目的，将以养成偏颇怪僻之书生而后已。岂不谬乎。彼辈或身未尝为中学生，或无中学教学之经验，其所言，固未可尽信也。而今日各校，有取《胡适文存》《独秀文存》《任公文存》，甚至有取《随园诗话》，为中学生必读之书者，以教育为文学之眼光视之，均属过偏。此皆以其个人之好尚与时代之好尚为准者也，恶乎可？余本教育之目的与教学之经验，而草斯篇，故持论多与当代学者，不敢苟同。阅者谅之。

（中）

吾既已论读文教学矣。而犹待乎续者，以前篇犹未尽吾意焉。夫学生读文，非必限于校内，限于课业也。则假期阅读，实不可少。学生气质有异，学力有差，不能强而齐之也，则个别指导，又恶可忽！按是而教，固烦且难矣。然教者当对其后之实际进步负责，非仅对教室课业负责，则吾之续论，有不能已者。

今之教国文者，均知倡言课外阅读矣。而按诸实际，诚属难辨。此非教者学者之好逸恶劳也。盖势有所不能耳。按诸中学授课时间每周在三十时左右。平均计之，日占五时。而课程不下十数门。每日五时所授之课，除体育外至少须有自修四时，作预习、复习、练习，与整理笔记。则合上课自修计之，每日已有九小时之课内工作矣。而运动、阅报、服务、游技，为学校所提倡，膳食、游息、整洁，及其他杂务，又为人人所不能免；则学生更何暇顾及课外阅读耶？不加细察而贸贸然倡言课外阅读者，学生如不从之，则抗命而损威，虚言而失信；如阳从而阴违，则反启粉饰诈伪之恶习；如实从之，则必妨碍其他作业时间，见其弊而不见其利也。且余前论读文，有精读、略读、预习、复习之法，使学生多作自修工夫，则已归纳课外阅读于课内矣。故余以为修业期内，不当复有规定之课外阅读也。惟寒暑假期甚长，纵有亲朋酬酢，家务羁累，不无读书暇晷。使度此长期而嬉焉游焉，则诚教者学者之惰矣。故窃以为课外阅读，不如改为假期阅读，较易实行而收功也。今且述余幼时求学之经历以证吾说。

余曩学于初师校时，以偏嗜国文，英算二科力难兼顾，手工、图画，则恒请人代作。然国文之进步，实不在学校之授课，而在假期之阅读；国文之根柢，实已培植于书塾，而鲜有得益于学校也。余十五岁前，尚未进学校，而在书塾中已读毕《四书》《幼学》《左传》《礼记》与《古文观止》矣。十五始进小学，十六即升师范。故英算每不逮人，而文章恒为全校冠冕。所作课文，师命传观，而同学且取之相诵习焉。惜为我师者，不能与以个别指导，课余假日恒自读时人经义策论，《东莱博议》《古文笔法百篇》而已。故造诣率有限焉。今既为人师，不欲以余昔日之所苦者，转苦学生；更不欲使今之学生亦如余昔日之偏嗜国文而放弃其他学科，故余不以课外读文费学生之才力，更不以课外阅读妨学生之作业，惟假期阅读，则可各量其力，各称其才，各适其情性。日读三四小时，似可优游而暇豫焉。

余年来曾主以《诗经》《左传》《论语》《孟子》，为高中文科学生必读之书，课内则选读，课外则全读。然几经试行，恒遭失败。今乃知其不可矣。推究其因，盖有数端：学力不齐，气质不一，不能强而齐之，一也；时尚白话，喜新厌旧，以此为背乎时代潮流，二也；好见兴趣，惰用功力，以卒读一书为干枯无味，三也。然一级学生，均数不下三四十人，则课内读文，卒不能不取整齐划一，以便教学而收普遍之效。惟假期阅读，既任自由选择，以补教课之不足，则卒读一书，当无不可。兹将书目分列三类，一任学生选择，俾得各量其力，各称其才，各适其情性而读之。其有天才学力独高者，则可尽读三类，或兼读二类。其天才学力较逊者，则一类之中，亦可稍稍减损。其有欲于每类之中，选读一二部，能适如其分者，亦无不可也。兹以次述如下：

一、《左传》《论语》《孟子》为第一类。《左传》为后世记传之所祖，《论》《孟》为后世说理论辩之所宗。令学生之好为散文者读之。或曰：后世文章，渊源六经，子何不即以六经授学生，而独取《左传》《论》《孟》为？且既取《左传》，何独不及《公羊》《谷梁》《国语》《国策》《史》《汉》诸书？即取《论》《孟》，何独不及《老》《庄》《荀》《墨》与其他百家之书？则应之曰：我国古籍，浩如烟海，为之师者，未能尽读。故不敢以此责学生，虚夸渊博而不求实效也。凡此经史百家之书，能责学生以尽读之乎？如其不能，则宁务约而不务博，务实而不务空。且余既取《经史百家杂钞》于课内选读矣。于此复取其最普通而切要者，使自由阅读，以补其不足。则余之择，不为无当焉。今之中学国文教师，有取经史子集之书至数十种，而令学生读之者（如东大附中、扬州八中等）。以余视之仅为不负责任之高调耳。身为中学教师，而忘其徒之为中学生，抑何可笑！彼辈盖盲从当代学者太炎、任公、适之诸先生之高论，好虚名而自矜其渊博，不量生徒之学力而求其实效也。其所开书籍，有为教师所未卒读，或未尝寓目者，虽云天才学生，可期青胜于蓝，而教者之不能切实指导，徒以虚言欺人也明矣。或曰："教师绝未研究之书，不妨实告学者，使之自行探索，学生必不以师之尺有所短，遂而轻视之也。"（见《中学国文述教》李荃等著）夫中学生徒，不令其读书则已，如欲其切实用功，则为之师者，非详为指导，严加督责不可。今乃合令其自行探索，则勤谨者好学而无由，将废然而返，弃书而叹矣；狡黠者束书而不读，将虚言粉饰，敷衍诈伪，欺蒙其师矣。且如举唐宋以下之集部，与时文报章杂志，而令学生浏览，犹可说也。举周秦汉魏之古籍而令其自行探索，岂不谬乎？即以《论》《孟》《左传》授学生，亦当取其评注善本而复详为之指导也。

二、《诗经》《古诗源》《历代诗评注读本》《尝试集》为第二类。读《诗经》古诗以探其本源，读历代诗以明其流变，读《尝试集》使知诗之可以改良，而不囿乎古。令学生之好为诗歌者读之。或曰诗歌之源，有骚七辞赋焉；诗歌之流有词曲焉。子上取诗经而忘楚辞，不取历代诗而忘词曲，何也？则应之曰：骚七词赋，《经史百家杂钞》中已备其选矣。选而授之，不过备其体而明其源耳，固不欲中等学生致力于此也。词曲尤属余技，略选名著授之可矣。余主张中小学校读文，均当间授韵文。而韵文之选，不仅古今体诗与乐府词曲也，即通俗歌谣，白话新诗（仅取有韵者）亦得采入。至于教学方法，他日当撰文以专论之，兹篇略焉。

三、《水浒》《红楼梦》《儒林外史》《老残游记》《胡译短篇》《周译点滴》为第三类。吾国旧有小说，其最著者，前列四书而已。以言译本后起虽多，而胡周为佳。令学生之好为白话文者读之，凡此诸书，学生或已读之但仅晓其故实，而不留意其笔法与篇章结构，则已读犹未读也。或者又曰：子选说部，尽属语体；子避译本不及林氏；何也？则应之曰：以古文译著小说，实背平民文学之旨，虽有佳构，吾不取焉。且林译多矣，吾罕读其书，无从择别其善否，故不敢以授学生。至于近人著译剧本，与创作小说，其散见报志而未经评论家之认可者概不取焉。

余既分此三类略举书目矣。而阅读之程序如何？方法如何？复当略而言之。

以言程序：则先读《论语》，次读《孟子》，次读《左传》，此第一类也。先读《古诗源》与《古诗》（其中多与《古诗源》互见者）唐诗，次读宋元明清诗与《尝试集》，次读《诗经》，此第二类也。先读胡、周译本与《老残游记》，次读《儒林外史》，次读《水浒》、《红楼》，此第三类也。凡所序次，其用意显而易见，故不复说明。

以言方法：则第一类以熟诵为主。而复摘其疑义笔之于书；有所发挥录而出之。第二类以赏鉴为主，取其尤佳者而熟读之。偶有所见，笔之于书；偶有所作，俯录其稿。第三类以品评摹作为主。逐章批评而复重述其全书全篇结构之大意。凡此所言，仅其大略。至于选购版本，指示内容，分配分量，则当于学期将末对学生宣布之。待学期开始则收阅其笔记述作复于课外开讨论会，而令其质疑问难也。其有笔记未缴，或所记太略者，则当与以特别试验。其有尚未读竟者，则限定时期，令其补读，再行试验。

吾人于一种主张之设施而欲其成功，则非倾全力而为之不可。若不于学生之学力时间，审慎考虑，而又不详为指导，严加督责则虽有良法美意，徒托空言而已。各校之提倡课外阅读而未见成效者，皆坐是故。教者何不深思之哉？

（下）

吾论读文教学，上中二篇，大意已具。顾犹有余义未尽，不可不详为之说焉。或曰：为文贵积理，理充而文自畅，子论读文教学，详矣尽矣，而独不言及积理之书何耶？曰：子所谓理，为哲理耶？为伦理耶？为数理耶？为心理耶？为天象地质之理，抑为政治、经济、社会、教育之理耶？为声、光、化、电、机械、动力之理；抑为胚胎、遗传、天演之理耶？抑岂必尊儒家传统思想，以修齐治平之道为理耶？如曰不然，则所谓理者，固各有其学科矣。笼统而言理，无怪今人之笼统而言教学也，吾闻英美中学之教授英文也，普通散文，应用文件而外，惟故事小说、传记与诗歌剧本而已。其于积理之书，则分科授之。未闻其拉杂而牵涉焉。夫以今日中学学科之繁多，学生分其十一之心力以治国文，教者宜如何使之去繁就简，而收事半功倍之效。岂犹可令其柔日读经，刚日读史，兼取百家之粹义，以成其学问之渊源乎？今之论者乃曰："自陋儒以空疏为天下倡，末学肤受之流，谬主文坛，掩其所不善而着其所习为者以便其私。于是考据之文，哲理之文，论政论学之文，悉摈斥于文事以外。……呜呼！安得明通之士，努力读书，一雪此二千年之巨耻也哉！"（见《中学国文述教》）噫！是说也，使发于二十年前，士人竞为八股试帖以博功名之时，吾敢不服膺之？而发于论今日中学之国文教学，则窃以为未然也。夫今日中学之学科，中西文外，有公民（包括政法、经济、社会）、史地（包括中西史地兼及天象地质）、哲学、伦理、数学、理化、生物等等。而师范学校且授教育心理也。则所谓积理之书者，已包而有之矣。惟其不能专精，故略授以常识。使弃此诸科，而尽易经史百家之书，其所获恐未能若是之普遍而切要也。是则二千年之巨耻既已雪矣。吾虑其质之过于不文也，故教授国文，当重文学。即选读《经史百家杂钞》，重在文，不重在理也，为高中文科国文教师者，苟于各科常识不逮学生，则有愧焉；不明近代西洋文学之趣势，而徒抱残守缺，炫惑于其所谓国学者，则有愧焉？（所谓国学即大学教授何尝能通？）是则今后之巨耻也。夫居今之学校而言国文教学，既烦且难而教国文者又多乏明晰之头脑。其新者则提倡其所谓问题主义，其旧者则提倡其所谓国学。而国文教学之道，愈紊乱而不可收拾矣。吾以为论政治、经济、社会之主义问题于国文科中，不若论之于西洋史与公民科也。以《资治通鉴》、《宋元明史记事本末》、郦道元《水经注》为国文课外之读物，不若为本国史地课外之参考也，纳黄宗羲《宋元学案》，《明儒学案》、梁启超《清代学术概论》、胡编《中国哲学史大纲》、刘编《西洋哲学史大纲》、过译《近代思想》于国文科中，不若纳之于哲学伦理科中，较为适当也。而议者犹以为不可。何今之教国文者，其自命如是其博，自得如是其重且大耶？凡此诸书为教师者读之以广其识可也；而以之授中学生，使自行探索，则不可也。吾以为为人师者读书不可不博，而其所以教学生者则不可不约。彼以其积年累月之所为，一旦吐其精粹而授之学生，则学者利矣，此所谓事未半而功已倍。此良师也。今乃俭学乎己而备责乎学生，其可乎？夫学与教不同道也。为师者不必以其所学尽受其徒。岂以其所教之约，即足以证其所学之不博耶？彼广开书目以自炫者，适足以证其不明教学之道耳。

或者又曰：就文而言文，则有识字之书焉，有论文之书焉，有文法修词之书焉，子何不一论及之耶？曰：是固为学文者所须知。然学校既有文字学、文法学、文学史、文学概论诸课程，则其教学之道，当待专论，非此篇之所及矣。

（原载《中华教育界》第15卷第6期，1925年）

19. 中等学校国文讲读教学改革案述要

黎锦熙

中等学校国文教材和教法的改进问题，方面很广，事项至多。在造就中等师资的师范学院课程里，分科教材教法研究，已经列为必修，而学分不少，且辅以实习的科目。时贤对于中学国文教材和教法改进的种种意见，近年在各种刊物上也不断地提出发表。愚意以为历来全国中等学校之本国国语文成绩殊不见佳，其原因在教材方面的少，在教法方面的多；要谋中等学校的国文教法的改进，泛说固无益，遍举也太繁，宜以纵横统筹的眼光，察看其症结之所在，抓住病根，对症下药。

症结何在？就在教学讲读时，不知道把白话文的教材与文言文的教材分别处理，而只知道笼统地用一种大概相同的教学法。我于数年前曾拟具一篇《中等学校国文讲读教学改革案》（登在国立各师范学院合编之《中等教育季刊》第一期，又西北师院抽印单行本），案中之主要点，就是针对着这种症结，想下一副根治的药剂。现在把那“两纲四目”的原则重述如下：

改革中等学校国文讲读的教学法，白话文与文言文各具一根本的大原则，每一原则又各具实践的两要目，合为“两纲四目”：

纲（甲）白话文须与语言训练相联系：

目（1）先须“耳治”（初讲时，学生不可看本文。）

目（2）注重“朗读”（须用美的说话式，并随时矫正字音，词调和语气。）

纲（乙）文言文视与外国语文同比例：

目（3）必须“背诵”（预习时，即宜熟读；已读者，分期背默。）

目（4）彻底“翻译”　（逐字按句，译成白话，确依文法，勿稍含糊。）

这两纲只是两个大原则，四目也不过是对于这两大原则各做两个实践的说明，究竟当实际教学时，白话文与文言文教法不同之点安在，再把原案中较为具体的“教学程序”及所举教材实例中的重要说明，合并提述，并各补充如下：

（壹）预习（在本篇讲授以前，全体课外各别行之。）

注意照两原则：

（甲）白话文之预习，令其偏重“理解”；

（乙）文言文则偏重“记诵”。（第3目云：“预习时即宜熟读。”凡文言文预习之参考品，最好即用简明的注解本，或令略检普通预习时所用字典辞书之类，并不要求其完全理解，不理解处，尽可预备“质疑”；最要在偏重“记诵”，如可能，即熟读。）

（贰）整理（上堂讲授，只是整理其所预习者，使完全“理解”，故本节即名整理，当然包括矫正、补充等工作而言，此盖采用自动主义教学的意义也。）

（一）预习报告（本篇开讲时指名行之，至多以五人共十余分钟为度。）

注意照两原则：

（甲）白话文报告全篇大意及分段要点，但“绝对不可对看本文”。（是为第一个绝对）

（乙）文言文除略述大意外，短篇或韵文，直令“背诵”；如办不到，则对本文试为美的朗读。（生字之注音，预习时最低限度须查明自注，故理解虽未易而诵读无难也。）

（甲）（乙）二者，皆须随时矫正其口头之字音、词调和语气。

（二）教员范读。（长篇一遍，短篇或韵文二遍；逻辑式的美读示范；诗歌式的吟诵，重读押韵各字使合辙。）

注意照两原则：

（甲）白话文之范读，必兼“表演”风味，学生只用耳听，目视教员，绝对不可对看本文。（第1目云：“先须耳治。”白话文初讲时，最忌离开语言的声音笑貌，而专以目治文字。）

（乙）文言文亦用“美读法”，但学生须对看本文而听。

（三）学生齐读。（全体相和。）

注意照两原则：

（甲）白话文只跟着教员循声诵读一遍，仍“绝对不可对看本文”。（以上一、二、三三项，在白话文皆须绝对不可对看本文，是名“三绝对”，即纯以“耳治”，乃本改革案精要处，请特予注意！若不如此，此三项教学手续即完全失去效力。）

（乙）文言文则全体对书自读，教员不复导读，但正其字音、词调和语气。

（附注）以上“预习报告”“范读”“齐读”三项手续，其关于白话文“先须耳治”及训练“朗读”之学理根据，可参看《新著国语教学法》（商务书馆十四年版，二十八年修订）第一百页。

（四）学生个读。（各别表现。指名行之，长篇则分段轮读，至多以三人共十分钟为度。）

文言白话皆对看本文而读，一人读完，共同批评之。（注意自此项起，白话文始令学生看本文，以目治。）

（五）学生质疑。

（六）教员试问。（此非考问，乃反问其应疑而不知疑者）。此“质疑”与“试问”两项手续，即系将全篇中难字、难词、难语句之解释及名物内容之疏证等，用此问答的“启发”方式，一一讲授，择要板书，督其笔记。（向来所谓教国文，仅仅办了这个，而且很少用此问答方式，只是“注入”而已。）

但若采用本改革案，教至此“质疑”与“试问”阶段时，白话文与文言文又自然大不相同。

注意照两原则：

（甲）白话文已提前，此补充。——即在前（二）项“教员范读”时，学生系绝对不可对看本文，纯以“耳治”，如或遇有听不真与记不清（谓已预习，听范读时应能了然，但或记不清楚）之“难字、难词、难语句”，每一句组读毕，便命自由发问，即当“提前”行此（五）质疑、（六）试问之两项手续，且即提前板书并笔记，而学生仍绝对不看本文也；及到正式的（五）、（六）阶段时，学生已看本文，必尚有“难字、难词、难语句”，在（二）项范读时未及提前教学者，至是则“补充”之而已。

（乙）文言文则循序，不提前。

（参）练习（或深究）

（一）概括图解

形式方面：篇章词句之文法总图解；

内容方面：全篇主旨及每段大意之标题。（如上项总图解完成，本项可即标列于其上方或左方，此即将前“整理”节目开始之“预习报告”作最后之修正，写成定本也。）

注意照两原则：

（甲）白话文以内容方面之分段标题为主。对于形式方面，须侧重篇章之组织，其词句之分析，可但挑出其难语句而做文法的图解，若本篇或篇中之一段须准备作白话译为文言之练习者，则宜完全图解。

（乙）文言文则以形式方面之词句分析及篇章组织之总图解为主。（此即使学生练习手抄课文一遍，但非呆抄，须依教员之板书，节节图解，随讲随抄耳。又宜特注意者：此并非教学文法，乃依文法的图解形式，以统整其对本篇所得之知识，及思想表现之规律，俾能细入而大涵，但若就此图解随宜提示文法上之术语，或另于规定之作文时间借此实例以略授文法系统，亦无不可。）仍于图解之上方或左方，作内容方面之全文主旨及分段大意之标题。

（二）批评讨论

形式方面：如本篇文体之种类，文法及修辞之特点（此项不可泛说，必须就“总图解”指点），与其在文学上之地位等。

内容方面：如本篇作品之时代关系及其影响，作家之生平及其著作背景，篇中名物、事实及问题之探讨与辩论等。（一般所谓教国文者，这些亦大抵办到，然如“文体”“作家”等，往往开首便讲，未免逆节。）

（三）比较翻译

（甲）白话教材译为文言。（自不必篇篇备此手续，应译者亦不必全篇，可择其重要部分。）

（乙）文言教材译为白话。（原则第 4 目云：“彻底翻译”。故文言教材，应以篇篇翻译成白话为原则。）

凡文白对译，皆须根据前（一）项之“总图解”为之。若无总图解，而但以对译为作文题，则非“彻底”研究，而不属于讲读范围内之“练习”工作矣。练习文白对译，亦须用问答式。每翻定一字，即令学生用铅笔在所抄之“总图解”上照改一字；每读毕一句，就所改者顺文读之，随读随再指酌，或省或添，务使文从字顺，两体判然，举凡易犯之不通或欠妥等等应注意之点，无论文白，在此均可触机广说，而皆有文法上确切的根据与通贯的系统矣。全部译完时，（甲）白译为文者，可只就“总图解”齐读一遍，不必另写。（乙）文译为白者，齐读后，各自誊写一遍，附于文言教材本篇之后。——大抵文译为白者，须教员有充分的准备，愚曾详举一实例，名曰“《礼记·礼运》篇‘天下为公’一节的文法图解和译白”，实以注释为主，简称“天下为公”（登在四川省《中等教育季刊》第一期，又西北师范学院抽印单行本），又于《国文讲读教学改革案》中，用此实例编成三个教案，意在贡献于中等学校国文教员，参采此法，每学期试就其应讲授之文言教材，分配担任，每人准备数篇，各撰成“天下为公”式之小册子，以图解为控制，以译白为归宿，则关于本篇名物、训诂，文法、修辞一切应解决之问题皆得解决，一切应备之材料皆充实而精当矣。

（四）分期温诵（温诵篇目，应统括以前一切已读而应温习之文，为之分配适宜的期间与分量，不应以本学期新授者为限，特新授者宜随篇趁势更多复习耳。其作业自在课外，但考核须在课内，半月一次，每次平均半小时。）

注意照两原则，

（甲）白话文对文朗读（第2目云，“注重朗读：须用美的说话式。”此与语言训练关系最大；朗读时，只考核其字音、词调和语气、态度，不须记忆，并非背诵。若关于所读内容之考核，则俟正式考试时出题条答可也。）

（乙）文言文背文诵默（第3目云：“必须背诵，已读者分期背默。”“背”即背诵，择定某短篇或长篇之一段，指名令掩卷口诵，“默”即默写，亦择定篇段起讫，令全体掩卷手书。各记其错误之有无多少，定为平时成绩之一部。背诵时之考核，亦须复核其字音、词调与语气、态度。文字音调不误而气度又合于美读法者，斯为上矣。默写亦可酌参“听写法”，听写法在白话文温习时亦可适用，但其功用大半在练习“写字”之赴速急就，与语言训练殊少关系，即在文言文，亦缺少考核读音之作用耳。）

白话文以“耳治”始（初讲时，绝对不可对看本文），以“目治”终（练习考核时，只须“对文朗读”），其成绩之表现则全在“口”，口自与“手”相应，而白话文之写作进步矣。文言文则始终以“口”治为主（预习时即熟读，已读者必背诵），口治之极，自能影响“目”与“心”，若一霎时之“眼到”与偶然间之“心到”，而“口”则长期不“到”。如今学生之听讲文言文者，则其效果必等于零无疑也。口与耳关系密切（自读熟，自听惯），文言文若能贯彻“口到”，自然“声入心通”，既得于“心”，而应于“手”，故亦足促进其写作。

（肆）发展（即应用，系本篇讲读以后与一般课业联络关系。）

（一）创作（此指本篇讲读时与“作文”指导应联络之诸点。大凡作文出题与指导，必使与已讲读之教材有密切的关系，批改亦必使能据已读之文而反省。）

（二）活用（所指本篇精读时与“略读”指导应联络之诸点。大凡课外略读教材之选定，必以“精读”诸篇为中心，组成大小“单元”，而使对于精读之文得补充及扩大之益，并指导读法门径，使能系统化。）

（附言）上述改革中等学校国文讲读教学法之两纲四目及其在实际教学程序中文言白话两类教材分别处理法，是卅一年所草《大学国文之统筹与救济》文中之一节，题曰“根救”。今为补充作文教学改革案之基本的训练条件，故复提作专篇。原文续称：“其实，对着大学生的症候，预下中学生的药剂，不过是要把中学生六年间新讲授的文言文教材，让学生篇篇都能背诵而已。这种背诵，当然不是要回复到从前科举时代那种背书如流而全不晓其文义的情形，倘若以此相嘲，自应恕不接受（已经定有“彻底翻译”一条原则可作保障）。但我敢保证：只要高中毕业生能办到这一点，一旦升入大学，对于部颁的这个包罗四部、古香古色的大学国文选目五十篇，讲习读解，可以毫无问题。所以这是根救。”总之，我对于国文讲读改革的主张，只有两个要点：第一，假若中等学校竟不选授“文言文”教材，我一定赞成，毫无犹豫；但若选授文言文教材，则一定要熟读背诵，否则全是浪费。第二，假若中等学校所授“白话文”教材，一律改用国语译音新字，我向来如此主张，毫不退转；但现实上仍不能不用方块儿的国字，则一定要照国音国调，高声朗诵，读成标准国语。否则，全民族共同欣赏的真正新文艺，乃至普遍应用的语文新工具，都永无建设成功之日。

（原载《国文月刊》第 15 期，1947 年）

20. 国文教材之处理法

天　民

今日实际教育者所研究之问题中，其关于读法教授者，不可谓不多矣。然此等研究之诸问题，皆未免有遗根本、重枝叶之憾。其于重要事项，迄未有研究之者。夫国文教授中重要之问题维何？即教材之处理法是也。

夫此国文教材之处理，占实际运用之大部分，故与教材之研究，同为实际教育者最当注意之事。就鄙见言，国文教材之处理法，大体凡三：一为处理低学年教材之方法，余今称为直观法。一为初等一学年庶物教授完竣后进行之渐明法。一为高学年处理文章体材料之讲义法。而此三种教材处理法，果于如何之学年，以如何程度，如何顺序行之最为适当乎，今略述愚见，以资实际教育者之参考焉。

一、直观法

今于初等一学年，而但施行范语法之单语教授，固夫人而知其不可也。盖对于初等科之低学年，读书以外更注重庶物教授，使实物与言语文字之关系日以密接，实最为必要。然则教材之处理，当自直观为出发点，而时时注意于实物标本、绘画等，亦自然之理已。余以为此直观法，其意味当较范语法及实物教授为稍广，盖处理国文教材尤当以直观为主。其材料且不限于单语教授上，即于短句、短文以迄文章之教授，亦无不有之。故也，又此直观法者，乃对于以直观为主之材料，以行直观的处置之法。故于初等一学年，而为庶物教授之际，尤能发挥其特长，渐进而至于文章教授上，如说明文等亦当用直观法处理之。惟其方法程度，固有不可不大为损益耳。故于此处，以直观法为代表的者，窃自信为最善之方法顺序焉。其事项表示如下：

单语教授……直观法

一、复习（略）

二、教授
- 甲事物之直观
  - 1.言语之授与　为实物全体之直观
  - 2.发音之矫正　使就实物而言其名称
  - 3.内容之补正　为实物之分解的总合的直观
  - 4.话法之练习　就实物而为内容之问答发表
- 乙文字之处理
  - 读法 联络言语文字与实物
  - 书法 注意笔画之先后次序
  - 读本玩味 为绘画与实物之比较直观

三、整理（略）

四、应用（略）

在复习及整理应用以直观为主之材料处理，似亦以根据实物为适当。但余所云之材料处理法，系专指教授段之处理方法而言。故教授以外之各段，兹皆略之；又教授段当然之事务，亦皆从略。而惟示实物直观之顺序及连络之法教授段，事物之直观与文字之处理，其先后顺序之间，虽颇多异论，然以余之实地经验，则宜以前述之顺序为适当也。

以余之希望言之，则于低学年国文教材之处理，即当以直观的行之。一切之教授，亦皆以直观的为宜。有谓国文与理科、历史、地理有别，直观的方便物可无需设备者其实不然。故对于国文教授，如实物标本之当准备自不待言，且宜时时举行野外教授，不可拘泥于国文之形式。惟此当考察教材之性质而施行之，固非任何材料皆能以直观法处理者以分量言，则于初等一学年以上之学年，即不能以直观为处理之代表的方法，故分量不可不谓为至少，然其精神则决不可忘之也。

又人每谓低学年之教材处理，当由内容而始，至高学年则务宜由形式而始。然以余之意见，似以早从形式上处理之为宜。故渐明法之应用，有不容或缓者。而此直观法，苟非与渐明法融洽而行，则于文章之处理必不能踌躇满志，此余之所深信也。若误解余所谓之直观法，为重国文之内容而略形式者，则大谬矣。

二、渐明法

据余之考想，以此渐明法为国文教材之处理法，似为最近于理想者。大凡读书力之养成，断非一朝一夕可得而几。盖百读不厌之精神，固非可一时注入之也。语学研究之秘诀，在于有恒（Constant），苟缺此要素，则读法教授必不能有功。故研究教材之处理法，第一，先体会此精神实为至要，又必唤起儿童对于学习之努力的精神，而读书力方为可恃。蒙台梭利不云乎教授者注意于教法，毋宁注意于儿童之自习，常唤起其学习之兴味与努力，又善用所谓战胜精神（即 Conquest）而使之求诸自己（Self），则自能日起而有功矣。人有恒言，读书百遍意自通。故儿童之读书也，当先为预习，次为机械的读法（但读而不求意义之谓），又次为研寻意义之论理的读法，更进而及于美的发想的之读法。当机械的读法完竣之后，必不可由教师直为解说，使儿童毫不思索，即备悉其内容。余所谓之渐明法，即注重于此。盖诵读既多，而意义自渐次明晰，如昏夜将晓，而万物形状渐次分明，然此渐明法之大略也。凡小学校及中等学校，皆当由直观法而早进于渐明法，以图教授法之改良。今更将施行之顺序略示如下：

文章教授……渐明法

一、复习（略）

二、预习调查
- 甲、形式 使就未读之课书中发见难解释之语句
- 乙、内容 使启发研寻意义及质问不倦之精神

三、教授
- 甲、读法
  - 订正新字之误读者
  - 处理新语言而渐次及于意义之解释
- 乙、意义
  - 处理难解之语句
  - 连络内容形式而为内容之补正
- 丙、玩味
  - 使儿童挦扯文章精采之处
  - 使选出强声语，行其发想之读法
- 丁、话法 使注意读本中之标准语而仿效之

四、整理（略）

五、应用（略）

施行渐明法之顺序虽略如上述，然亦非不论何教材皆当依此顺序也。要之，文章教授，以诵读为主，使透过文章之形式而探求内容，渐次明晰文章之意义，最为善法。其稍稍诵读，即为解释意义，使儿童倾听此种方法则为余所不取。盖苟非发起儿童奋励之精神，使由文章之形式而榨出其内容，则必不能有真正之理会、真正之心得也。至行此渐明法时当注意之事项，据余所经验者，则大率如下：

（甲）新字新语务宜早教　各校之读法教授，每有使儿童永续行机械的读法，而直即继以讲义法者，此与前述之主张殊不一致，未尽善也。盖儿童预习之后，更诵读数回，其所不能读之文字及不能解之语句，已一一发见，是时不速就此等处而为之处理，徒使从事于死读，岂不徒苦儿童而空费时间乎？又机械的读法大致就绪后，当速摘出文中之难解语句，而行断片的之处理，此即渐明法之真髓也。

（乙）以暗示与要求鼓动诵读之意兴　渐明法固称善法，然实际视他法为难又教授者亦非十分熟练及努力不可。盖欲使儿童熟读，不厌由形式而进探内容，实非易事，故当加要求以促进之。例如告

以“文中之意义，后当使尔曹讲述，此时其注意熟读之”“今日将笔述本课，务须注意”等语，则儿童自负其责任而努力诵读矣。然但施以要求则易为消极的，故当更用暗示之法，例如语儿童曰：“此文洵佳。”或曰：“此文所述殊有趣味。”则儿童之好奇心与战胜精神自不禁而勃发，是在教授者之善用而已。

（丙）最后须为综合的之处理　世有行渐明法而失败者，在于始终为部分的处理，盖但授儿童以断碎之知识，而不为综合的解释也。故教授者以实地考察渐明之程度顺序，而不误进行之机宜最为必要，特于文章之处理尤宜注意。

三、讲义法

讲义法者，即演讲全文之意义，使儿童理解全体之方法也。普通用此法而教授之际，儿童与教师皆无所困苦而进行。而讲义法之缺点，即由此而生。对此缺点之批评及其当注意之事项，容详述于后。兹先举示其优点如下：

（甲）能为综合的之理解　自始即行讲义法，不为断片的之处理，故儿童之注意力易于会集，而于全文之意义可十分理会。

（乙）有省时间之利益　不行渐明法之处理，儿童以被动的地位而理解内容，处理之时间所需甚多。故行于高学年教材繁多之际，颇为便利。

（丙）宜于多劣等生之际　劣等儿童乏于活动力，不能以自力而为取舍补正综合之作用，故往往于全文意义多所扞格。而此讲义法之施行，较为画一。故于优等儿童虽有所损，而于劣等儿童则利益颇多。此处理法之一般的顺序，记之如次：

文章教授……讲义法

一、复习（略）

二、预习调查（略）

三、教授
- 读法　处理新字并行范读
- 讲义
  - 使仿效范读练习机械的读法
  - 教师讲解使知文章意义
  - 使儿童还讲

四、整理（略）

五、应用（略）

对于讲义法缺点之补救及其当注意者述如下：

（甲）当加渐明法之要素　讲义法之缺点，在部分的处理之不完，且一时为多数之讲解，儿童不能切实容纳。听讲之时，虽似有得，而其后渐次消失者颇多，故宜加渐明的要素以救之。又高学年之国文教授讲义法行之尤多，亦当与渐明法联络施行方为有效。

（乙）文章之内容与形式不可分离　行讲义法则易陷于内容与形式分离之弊，即文章形式上之艰难，已以人力通过离于形式，而但听内容上有趣味之讲解，是于实力之养成颇难。

（丙）当活用儿童之读书力　讲义法易为消极的又有使儿童为被动者之恐，故务当注意于自习教师讲解之际，亦宜常设问答以活用儿童之读书力。

总之，初一学年则以直观法为主，其以上之学年当用渐明法以处理教材，至高学年当于讲义法中参加渐明法之要素而行之。若纯然之旧式讲义法，甚不宜也。

（原载《教育杂志》第7卷第6号，1915年）

21. 读法教材之区分法

太　玄

蔬菜类，有蔬菜类之烹饪法；肉类，有肉类之烹饪法。若无蔬菜类与肉类之区别，而惟以一律之烹饪法治之，则必不堪下箸。此烹饪者不知蔬菜类与肉类性质之过也。吾人凡处理一事物，欲十分达其目的，必当先研究、考察其事物之性质，而后可定施行之方法。盖事物其本而方法其末也。

今以此理而观察各学校之读法教授，则昧于此者，何纷如也夫。教法当由教材而生，非由一定之方法而生。此与烹饪者当辨食物之性质而用若何之烹饪法无异。今人皆知烹饪法之不可不有变化，而独于教授法而昧之，亦可异矣。

就读本之材料而详密调查研究之，则与吾人有可比例而言者。人有男女之别，而文章亦有普通文、特殊文，散文、韵文之殊；人有老年、壮年、青年之别，而文章亦有周、秦、汉、魏、唐、宋及近世之差；人有成人与儿童之别，而文章亦有成人的、儿童的之分；又人之体格及性质，各各不同，而文章亦各有特异之结构与着想，此固夫人而知之者也。

今日吾人宜速知教法非一成不易者，当由教材之如何而定。教授法之施行非然者决不能铲除读法教授上从来之弊害，而更求进步也。余以本问题为读法教授上最重要者。职此之故，今观现时学校读法教材之区分法，多不适于其教材之处置。大抵最初为读法及意义之整理，次则为深际之研索，最后则以应用练习终之。此可谓专重方法之极端区分法者，又或墨守一二之陈法，不问教材若何，惟依定法教授之。凡此皆囿于方法而施行教授者也。教授如斯，其不能深切透彻可无待言。今就教材之区分法而略贡愚见，以就正于实际家其可乎？

一、教材区分之种类

统从来及现今所用之教材区分法而观之，可分为三类：(一) 分节法；(二) 全体法；(三) 折衷法。分节法者，乃由于方法的单元而分教材为若干之单元也。自形式上言之，则为横断的处理教材之法。全体法者，乃以一教材为一单元。前者每时所接之教材恒新，后者每时所接之教材多为同一。然处理上之目的则不相一致，自形式上言之，则为纵断的处理教材之法。自读法教授方法言之，即为渐明法也。折衷法者，乃将分节、全体二法折衷施行之者也。是则由于折衷之，如何而生种种之方法焉？次之，三种最为主要：(1) 由分节法而入于全体法者；(2) 由全体法而入于分节法者；(3) 由全体法而入于分节法再归于全体法者。今示其图式于下，阅者当可了如指掌矣。

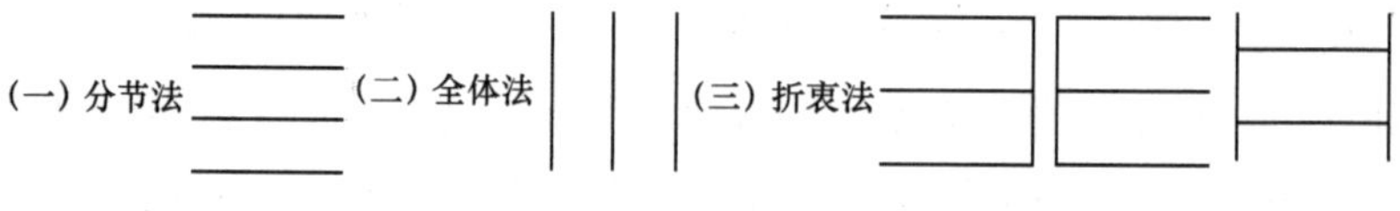

附言：上之图式，乃专描写教材而非兼表现教授时间者。若自教授时间观之，则行折衷法者，其一时间中教材上之处理或全体、或分节初无定型，阅者幸勿误会。

二、各教材区分法之长所与短所

前述三种五式之教材区分法，其形式殊不一致。今由教材之性质、教材之分量适当之读法教授，学习经济及学年儿童之程度等详细研究之，则于实质上亦颇有长短之差。吾人对于教材，不论如何了彻，然不研索各区分法之长短，亦决不能得确当之适用。此与前之由教材而定教法之言骤观之，似不无矛盾，而实则不然。要仍不外于物为本、法为末之意。若全弃其法于不顾，则亦非也。

（一）分节法之长短　本法之长所有三：第一，对于分节之教材，用多方的处理，而部分的之事理，则可十分明了。即其分节之文旨，与分节中之文字，语句皆可一一阐明之也。第二，儿童因教法无变化而起之倦怠，可以避免。第三，不必由教材分量上而考究何种区分法之适用，可免数多之烦琐。以上三点似可为本法之长所。然一论及其短所，则吾人转觉此法之长所无甚价值，而无截长补短之可言。第一，不适合于自然的读书法。吾人日常读书之形式，决非为如斯之分节的形式者，类皆自始至终一气读下，而探究其主旨之所在。大人如是，儿童亦何尝不然？且儿童急欲知全篇旨趣之心，更有甚于大人者。试观儿童一学年告终更易新读本之初，大概于二三日之中已遍读其全册。如此之读书，虽非吾人读法教授所要求之读法，然其为对于读书自然的欲望之表征，则不得不承认之也。然则分节的区分法之读法教授其反于此，自然的欲望不已甚乎！第二，易生谬误之观念。余前谓此法之长所，在于部分的之事理可十分明了。然此唯于各部分近于独立的之时为然，而各分节之文旨，大率多与全篇意旨有紧密之关联。如以分节法教授如斯之材料，则致观念联合上之舛误者往往而有。西国有寓言云：三盲者判断一象，触象之股者，谓为如桶；触耳者，谓如团扇；触尾者，谓如牛蒡。一象也，而所触不同所见斯异此。分节的教授法之弊害亦犹是耳。第三，不能为全篇之文章教授。其于着想于形式在各部分，虽十分阐明，然于文章全体之玩索相去甚远。盖以此部分为全体之部分，而非各不相关之部分故也。一篇文章之主旨所在，及主想与客想之关系如何，与夫一篇之着想、结构段落相互之关系及作者之精神等，苟非统览全体决不能探骊得珠也。部分者，犹人体之四肢、头、足，各负其相当之任务，不统考人之全体而但研究四肢、头、足之任务，其于全体生理岂能贯彻哉！由此而言，则分节法有极大之短所，无可疑也。第四，(分节法) 不适于心情之陶冶。情者，非如知之为分解的、部分的，而为综合的、全体的者也。试观古色幽雅之假山，不问其石质为何，附着石上之藓苔为何，但综合的而观之，自觉有不可名言之情趣浮于心目中。此固非但一部分之美，乃全体调和相称所致也。吾人对于文章之态度亦然，必综合地泛览其全体，始得领会其神情；若支支节节而读之，则索然无味矣。此点于教授文学的材料之际，尤为著明。故分节法之于此处，亦不得谓非其短所也。第五，隔时的练习之效果，全不可得。隔时的练习之效果，既于实验的研究，为吾人所共认。然此分节法，全以区分的处理教材，而无全体的处理同一教材之事，故反复学习同一教材之机会全属阙如，以是于同一教授时间内之教授效果甚为薄弱。第六，教授上往往陷于散漫无归浮泛不透切之弊。盖分节区分法，乃就于单元而为多方的处理者。故一时间中教授之任务甚多，方法不一，骤观之教授形式似颇美备，往往为参观人所欢迎。然教师之精神既劳苦已甚，儿童亦如走马看花，往往一事尚未了解而他事项又纷至沓来，教师与儿童皆有山阴道上应接不暇之势。以是未甚熟练之教师，往往于应行教授之事项颠倒错乱，甚或有脱漏遗误之患。而劣等生不能仰跂，亦无救济之隙，此等弊害于分节法之教授最易见之。第七，教授有偏重于文字语句之倾向。此法不适于为全篇文章之教授，已如前述，则势必偏重于文字语句之教授，固不待言。文字语句之教授若视为全篇文章中之文字语句而讲解之，固极有价值。如分析为部分的之文字语句教授上，不与全篇相关联，则其效亦甚仅矣。区分法之短长略尽于此，吾人无论如何对于此法决不能赞成之也。

（二）全体法之长短　全体法教授之形式，与分节的区分法全然相反，故其长短亦适相反。对分节法之长所，即此法之短所，而其短所，亦即此法之长所，故兹不赘述。

夫此区分法初非与分节的区分法同时并兴者，盖自分节法之教授失败以来，教授上之最近思潮纷纷唱道渐明主义、练习主义、简单主义。又于读法教授鼓吹文章的处理法，而此法始以渐兴者也。至于今日采用此法者日多，较之分节法固远胜之，惟谓其对于不论何学年、何教材皆为唯一最善之方法，则颇难言之。

（三）折衷法各式之长短　（1）此区分法如前之图式所示，乃先为分节而最后为全体的处理者也。依图式所描示全体的处理惟有一次，然不必以一次为限。分节法与全体法皆为二次之处理，亦无不可此法之长所。第一，分节之部分，对于全篇为比较的独立者。其部分的事理，可十分明晰。第二，儿童因教法无变化而生之倦怠，可得减少。第三，可为全篇之文章的教授。第四，隔时的练习之效果，亦不致消失。

若论此法之短所：第一，不甚合于自然的读书法。第二，易生谬误之观念联合是也。至其他关于心情陶冶事、关于教授力透彻事、关于文字语句之教授事等，以折衷全体与分节二法之故。其长短之特征各各减少，可无俟烦言也。

此法采用者之多次于分节法其流行，尚在全体法之前，迄今犹未之废也。

（2）此区分法亦如前之图式所示，乃由全体而进于分节之方法也。此法之图式于全体的处理，虽唯描示一次然，亦不必以一次为限。全体法、二次分节法，二次似亦甚适当也。

此法特长之点即为：（1）法之短所又对于教材中最困难之处，分节教授之际可特别注力，至言其短所。第一，全篇之文章教授甚难施行，盖文章教授者非对于全体为一通之读解，决不能深切而贯彻也。第二，隔时练习之效果欲如（1）法为相当之发挥其势颇难。

此法之流行较后于（1）法，殆与全体法同时而兴者，今日多适用之。

（3）此区分法如图式，乃于最前最后各用全体法一次者，然亦非必以一次为限，或前后各用全体法二次，亦无不可。此法为最善之折衷法。谓为更折衷（1）（2）之法亦宜。故此法殆无短所之可言，前所举三种五式之区分法中，自以此法为最良。然不详察教材之如何，而唯信用此法为万能，以处理一切之教材，亦断然不可。语曰："徒法不足以自行。"实际家幸毋忘斯言也。

（原载《教育杂志》第8卷第2号，1916年）

22. 自习主义读法预习法

天　民

一、自习态度与预习价值

自习之态度，非唯于读法为必要，不论何教科皆然也。吾人之知识，被动地注入，远不若自动之有实效。预习者，即感动儿童之意志，以增进其智能。此最合于近世科学之教育法也。

不论何种教科，当其受教之前，先检阅应习者之大体，至为重要。非唯于小学儿童为然，进而如中学校高等学校，更进而如大学，益为必要。受中等程度以上之学科时，若一度怠其预习，则其智识必薄弱，而不能悉同化为真之知识。此于英语、数学，尤为明著。故承学之子，慎弗忘预习与复学之二大目的，教师与父兄亦切宜注意。而对于小学儿童，课以预学，尤为养成自习的习惯之要务。此习惯可使小学之效果，悠久而弘大，且于知能修得法之实行，有至大之价值也。

二、预习之时代

预习之价值如此，而课于如何之时代，最为适当乎？此亦必须研究之问题也。其在理科地理历史等，至于上学年，为独立科目而教授时，直即课以预习为宜（惟最初须有教师之补助）。若夫读法，苟课之过早，则非特无益，或反有害。论者对于预习之意见，颇不一致。或谓以不课为宜，课之反足夺复习之日力。此盖过虑之言也。为此论者，想以对于预习未曾案出适当之方法故耳。

三、读法预习之必要

读法科以预习为必要，无俟赘言。而所谓读者，实于读法教授为最先要务。在国民一二学年，诵读既熟，自能通其意义，故诵读为此时代之主课。及学年渐进，诵读虽仍属重要，而此外如语义、语法及文之构造法等，亦为其当注意者。此等之业务，欲于一时间内完全行之，殊非易易。若专事诵读，则其他业务不尽废乎？若欲兼顾诸方面，其授业势必纷冗无似。于此而筹救济之策，以使儿童预习，则自行研究读法，实为必要。若在可以预习之时代，教师尚为读法之教授，是无异对于十四五之少年，尚哺以乳汁，或持其手而助之食也。或有以儿童自行研求读法为难者，而实不足虑，或乞灵辞书，或求指导于父母兄姊，皆无不可。全部正确，固非所望，稍有谬误，务宜恕之。此时若加以苛求，殊非教育的奖励之法，故宜褒奖其苦心而勉其努力。儿童读书力之进步，端赖于此。若养成儿童畏读未习书之习惯，则读书力之进步无望矣。此读法之预习所以为必要也。又使于读本新出之文字，旁标竖线，以为受业时注意之备，亦颇有效。

四、读法预习之三时代

读法科之预习，自国民二学年之后半期，徐徐课之，最为适当。余拟分预习之时代为三期。第一期为预习之预备时代，国民二学年之后半期属之。第二期为练习时代，儿童之努力为主，教师惟居于辅助之地位，此时代以三学年之后半期为终止。第三期为自由预习时代，此时不借教师之辅助，全恃自力为之，四学年全属此时代也。

此之区分，为余所假定，不过略示其大概而已。试就此区分法说明如下：

（甲）预备时代　此时代专为预习之准备，但能勉强读其大部，已可满意惟如是，儿童已劳苦殊甚，故教师之辅助，至为重要。此时代以置重部分预习法为宜。读本中难解之字，使之受教于父兄，亦为良法。儿童于家庭中先约略诵习，设有不正确者，更由教师订正之。若读本中新出之文字甚多，则可摘书于小黑板，附以音义，于放课后揭示教室，使儿童录写之。或于读法时间之终，教授下届教材中新出文字之读法，使从事于预习皆极有效益。

（乙）练习时代　国民三学年之儿童，其脑力已稍稍发达，在预备时代，既受教师之辅助，故于大体会受教授之部分，当不难预习，且对之亦略有兴味。预习之方法，既已理会，习惯性亦渐次养成。故此时代真努力练习预习之时也。惟此时教师仍当略与辅助，以资督励，但当使儿童为活动之主体，宜切记耳。此为养成自习的态度之主点。故不可以部分预习为满足，同时又当课以全体之预习；又非唯以诵读为限，并宜使了解其大意。此亦练习时代之要点也。

（丙）自由预习时代　此为预习终局之目的所在。欲达于此时代，必不可不经过前之二期。故前二期皆其准备时代也。此为课于三学年以后之预习法。不赖教师之辅助，全以自力而预习，虽不无困难之处，然儿童之活动旺盛，读书力益益发达。全课预习及部分预习，宜并为之。诵读之外，又当知悉其内容事实之大略，而文章之构成法，亦须注意，并使于杂记簿制图列表，俾可一目了然。如是而读书之效果，始得确实，缀法亦可因之而进步。世有于高学年之读法科，始终惟使为读法之练习，而全不兴缀法连络者。受如斯教法之儿童，试观其缀法，于记述事实之顺序及文章之构成法，必全不明了。某著述家有云：著述之项目既立，则著述之半，已告成矣。余谓小学儿童缀法之记述要项，苟能以独力为之，则于缀法科，虽谓已得成功可也。要之，此时代之预习，苟唯努力于读法，而不兼及于文之构成法等，犹未能谓达读法科之目的也。

五、预习之方法

一、下次教材中新出文字读法意义之提示　以下次教材中新出文字之读法及意义，提示儿童，而使之从事于预习，惟教师是赖。故此为预备时代与练习时代当采用之方法。以余所见，言之如次：

（甲）教师之提示以下次教材中之新字及新语与夫稍稍难解之熟语，摘记于小黑板，附以音义，于午后休憩时或放课后，提示于教室，使儿童各录入读法簿，至家庭预习之。又如尚有未曾读过之字，则使记入杂记簿以备质问。或未预习之前，先使儿童出读本诵读一过，有不解其音义者，立即质问，则耗时可不甚多。又于质问之际，同一之文字，可免屡受质问之烦。或不提示于小黑板，而于教授时间之终，将下次教材之新字，详为指授其读法及意义。此法至为简单，教师可免数多之烦琐。其为儿童所已识已解者，则当使自言之，尤不待言也。

（乙）优等儿童之利用　教师之职务綦繁，对于各儿童一一而辅助之，殊非易易，故于三学年以上，大可利用优等儿童，使代行教师之事。此时令各学级之优等儿，将教材中新出之文字，书于黑板，附以音释，其他各儿童，则照录于杂记簿，而为预习时之依据。然若全任之儿童，教师不一检阅，则谬误必不能免，故宜使儿童及早录写，教师于休憩时内，一一过目，则甚简而易行。或使儿童晨间入校时于教授时间之前，受优等儿之指导，以为其日教材之预习亦无不可，惟须于训练上及体育上无甚障碍，乃为善耳。

二、教材之预告　此为课于自由预习时代之方法，教师之辅助与优等儿之利用，皆所不需，惟预告以自某页至某页或某课之全体，宜从事预习足矣。自教师方面观之，最为简单易行，方法之善，无逾此者。此预习以使用辞书为必要，其困于经济之家庭，不能购备者，则由学校购致，以备此等儿童之公用可也。

（原载《教育杂志》第9卷第11号，1917年）

23. 纵断式读法教授

太　玄

第一节　教材之选用

（一）选用教材之二主义　从来所用之读法教材有二主义：一为横断主义，亦曰分节主义；一为纵断主义，亦曰全体主义。其由分节主义以取读法教材之多数教授者，于分节的教授外，更进而于感情趣味两方面之材料，偶有一二特例，加用纵断的意义，且其选用之方法系以横断主义为中轴，而但旁及于纵断主义，是可谓为横断主义的纵断主义。不知此种纵断主义之教材选用法，决非仅可用于一二特别之例已也。从来之习惯，所以分析而成两主义者，既非有深意存乎其间，又未必有不得不然之理由。惟由现在读法教授之缺点观之，纵断主义之学习，大足为有力之救助，故可为最适时宜之教授主义无疑。虽然对于此二主义，宜极加慎重。吾人研究之范围于从来之横断主义的纵断主义，后此宜为纵断主义的横断主义。始终以纵断的意义选用教材，是为当然之急务。兹略述此主义之利害长短如下。

（二）主义之长短及其困难之点。

（甲）横断主义之长处：

（1）分量无多，故记忆较确实，解悟亦迅速。

（2）一小时内能达读法教授普通之目的。

（3）形式及内容同时研究，故事实及形式之结合困难之处较少。

（乙）横断主义之短处：

(1) 不适于练习。

(2) 启发读书时，兴趣之力甚薄。

(3) 其法不能自然，不合于实际的练习。

(4) 不适于读书力之练习。

(5) 不适于趣味的教材。

(6) 前后之时间不相联络，并有空费时间之虑。

(7) 构思、修辞各方面之放授不甚合宜。

（甲）纵断主义之长处：

(1) 随宜为充分之练习。

(2) 能养成读书之兴趣。

(3) 为自然之方法，合于实际的练习。

(4) 养成读书力极为坚实。

(5) 前后之关系能相联络。

(6) 以无一定之限制，故进步速。

(7) 教授不涉他方面，故其练习较能一线。

（乙）纵断主义之短处：

(1) 不贯通全体，而但摘取其一节以为课业，因之有缺乏结合力之虑。

(2) 教授偏于形式方面，如文句段落之类，而忽于与内容相结合。

由上所述，不过为二主义优劣之比较及困难之点之大略，兹更进而为内容之研究。

（三）二主义之比较研究　今日读法教授缺点之所在及其救助之法，前项所述已可略得其梗概。虽二主义各有长短，而欲矫目前之时弊冀收美满之效果，则非用纵断主义不可。纵断主义之短处，其弥补方法较易为力。横断主义之短处，则弥补方法极为困难，练习不能充足即其一也。此由一小时中所教授者多端，当然得此结果，是亦不得已而致然。即此以观，欲救今日读法教授之弊，必取纵断主义无可疑矣。凡物各有长短、得失，欲事之进步、发达，则两极端势不能免，而各种弊害辄随之而生，两害取轻即足以集事。而今日救弊之法，亦无逾于此。教授事项之研究不容不脚踏实地，现在之结果与教授上之效益相去弥远，不能不以纵断主义调和补助之用此主义，以解决其困难之点，当可操左券也。兹更就二主义深求之。

第二节　横断式读法教授之缺点

将读本全课分为数节，取其一节于一小时间内练习之此横断式也。读法教授应注意之课业颇多，兹列举之：一、发音教授；二、文字教授；三、语法教授；四、句法教授；五、体裁教授；六、构思教授；七、言语练习；八、记述练习；九、读法练习；十、翻译练习。虽非每课皆然，而大致必涉此等方面。今用横断式，则一小时之授课期内，于此不能不分节而取，故或以时间不足，其中之某种课程，势不能顾，如读法、语法、书法等一小时中必不能为充分之练习，较然甚明。况于文法、修辞之方面，尤不可缺，此而练习不足，何以养成儿童之读书力，连逐二兔，终不获一，不能注全力于一方面之课业而散分其力于多方面，其精神自不能十分贯注，而所得之效果可知。此为横断式缺点之所在，而无善法以救助之者也。

第三节　纵断式读法教授

横断式读法教授之缺点，救济之策，其兼用纵断式乎？夫纵断式读法教授之要旨，以每课一单元为本体，因其课业划分时间，使于各课业得十分反复练习，此三者为纵断式之特色，而能十分反复练习尤为本式主要之事项。惟以一课为一单元，故于各时间中用力之方面甚为单一，课朗读时但用力于朗读，而止课书法时，但用力于书法，而止种种课业，各分时间以修之，庶几达十分反复练习之目的，而横断式所不能兼顾者，惟此足以救助之。因之第一节所述之缺点，亦能弥补之而有余矣。

由此法，每课各方面之课业悉毕，约需四小时。依课书之长短，亦有需五小时或三小时、二小时者，此四小时中分配课业之方案，别详后幅，兹不赘述。

纵断式之要旨及特色如此。较之曩时之方法，确为进步，今综括本式之价值如下：

（甲）知识坚确。

（乙）增进读书力。

（丙）引起读书之兴味。

（丁）可练习速记。

（戊）劣等生能自振拔。

（己）连续之事项不至中绝，前后关系联络自能发其兴趣。

此等价值果为确实与否，熟读后幅本式之详细方案自可了然。更有进者，欲收读法教授之效于文法、修辞两方面，必须熟审至少当能成诵文法书、修辞书各一部。对于读法、缀法之组织的，宜易而为。解剖的，非致力于八面观察，将其内容十分解剖，不能成真正读法教授，非致力于文法、修辞两方面，解剖亦无以成功，故决以此为基础之要件也。

第四节　纵断式读法教授之方针

纵断式读法教授之方针，大要如下：

（甲）注重练习，由儿童之自动进而研究一切，务反复温习臻于纯熟。

（乙）明澈教材主眼之所在，确达其目的，加以教授简明、提示要领，使渐归于确实。

（丙）彻底注意各课业与各练习之时间，务令为有意义之联络。

（丁）文字、语句等基础之练习，固当注意篇中段落及脉络之所在，并宜明澈。

（戊）对于语法及文法修辞上之知识，当选极明确之材料，使合于实际之应用。

（己）确定各学年之方针，并体察学校之方针。对于国民方面、文学方面之教材，尤宜慎重注意。

（庚）教材中下列各项宜特加留意

（1）形式方面：（a）足以矫正方言及讹音之口语；（b）平时使用最多之语句；（c）适合便于构思之材料；（d）韵文之文学的教材。

（2）内容方面：（a）实科的材料有益于品性之陶冶者；（b）能增益国民生活上必须之知识者。

（3）普通方面：（a）统筹全系统而希望各学年分别发达；（b）与儿童将来之实际生活相联合，而引起其读书之勤奋心。

以上种种，教授者当一一注意，以达本科教授之目的也。

第五节　读法教授作业之要旨

（甲）朗读教授。

（1）发音；（2）字句；（3）文章之朗读应用字句及短文之朗读。

（乙）语法教授。

（1）难字句之解释；（2）应用字句之语法；（3）教材之语法；（4）方言之订正。

（丙）缀法教授。

（1）应用短文之缀法；（2）语法及应用；（3）句法及应用；（4）体裁及应用；（5）构思及应用；（6）文字及应用文之译为口语；（7）口语之译为文字及应用文。

（丁）书法教授。

（1）文字之书法；（2）记述；（3）教授俗字略字；（4）练习速记。

（戊）内容方面之教授。

（1）内容方面之知识；（2）道德趣味之教授。

第六节　纵断式读法教授作业之分配

第一次　教材之内容　朗读（全课）内容视乎教材，亦有不特别教授而一任儿童之思想者。

第二次　语法、缀法（前节丙之6）。（全课）

第三次　缀法之大部分、语法（前节丙之3）。（全课）

第四次　书法。（全课）

第七节　纵断式读法教授案一般形式

第一次

教材：第某某课。　（全课）

目的：明析教材之内容，为朗读教授。

准备：某某种。

教法：

（甲）内容教授。

（1）目的指示；（2）内容教授；（3）内容问答。

（乙）朗读教授。

(1) 生字、读法教授（书于黑板）。(2) 读法练习：(a) 生字读法练习（数次）；(b) 全课读法教授；(c) 生字及难字句之读法练习（反复数次）；(d) 分节之读法练习；(e) 综合之读法练习；(f) 生字笔画次序之教授；(g) 书法练习，此时劣等生之读法练习。

(丙) 应用朗读。应用语句短文之朗读

第二次

教材：同前。

目的：授以字句，并全课译为白话使之习于应用。

准备：某某种。

教法：

(甲) 全课及语句之读法练习。

(乙) 目的指示。

(丙) 翻译。

(1) 教材译为白话，以问答法教授。难字难句之译白话，可书于黑板以为练习。(2) 摘录一段，各自解释。(3) 教材之轮讲。(a) 分节以译白话之练习；(b) 总合以译白话之练习；(c) 黑板摘写字句意义之问答；(d) 字句意义之比较。

(丁) 练习应用字句及短文之解释。

(戊) 练习用难字句之语法。

(己) 练习用难字句之缀法。

(庚) 文章之字句或一段译为白话。

第三次

教材：同前。

目的：为文法修辞之教授，并课话法之练习。

准备：某某种。

教法：

（甲）练习全课及其语句之译成白话。

（乙）目的指示。

（丙）文法教授。（1）语法教授及练习问答并应用；（2）句法教授及其练习问答并应用。

（丁）修辞教授。（1）体裁教授及其练习应用；（2）构思教授及其练习应用。

（戊）全课之语法练习。

（己）构思之应用问答。

第四次

教材：同前

目的：书法教授及其练习。

准备：某某种

教法：

（甲）练习难字句之读法及译成白话。

（乙）目的指示。

（丙）生字书法教授。（1）难字分解教授；（2）与既习文字之比较；（3）摘录生字练习（数次）；（4）普通用俗字略字之教授。

（丁）练习摘述。（1）练习生字及既习文字之摘录（数次）；（2）练习速记。

第八节　纵断式之运用

用纵断式读法教授之手续，由前述之概略，当能明澈。夫每课分四小时虽为原则，惟课书有长短，作业有轻重，不能无论何课皆以四小时为限。兹故不设限制，或二小时、三小时，又或五小时、六小时等，视课书之内容以为作业之伸缩。其有长课，则分为二节，使作业均等焉。又读法教授，当分别加课之时，则由教授者权衡其间，于本时间所行主要课业之外，并杂入他时间内课业之一部，亦为必需。如此时间主要之课为读法，而于优等生特加课书法之一部，此时又为劣等生指导书法是也。

综上所述，不过略示大体，至于调剂轻重，妙于运用，是在手腕灵敏之教授者。

（原载《教育杂志》第9卷第11号，1917年）

24. 葛雷教授关于读法教授之研究

太　玄

绪　言

一、读法教授之研究与教室研究。此报告之根据，盖本于印第安讷波利（Indianapolis）公立小学校，视学与教师所行之教室研究者也。其教室研究，乃细心考究教授时所用之材料与方法，判定其优劣，而提供课程与教授法及教授管理之改良意见者。而其最先研究之教科，即为小学课程中非常重要之读法。于低学年，以读书能力为进级判定之要素；于高学年，则以学习实质教科之能力为进级之必要条件。充分认知读书能力与学校作业种种方面之关系时，则读法研究之重要，自可益益明了矣。

二、研究之资料。此报告中之一切事实，皆由种种方面而得之者也。一千九百十七年六月初旬，印第安讷波利之教师七百余人，对于读法教授目的、材料方法之九个问题，各有所解答。然对于此中数个问题之解答，已示于本报告中；对于其他问题之解答，亦不乏有价值者。此等之材料，则亦应用于本论文中，以为说明之例焉。

自一千九百十七年九月十三日迄三十日之间，对于印第安讷波利十五校之生徒，曾施行千五百之读法查验，而所用之查验方法，则为葛雷氏之标准朗读查验与默读查验。此查验与其施行法记点法，详载于葛雷教授所著《依于标准查验之小学校读法研究》中。施行查验者，乃三十名之印第安讷波利师范学校生徒也。因欲于一切学校，在可得比较之状态下而施行查验，特于施行查验者及协力之校长与教师，更提供葛雷教授著书中所示之方法焉。查验之记点及结果之比照，乃葛雷教授指导三十名师范学校生徒而使之从事者。而此查验之结果，即判定印第安讷波利读法教授结果时所利用之客观的资料也。

葛雷教授自千九百十七年九月二十一日迄二十八日，于此七日中在印第安讷波利，得观察研究数多之资料。其于此际所得之资料中，尚有次之二种，即：一为印第安讷波利所用基本读本与补助读本之研究；二为调查关于教授法之事实。尝观察七十余次之读法教授也。

三、报告之区分。此报告分为三部：第一部，乃汇集量的判定为主题之事实者。而对于查验之结果及提供于教师之问题（全问题中之数个）解答，亦记其要领焉。第二部，论印第安讷波利所行读法教授法，而述其手续变化之梗概。第三部，述现时采用之读法教材，略叙选择题材之根本的原理者也。其第一部与第二部皆为葛雷氏所报告，第三部为卜比资德氏之报告。其报告之第一回，揭载于本年一月号之爱来孟太利学校杂志，兹择其可资我国读法教授之参考者。摘录如下：

读法教授之目的

一、一般目的与特殊目的。教科教授时间及努力之经济，唯于教授有明确目的之时，而始得实现者也。而特殊目的，苟欲于某学年为最适当之教授者尤为必要。葛雷教授欲决定印第安小学校读法教授之根本目的，又欲决定各学年教师努力之范围，特提供次之问题于各教师焉。

（一）于小学校读法教授之结果，所最希望者何欤？

（二）诸君于所担任学年之读法教授，欲得上述之结果，为何等之贡献乎？

二、回答之揭示。对于此问题之回答，就各学年而分别汇集之。其目的先统附于数多标题之下，更分为次之十三群焉。

（一）善良文学之鉴赏：　　68%　　56%

（二）理解之能力：　64%　58%

（三）知识之获得：　40%　33%

（四）朗读能力之增进：　38%　38%

（五）语汇之扩大：　24%　26%

（六）读法之机械的熟练：　15%　25%

（七）对于闲暇之训练：　15%　12%

（八）口述英语记述英语之增进：　14%　14%

（九）研究习惯之增进：　10%　9%

（十）一般心的性质之进展：　7%　6%

（十一）活用所习材料之能力：　6%　6%

（十二）道德教育：　6%　5%

（十三）书籍之使用：　1%　1%

上表所记，乃先调查所举各目的之度数而更由其度数与教师之总数，计算其百分比者也（葛雷教授之报告，附有详细之表，就所述各自的，而于各学年及全学年皆以%示之，兹避其繁重，故于上记之各自的下，将对于第一问题之结果，以%示于上部，对于第二问题之结果以%示于下部焉）。

三、一般目的与特殊目的之类似及例外。

观葛雷氏之表，可知读法之一般目的及对于各学年之特殊贡献，实甚相类似者也。然其例外亦非无之，即“文学之鉴赏”于四学年以上，其作为一般目的者较诸作为特殊目的者实多。他如“理解之能力”“知识之获得”等目的亦然。反是如“读法之机械的熟练”，在低学年作为特殊目的者，实较诸作一般目的者为多也。

四、各学年所有各目的之重要度

（一）“善良文学之鉴赏”与“理解之能力”通全学年皆为重要之目的。

（二）“知识之获得”于二学年以下，不为重要之目的。而其重要之度，则于三学年大行增加，此为最可注目之事。

（三）“朗读能力之增进”在四学年前渐次重视之，而于高学年亦比较的为重大之注意者，此盖传统的见解之特性也。

（四）“读法之机械的熟练”于高学年而渐减其重要之度，此为可嘉之事，且与“自然的期待”相调和者也。

（五）“研究习惯之增进”及“书籍之使用”颇有轻视之倾向，此为极宜注目之事，盖此等能力于发展其研究学问之习惯上最为重要。故不可不非常重视之也。

五、回答不明确之例。各教师对于前记问题之回答，其明确之度非常有别。如某教师者，其所述至为漠然，据其回答之语，固明示其关于读法教授之特殊问题，无充分之见解也。例如五学年之一教师，其答语如次：

第一问　于小学校读法教授之结果中，所最希望者何欤？

回答　最希望者，为了解印刷物及传达意味于他人也。

第二问　于所担任学年之读法教授，欲得上述之结果，为何等之贡献乎？

回答　不知。

又七学年之一教师，其答语如次：

对于第一问　最希望者，为增进教养、扩充见解。

对于第二问　所贡献者，在于完成上述之结果。

如斯之教师，其考想读法之目的为非常一般者，固已明甚彼等之回答，盖对于生徒毫无特殊问题之明了概念也。

六、明确回答之例。回答不明确之例既如前述，然多数教师之回答皆明确而为特殊者也。兹将七学年教师之回答，示之如次：

对于第一问之回答：

（一）由印刷物而得思想之能力。

（二）读书之速度。

（三）养成使用辞书之习惯。

（四）语汇之增加。

（五）对于新闻报告之兴味。

（六）养成利用图书馆之习惯。

（七）趣味标准之创造。

（八）名文学之鉴赏。

（九）对于读书问题之兴味。

对于第二问之回答：

（一）于默读时施以系统的训练，可发展其运用思想之能力。

（二）于同班以竞争的为默读之练习时，可增进读书之速度。

（三）于不以速度为目的之际，奖励其使用辞书以为课读法之准备，又为默读之练习。

（四）使语言之正确意味适应于文章中之使用，可增加生徒之语汇，又奖励其多用此等之语于口述作文、记述作文焉。

（五）同班之兴味，常起于园艺，或食料经济，或自由公债，或赤十字事务等有兴味之事项，而其兴味益进，至于持新闻而来阅读或揭示黑板焉。

（六）今学期一部之间，同班生徒于每星期中，聚集图书馆一次。而或取阅其欲读之书册，或缴还已读毕者。其一生徒为同班之他生所推举时，则此一生即报告于他生焉。

（七）奖励良好之小说，为可培养儿童对于善良书籍之感情。

（八）选优良之文章，以资生徒之鉴赏时，或教师自读时，或令一生朗诵，或使全班谙记之焉。

（九）读诵如《鸟与蜂》之书籍而发起之兴味，为非常重要者。此种精读之影响所及甚远。而经验亦由是渐次增益其发起之兴味，或作为问题而发表之亦宜，或全班生徒继之而互相论议，又或更为扩张之研究焉。

七、要约

（一）各学年之目的与读法教授之一般目的，实不能显为区别于各学年。对于一般目的中数目之实现，直接有所贡献，固也。然苟欲实现最有价值之结果，则特殊目的中，如所谓读法之机械的熟练、朗读能力之发达，默读速度之增进等，于发达读书能力之某时期亦不可不重视之。印第安讷波利之数多教师皆以一般的结果之语，考想为教授之目的，故以之为当重视者，而于某方面之事，遂不复以为重要矣。

（二）通全学年非常重视“理解”，而读法机械的方面之重视，则以低学年为限，此实可嘉之事也。

（三）于未能读简易文章之一二学年，而重视“文学之鉴赏”及通全学，皆非常重视“朗读”，而不重视“研究习惯之增进”与“书籍使用之训练”，此实可疑之问题也。

（四）教师叙述读法教授问题之梗概及其所认特殊法与读书力进步之关系，其明了之度实种种非一此等。事实盖对于劝告教师于各学年最当重视之点，不可不用教育段阶者施以订正者也。

时间之分配

时间之分配，不论于何种教科，皆为必要。兹将葛雷氏研究之读法教授时间表，揭之于下，以备参考。

一年间之读法教授时间

都市		十五都市之平均	克利乌兰特	印第安讷波利
学年	Ⅰ	二六六	三一七	一六五
	Ⅱ	二三五	三一七	一〇五
	Ⅲ	一八八	二七九	一二〇
	Ⅳ	一五三	一九六	七五
	Ⅴ	一二六	一六一	六〇
	Ⅵ	一一七	一三六	六〇
	Ⅶ	九八	一五二	三六
	Ⅷ	九七	一五二	三六
合计		一二八〇	一七一〇	六五七

朗读与默读

一、朗读与默读分配时间之比例。关于小学校教科最近研究之结果，知凡所谓由某教科而获得之结果者，非唯依其教科之全时间而得，而于其利用时间之方法亦有关系者也。兹拟就印第安讷波利各学年朗读及默读时间之比例而一述之，对于此点欲为详细之调查，特提供次之问题于教师焉。

（一）诸君担任之学年，以读法教授时间之几分，用于朗读之教授乎？

（二）诸君担任之学年，以读法教授时间之几分，用于默读之教授乎？

二、回答之处理。对于此问题之回答，列表以示之，其处理之法如次：

（一）用于朗读与默读之时间与教授读法全时间之比例，凡有次之十二种：

零（此于朗读及默读全然不分时间者）。

1%乃至10%（此分读法全时间1%乃至10%，使从事于朗读及默读者）。以下仿此。

11%乃至20%　21%乃至30%

31%乃至40%　41%乃至50%

51%乃至60%　61%乃至70%

71%乃至80%　81%乃至90%

91%乃至100%

不定（不明了之回答者）。

（二）就各学年分，朗读与默读而考察其学年之教师，百分之若干属于上之十二阶段焉。

三、结果之纷多。试观其如斯编制之表，（表从略）则各教师于朗读及默读所费时间之比例，实非常别异者也。例如于七学年，若干之教师，以其读法教授时间之全部用于默读之教授，又若干之教师以其全部用于朗读之教授，所谓结果之纷多者，即谓教师努力之结果其种类非常纷多耳。

四、对于朗读之概观。试先就朗读之教授而观各学年教师之状态。第一学年之教师，其大部分皆以读法教授时间百分之七乃至百分之九十充于朗读教授，夫于确立读法基础之时期，以教授时间之大部费于朗读教授，诚至当也。于第二、第三、第四诸学年，所费于朗读之时间渐次减少，于第四学年而达于极度，其实际上颇有近于划一之倾向。而于此以上之学年，则有二种之现象：第一，在第八学年达于极度之实际上甚有差别，此事盖暗示读法教授之目的于高学年非如于低学年之明确者；第二，即其费于朗读教授时间之比例，较四学年为尤大是也。若以朗读及默读之价值与各学校及生活各方面之成功关联而考之，则于高学年费数多时间于朗读之教授其适当与否，实一疑问。

五、就于默读之概观。次就默读而观之，于第四学年以前所用于默读之时间，其比例渐次增加，于第四学年而达于极度，实际上颇近于划一。至第五学年以上，有二种著明之倾向：即第一，在第八学年达于极度之实际非常差异；第二，此等学年多数之教师从事于默读教授之时间，较诸第四学年为少是也。然默读一事，于学校内外皆非常重要者。由此见地而考之，则于上级亦不可不重视之耳。

六、要约

（一）在印第安讷波利读法教授时间比较的为仅少，则其增加时间之必要亦属明甚。

（二）各教师费于朗读及默读教授之时间，实际上非常差别

(于第三学年以上为尤)。由此可知，于此等学年读法教授最希望之结果不可不与以明了之定限也。

（三）于低学年随于学年之升进而朗读时间之比例渐次减少，默读时间之比例渐次增加，此倾向于第四学年而达于极度，至第四学年以上颇有渐次愈重视朗读而轻视默读者。然于高学年非常重视朗读之倾向揆诸当重视默读之理由，亦属一疑问也。

(原载《教育杂志》第11卷第8号，1919年)

25. 经济主义之读法教授

太　玄

事逸而功倍，各种社会之所蕲求者也。岂于教育而独不然。如教育上所谓学习经济主义即是。立足于此主义之教育教授，不可谓非最适于今之时势者也。

在读法教授而能实行此主义，必可得非常之良效果。兹略陈鄙人之经验及愚见如下，以乞正当世之大教育家焉。

读法教授与学习训练

教授必当立于训练之上者也。然如此仍不免迂远。自学习经济主义而论，则尚以学习训练为必要焉。即训练为一般的，而学习训练为特殊的也。详言之，学习训练，为施于学习上之特别训练。即为儿童学习态度之教导。盖学习训练，为儿童学习之基本、学习之捷径，而教授之最良准备也。

读法一科，有其独特之目的及任务焉。而欲达其独特之目的、尽其独特之任务，则不可不用独特之方法。所谓独特方法者，即特别之学习训练是也。今本此见地、爰将读法科之学习训练，举其重要者如下：

读法科之学习训练，可分为次之四项。

一、读之训练

二、听之训练

三、话之训练

四、书写之训练

一、读之训练　读法科，以诵读为主要之事项，苟能正确诵读，即谓其已达本科目的之大半可也。盖但使儿童之能诵读，犹止属于教授之方法。唯使为正确之诵读，则属于训练矣。

在读法科，而唯教以各字之读法，固亦能使其成诵，然但能成诵，尚未可谓为毕事。盖又当教以正确之读法也。

吾观儿童之读书，读别字者有之，脱落或误加者有之，节奏不协者有之，模糊不明者有之，凡此种种殆难尽述。此皆学习训练不周至之咎也。然则欲充分训练，其方法次第当如何？今详述如下：

第一，诵读姿势之训练　试观儿童立读之姿势，实种种不一：有高举书册向上而读者，有捧持过低俯下而读者，有耸肩而读者，有侧首而读者，凡此皆未得姿势之正者也。姿势之正否于诵读法之得失有绝大关系，故欲使其为正确之读诵必当先矫正其姿势。盖诵读姿势之训练，实读法教授第一步之训练，而不可不始终努力者也。

第二，静心缓读之训练　大凡儿童一闻教师指名，令其起读，即已不胜其周章惶恐之情。心神既不镇定，姿势自亦不能安详。其意又以迅速读毕为贵。故尤为匆遽狼狈，而错读、脱落、误加等皆由之而起，其心中且又必寻思曰：此课读毕，将更读何书乎？或又将书写何等乎？如是，而其诵读愈不能合法矣。故养成其静以缓读之习惯，实为必要。此项训练，关于正确读诵者，盖甚大也。

第三，朗读法之训练　儿童之读书，大率于其句读段落等，多不分明。句读段落既不能分明，则于文之节奏，自不能合拍，而其诵读之不能谓为十分正确，更何待言。故为之分别句读段落等，令其读诵清朗良为必要。

第四，明了诵读之训练　夫发表之为用，所以示其理解之度者也。在读法而能明了诵读，则所谓读之目的，固已达矣。盖欲其读诵正确，必不可不使明了，而欲其明了，则必须有能读出其文字之力。而赋与此力者，固为教授之任务。然尚须别方面之力焉。其力为何？即用力诵读是也。但所谓用力者，非大声疾呼之谓。盖谓须人力于下腹，各个字皆明了出之耳。

二、听之训练　读法科之时间中，听之作用甚大，教师之语须听，学友之应答须听，他人之读诵亦须听。自己虽未被教师指名起读，而其时必不可随意嬉戏，或与邻席互相耳语。闻他人之诵读，己亦当于心中默读之。此听之训练所以为必要也。

不论何人为教师所指名，皆当作自己被指名之想。一面听他人之读，即一面自己亦与之共读训练。若能至此程度，则读法之成绩必大有可观。

三、话之训练　使儿童正确了解他人之思想感情，为读法科教授之一大目的，而其果能正确理解他人之思想否（即已能十分理会所读之教材否）？则非使其自言，吾人何由而知。且有同等之理解力者，或因其发表之巧拙，其程度遂似有径庭。又发表自己之思想感情者亦然。故话之训练，亦不可不十分注意也。然今日之国语科，于此项训练大率忽之，非亦一大缺陷乎？

以上三项之训练，决非一朝一夕所得而奏效者。故当于初年生即注意而训练之也。

四、书写之训练　儿童之书写文字，不正确者居多，或为同音之误，或为偏旁之误。欲使其十分正确，固不可不有待于教授。然儿童正确记忆，正确书写之习惯，实当及早养成。世之年事已长而犹常书别字者往往而有，此皆自幼不养成此习惯故也。而欲施充分之训练，唯有使其对于文字之注意及观察十分致密而已。正确之训练，若既奏效，更当使其为敏捷而工巧之练习。昔人恒言拙速而巧迟，实则巧拙非必为迟速所限定也。

教师设能注意于以上之训练而行读法教授，则与寻常之教授，必大异其趣。而能收得合于学习经济主义之效果，可无疑也。

检阅式之读法教授

余前不言诵读为读法教授最重要之任务，苟能使儿童正确读诵、即已达教授目的之大半乎。虽然，读法教授此外亦尚有别项之作业，非以诵读为毕事也。在普通之教授，大率不计全部儿童悉皆能诵与否，而即移于他种之作业，用是劣等儿童，往往有永不能成诵者。如此，则读法教授之任务，岂得谓为已尽。盖诵读为读法教授之主要作业，不先完毕此作业，安可移于他种作业乎？夫然，则全部儿童果能成诵与否，必不可不切实检阅之矣。兹所谓检阅式读法教授者，即由此见地而出。苟全级中有一不能成诵之儿童，即不得进行别项之授业，乃此法之要旨也。

方法

（A）分团之编制

学级之儿童，当酌量编制数分团，以六人为一组，最为适宜。此可依教室之便宜及儿童人数，而适宜分配之。又须将优、中、劣三等儿童均匀分配，而以优等儿二名为正副团长焉。

（B）席次

（C）教授

（甲）教师范读。

（乙）使各组长诵读而检阅之。

（丙）各组长检阅副组长之读法。

（丁）各组由两组长检阅其邻席二名之读法。

（劣等生最后检阅）

（戊）检阅既毕之儿童，于自修本上练习书写。

（己）教师此际，处特别席对于劣等儿数名（更迭）为特别之指导。

（庚）全部检阅毕，则移于次之作业。

（辛）全课教授后，以同法检阅全课之读法。检阅毕者，于次表中著一圈以志之。

<table>
<tr><td></td><td></td><td></td><td></td><td></td><td></td><td rowspan="10">读法检阅表</td></tr>
<tr><td></td><td></td><td></td><td></td><td></td><td>8</td></tr>
<tr><td></td><td></td><td></td><td></td><td>○</td><td>7</td></tr>
<tr><td></td><td></td><td>○</td><td></td><td>○</td><td>6</td></tr>
<tr><td></td><td></td><td>○</td><td>○</td><td>○</td><td>5</td></tr>
<tr><td></td><td></td><td>○</td><td>○</td><td>○</td><td>4</td></tr>
<tr><td></td><td></td><td>○</td><td>○</td><td>○</td><td>3</td></tr>
<tr><td></td><td></td><td>○</td><td>○</td><td>○</td><td>2</td></tr>
<tr><td></td><td></td><td>○</td><td>○</td><td>○</td><td>1</td></tr>
<tr><td></td><td></td><td></td><td></td><td></td><td>姓名</td></tr>
</table>

实行此法，则全部儿童之诵读力，不一时即完全检阅矣。其能契合于学习经济之旨，余所深信不疑者也。

读法教授与空闲时刻之处置

教授时间中，常不乏空闲之时刻。利用此时刻之法，亦于学习经济上极宜注意者也。故若以其时间仅少而等闲视之，则大背经济主义矣。读法教授中空时之处置法，固当依空时之长短及教材之如何而定。然善行临机之处置法，亦为所必要。兹列举之如次。

一、形式之应用

（甲）用熟语（数语相连而为一语之意义者曰熟语）而构成短句短文。

（乙）嵌字填句。

（丙）误字之订正。

（丁）文体之改作。

（戊）类字之搜集。

（己）同偏旁字之搜集。

（庚）听及书写之练习。

二、日用文

（甲）商店招牌字之读法写法。

（乙）社会人事上文字之读法写法。

三、其他

（甲）文章之暗记。

（乙）文字之解剖。

（原载《教育杂志》第12卷第7号，1920年）

26. 最近读法教授之进步

太　玄

一、读法教授之目的

读法教授之目的，不可单以养成正确之理解力为满足，而尤在养成文学趣味与陶冶国民性情也。夫文学趣味之养成与国民性情之陶冶，于国语教育之四分科，固无一不与相关。而最能达此目的者，实惟读法（即讲读）。吾人熟诵国民的教材及道德的教材，自能养成高尚之人格，陶冶忠爱之精神。又玩味文学的教材时，一种清新高洁之情操，亦得培养于不知不识之间。故养成文学趣味、陶冶国民性情，不可不视为读法教授之重要目的也。欧美最近之读法教授，皆以欲贯彻此目的，故而不惜极大之努力。如美国者，尤为显著。美国于大战之前，本已遘国语教育革新之机运，及经此次战争，更痛感其必要。盖美国异族杂居，国民思想颇难统一，因是国际行动，动辄为所牵率，而有不能圆活进行之憾。此所以其战后经营、汲汲建立同化各异民族之法案。即对于国内各异民族之子弟，强迫使其学习与小学第三学年同程度之英语。又以欲统一国内之思想，养成忠爱之精神，故而力唱置重美国文学之必要焉。

由此以观，则欲养成国民性情、统一一国思想，自非致力于国语教育不可。而国语教育之中，更不可不以读法为中心。若读法教授而不能彻底，则上述之重大目的，决无能贯彻之理。现在我国小学校之读法教授，其不能彻底，无可讳言。故今后欲期发达文学趣味、陶冶国民性情，则改良读法教授，实为最大急务矣。

二、国语读本教材之选择

读法教授，既有上述之重要目的，故于教材之选择，自宜十分注意。我国现时读本之教材，属于实科的者甚多。此盖犹拘拘于旧习惯，以为社会生活上必要之知识，皆当于国语读本中教授之也。欧洲在十九世纪之始，以知识教材为中心之读本，亦颇风行于世。厥后世运渐进，始知依此读本而欲达国语教育之目的，实戛戛乎其难。于是迭加改革，而成今日所行之文学读本焉。

文学读本既为一般所采用，而有趣味之教材，尤为学子所喜读。于是教材选择之方针，遂为之一变。兹将战前德国小学读本教材选择之标准略述如下：

（一）国语教授，于一方当为实科教授。实科教授于一方亦当为国语教授。此德国一般之舆论也。夫国语教授之目的，固在养成自由正确发表其思想及正确理解一般文学之能力。而德智之启发与品性之陶冶，亦为其重要之目的。然从来之教法，殊不足以肩此重任。故对于现代之新要求，当以直观教授为主要手段而进行。然则读本之教材亦一变从来之旧法，固其当然从自然科学及历史地理诸方面，多量采取教材最为必要。以此见地，故近来德国之小学读本，实科之教材颇多。如关于乡土者、关于祖国历史者、关于世界历史者、关于地理者、关于交通机关者、关于自然现象者、关于动植物及矿物者等，皆采择甚多也。

（二）小学校国语教授所用教材，当多采儿童于日常生活上可得见闻之事项，此亦一般之舆论也。盖以此种教材教授既易又能诱发儿童之兴味，故其效果颇为彰著。反是若用不常闻见及抽象者为教材，则儿童艰于索解，徒增烦闷，其结果一无所益。以此见地，故近时之国语读本，多采用儿童常得观察之资料。其题目有若“两亲之家”、若“我等之家庭”、若“都市与村落”、若“市街”，其中配列种种有兴味之教材。此外又有关于乡土及历史者、关于地理天文者，关于自然现象及动植物者及关于神话与传说者，种种方面靡不搜集。故德国之小学读本，比诸我国迥不相类。而唯道德的教材，非常仅少。然于教授神话传说等之际，教师相机说法，常由种种方面以培育儿童之道德心焉。

又本于上述之见地凡儿童所最喜之传说及童话、笑话、逸话等，亦皆取为教材。德国之国语读本中，诗歌极多，甚至有诗歌与散文各居其半者。此固关系于彼国民固有之性情，然于品性之陶冶、趣味之涵养上，实含有深远之意味者也。

以上云云，专为德国小学读本教材选择之标准。然不宁唯德，即英法美等亦复大同小异。德国小学读本中之实科教材，虽似授与知识，实则纯以养成文学趣味为目的。故其教材不唯为记事的说明的，而又为文学化者也。凡非文学化之实科教材，殆全不采用。此为远胜于我国国语读本之点。我国之国语读本中，非文学化的之实科教材，触目皆是。例如“稻”与“麦”“动物与植物”“气象与天气预报”等之教材，皆全然非文学化者也。又如高小读本所采择之“道路”“租屋契约”“商标”“行政系统”“信教自由”“政党”等教材更全无文学的要素矣。如斯之教材，欲其引起儿童之兴味，不啻缘木求鱼。此所以教授之效绩，终不可得而见也。然则鉴于欧美最近之趋势，而于教材选择上施以彻底之改良，非今日之最大急务哉？

国语读本当改良者，不唯教材，即插画一项，亦不可不加以新颖之考案，而一变旧时之趣向也。盖让读本中插画之价值，非仅为直观的说明之助，而从涵养趣味上观之，亦甚为重要！况近者情操教育盛行，鼓吹，故对于插画之改良，在欧美教育家已非常注意。试观近时，德国之读本，开卷印有彩色插画，焜耀人目。而其绘画又且多用粗笔法。盖一方欲以刺激儿童之兴味，一方又欲供儿童之摹写也。我国近时读本之插画，比于往时固不可谓一无进步，但其构图之设计殊觉未臻完美。构图法既不得宜，则插画之价值自亦随之大逊。此所最当审慎注意者也。又今之普通见解，恒以为读本中之插画不过专供直观物之代用，故于易得实物之品。每谓无插画之必要，而不知于刺激兴味上，实大有效用在焉。以是之故，即属容易提示实物者，若能多附以彩色鲜明构图新颖之插画，于教授上必能得相当之良绩而无疑。然则改良插画之举，亦卷得谓无关重要者哉。

又儿童之趣味，发于静的事物者少，而起于动的事物者多。故不论于读本教材或缀法教材大率皆好动的之事物。比如“拟战”“掷雪战”“滑冰”“海水浴”等之缀法教材，儿童必莫不欢迎。又如读本中“朝日”“松”“柳上之燕”“竹上之雀”等，亦远不若叙旅行或救火等事之动的教材，更能合于儿童之趣味。绘画亦然。如静的之庭园画景，儿童对之决不能启发何等之兴味。故为动的绘画之考案亦属必要。我国关于儿童趣味之研究，至极幼稚，此为今后亟宜注意之事。如儿童入学之初，其趣味若何，及在学一年，有如何之发达变化，务宜详加研究，而为适应之处置。此种研究，苟能十分彻底，则教材之选择与插画之设计，即得有所准则，而真之教育，亦得而施行矣！我国之教育家乎，于此根本的任务其毋忽诸。

三、国语读本之种类

如上所述，读本教材既当由儿童日常生活之范围而采择，则国语读本必当有数多之种类明矣。试观现今欧美之国语读本，其种类非至极烦多者乎。盖国语教育第一必当置重于地方的色彩。吾人单就此项关系而论，则各种类之读本已为必要。都市用者与乡村用者，其各各别异，姑置勿论。即同属都市用者亦宜彼此各异其编纂之法。村落用者亦然。德国随地而异之国语读本不可更仆数。此自教材选择之标准观之，固应尔也。读本教材，既必由儿童之经验范围而选择，则以各地方所有直观的教材为中心之教科书。其为必要尚待言乎！即如同属都市而柏灵与汉堡、巴黎与里昂、伦敦与曼的斯大，其居民所见闻之事事物物，实大相悬殊，名胜古迹与人文生活，其间亦各有特异之点，故于以乡土为中心而行国语教授时，自然各都市当有各都市适用之教科书矣。德国于欧洲各国中，为最注重乡土教材者，故都市用及乡村用之国语读本，独为丰富也。

又除含带地方色彩之读本以外，尚有本于种种主义而编辑之读本焉。盖于国语教授法非常进步时，斯有由各方面发生种种之主义，而种种特色之国语读本，遂即由是而产生。欧美之国语读本，无一非本于国语教授上之主义而编纂者。而考其所以从事编纂之故，有因久任小学国语教授经验丰富，特发表其意见，以就正于教育界者；亦有其意见已为教育界所承认，而极擅势力遂本其主义而编纂读本者，故其编纂之人必为于小学国语教授上富有经验之视学或校长。若夫中学及大学教授决不从事于编纂。纵或编纂亦绝无势力而不能邀他人之一盼，盖全置重于经验也。不唯如是。凡已列行之国语读本，更必逐年加以订正。同一之读本，决无使用至数年之久者。此在德国遂因之而发生问题。即其国语读本岁有变更，兄所用者不能复用于弟，又以疾病或事故而留级之时，其旧读本已归于无用，不得不更购新者，为父兄者莫不苦之。教育部有鉴于此，而特训示于小学校长会议，令其毋得轻加变更。然校长方面以为我曹所苦心努力者，唯期教授上能得良绩而已。苟有新出之读本，略视现行读本为胜者，必当舍旧而图新，以冀收较优之成绩。至于父兄等之要求，似无顾虑之必要云。彼父兄等之苦痛，诚属实情，而校长之主张，亦有巩固之根据，未易夺也。要之，随于国语教授法之进步，于种种主义之下，出现各种特色之教科书。自图谋国语教育之进步上观之，实当然之事也。

四、国语读本编纂之体裁

国语读本，凡有各各之种类，已如上述更就其编纂之体裁而观，亦可分之为三种。若举其名，即：

一、杂辑读本（Miscellaneous Reader）；

二、类辑读本（ Connected Reader ）；

三、连续读本（Continuous Reader）。

杂辑读本，乃集断片的教材而成。我国之国语读本属之。类辑读本，于其辑集断片的教材之点，与杂辑读本同。惟或有顺春夏秋冬之四季以为分类，或设种种题目（例如关于神话者、关于传说者、关于祖国及乡土者等），而于各题之下辑集断片小章之教材。德国之小学读本属之。连续读本，乃以首尾完全之材料编辑为教科用者。如《伊索寓言》之类。若我国之廿一史约钞等，亦其一例也。然此三种读本，果如何采用为最适宜乎？此亦应有之问题也。依英国教育家对此问题之意见，则于初学年级（即包有七岁至九岁之学级），为避免材料单一及授与各种语汇起见，以先用杂辑读本为宜。进至中级（即包有九岁至十一岁之学级），则当并用上列之三种读本，而大体则以类辑读本为主。若于上级（即十一岁至十四岁之学级），自宜用连续读本。惟以优良文学为教材而编纂之类辑读本用之亦颇为有益也。

以上为英国教育家之意见。而于德国，则杂辑读本虽下级亦全不采用。一般所用者，唯类辑读本耳，至于上级，类皆以连续读本为教授。然上级所以重连续读本者，果何故欤？试略言之：

大凡辑集断片的教材之读本，于前述避免材料单一及多授语汇之事，固有极大利益。第自一方观之，如此断片的教材，欲由是而玩味文学之美，以发达其文学的趣味，其事良难。而国语教育上，则此发达文学的趣味之事，实最为必要者。盖必发达文学趣味，而后旺盛之读书欲，始可得而养成之也。诚能于学校时代，养成旺盛之读书欲，则他日置身社会亦必能继续读书，而常有清新之活动力。苟不尔者，其知识必不能与时代相适应，欲无见摈于新社会得乎？故学校之中不可不以养成儿童之读书欲为第一目的。然此重大之目的，欲借杂辑读本而贯彻之，岂可得哉？

又强固确实之读书力，亦非专读断片的教材所可奏效。故欲养成旺盛之读书欲，并十分发达其读书力，则舍采用连续读本外，其道无由。类辑读本比之杂辑读本不可不谓为较善。然与连续读本尚不可同日而论。盖杂辑读本学童纵或嗜读决无至寝食俱忘之程度者。若夫连续读本则往往有寝馈其中而不自知。故不唯读书欲可以旺盛，即读书力亦能十分发达，而文学的趣味不禁津津然发生矣。以此关系，故英国之小学校从低学年，即课连续读本者颇属不少。然我国之小学校尚依然拘守旧制，此则亟宜改良者也。

更以读本之分量而论，则欧美之读本比之我国约七八倍，而所需教授之时间反少于我国。此固有言语文字及文学上之关系，要亦教授上非常努力之故也。然于我国所授教材止有其七八分之一，而尚且为不彻底之状态，良可叹已。故今后不论国民高小学校之教科书，要皆以增加分量为必要也。

又国语读本编纂之体裁上，尚有一问题焉。即以学年为分别于每学年配置一定之分量为善乎？或区别儿童之学力程度，顺应之而裁定其分量为善乎？我国之国语读本，系取学年别之组织，高小国民皆每学年配置两册。然欧美取学年别之组织者，大率皆每学年一册。而依儿童之学力程度分为三阶级，每级配置一册者，亦复有之。德国所行之制，乃分小学八年为上中下三级，其分法虽因地略殊，而大致皆以第一年至第三年为下级，第四第五两年为中级，第六年至第八年为上级也。此盖以儿童知育与趣味之发达为标准而分类者。其教材及分量程度，即准之而安排。对于各级各配置一册如此之组织，法国亦大致采用。英国向多采用学年别之制，而近年亦并取下级中级上级之组织。但彼于读本之配置，则不以每级一册为限。乃编纂数多同程度之本，各册皆连续而下。学童能读若干册，即尽使读之。此虽亦是一法，然似不若每学年二册之组织为善。此等之体裁亦不可不一加研究者也。

今最后尚当一言者，即副读本是也。此种读本近时西洋颇视为重要。其中亦有种种之理由焉。第一，自教材上观之，读本皆以文学教材为中心而编纂，故其以外之教材，不得不别用副读本以处置之。欲学童收得日常生活必要之知识，若使唯读正读本，必不能达此目的。此兼读包括各种教材之副读本之所以为必要也。若理科、若历史、若地理，种种教材副读本中靡不备具。学童泛读一过则所获之利益，殆莫大于是矣。第二，自分量上观之，则正读本皆为一定之分量所限制。故于日常生活上知识之收得，文学的趣味之养成，于此悉有所不足。若欲发达其文学趣味时，唯有使其多读此种教材之一法，则对此目的，副读本亦为必要者也。第三，自教法上观之，精读之外，更助以泛读，则于增进读书力之上，实至有效力。故国语教授上适宜配置精读与范读之教材，最为重要。然若只用正读本而欲为适宜之，配置其事良难。是又非利用副读本不可也。综合以上三点而观，则副读本皆为必要，故今后于其利用之方法，必不可不注意研究之也。西洋各国中，于副读本之利用上为组织的研究者，当首推德国以此目的，而编纂之少年文学，刊布流行者，非常丰富。此种文学的读物，皆由校中假与儿童每星期一册，使于家庭玩读之。因是而德国之小学儿童每学年所读此种读物不下三十七八册。比诸我国之小学儿童，其读书之分量，多寡悬殊，为何如也。要之，读书力之发达与读书欲之增进，苟非读法教授之彻底，决不能得之。故于一方改良教授之方法，又于一方涵养学童之读书趣味，实为必要。然我国于利用副读本之事，尚未有研究及之者，非国语教育上之一大缺陷乎？

五、读法教授之方法

对于读法教授而论形式主义与内容主义之得失，及精读法与泛读法之配置者，亦颇不乏其人。然此等问题非可简单论定，亦非排甲而取乙者也。盖或重内容，或重形式，或主精读，或主泛读，皆为极端之意见。在昔形式万能之时代，读法教授唯以语句之讲解及故事之诠释为主，以为如是而教授之能事毕矣。然近年以来又发起反动，而有过重内容蔑视形式之倾向。此二者皆过也。盖无论如何之教材，形式与内容皆非可相离者。若但顾其一方面，不问其为形式主义与内容主义，厥失惟均。唯教材中，宜稍称注重形式之处理，而不必十分深究内容者，固非绝无其与此适相反对者，亦复恒有。故其方针，当随教材之性质而定，非可规定一原则，施于一切之教材也。精读法与泛读法之配置亦然。精读有益乎？抑泛读有益乎？亦必深究教材之性质，而始能判决。故欲于读法教授而定教材处理之态度，必不可不先研究教材之性质。若不尔者，而欲期教授之彻底，吾知其难矣。

又昔者于教授之阶段，亦会有视为重要问题而龂龂辩论之者。如海尔巴脱之五段教授法，在昔颇擅绝大之势力，近来则已不甚重视之矣。夫拘束于教授上之阶段，诚属有害，然以此而辄视为全然无益，则亦未得焉。当自教授之方法而观阶段之区分，若应用至某程度要非全无效者。但亦非不论何种教材，皆必须设置同程度之段阶耳。若正式地设置，则：第一，当为预备教材之中，多有须略略说明其背景者，此于历史教材屡屡见之。又遇有难解之语句及故事等，亦有附以说明之必要，但此非谓不论对于何教材皆有然也。第二，为读法。此有机械的读法、论理的读法、审美的读法之三种。而三种中又各有个读、齐读、范读焉。第三，为难解的语句及故事之解释。此为读法教授上最要部分。我国于语句之解释，多用分解法与换言法。用此方法欲使儿童透彻了解语句之真意，其事甚难。我国读法教授之甚不彻底，亦以此故。今后当即避去分解法与换言法，而改用直观法与例话法也。第四段，皆为要旨之概括及比较批评与演讲等。然此所云，要旨之概括决非易事。盖概括要以不拘囚于原文为胜。若将三页之教材缩约为一页半，而理路井然者，此犹为下手。在未睹原文而傍听者，往往不能十分明了其意味。故此概括之术，必须为相当之练习，而我国于此术之练习率多忽焉，实一缺陷也。又与他种教材比较而批评之，亦为图其彻底之一助。即如道德的教材，若切合现在之时势而立论，或说其随于时代之变迁，或述其依于国情而变异之处，则必能使学童彻底了解其真意。我国从来对于此事全不注意，亦教授不能彻底之一因也。所谓演讲者，即将全课之教材译以语言而发表之也。然能不囿于原文自由的口译者，殊不多见。大率皆为原文所拘束而不合发表之体裁，致使未睹原文之人，不能一聆其演讲而即晓了其意味。故今者于口语法上及论理的发表上，整理而条贯之，最为必要。如是而其演讲者，庶可无支离灭裂之患。学童于各段语句之解释说明，当能得所统一。又于普通文与口语文之关系亦可十分了解矣。第五之阶段，即应用是也。此乃以第四阶段所习得之事项而应用之者。其应用凡有二种：一为口述，一为记述。口述之应用为话法练习，记述之应用即为作文。欧美中学校之作文大抵皆从既习之读法教材而选定题目。此自作文方面观之，颇为便利，即自其教授事项之整理上而论，亦良法也。

以上所述之教授阶段，为精读、重要教材时所必要，而于泛读某种教材之际，则不必尔也。其中有但为语句之解释即已充分者，亦有必须附加第四段之处理者，而此等之安排，皆由于深究教材性质之结果也。国民的教材与道德的教材，乃于国语教育上有重大任务者，故有使其精细玩读之必要。若夫文学的教材，但使其泛读之而感得其妙味即可，故于内容之深究更非必要。要之，对于教材而规定当依何等阶段而处理之，于教授上实至为重要。然此点之注意，一般皆付诸等闲。此对于欧美之教育实际家，非常有惭色者也。欧美之教育实际家，必先深究教材之性质，当置重形式乎，或当置重内容乎，又当使其细读乎，或泛读乎，十分决定之后，始登教坛而从事教授焉。大凡一种教材必有一个中心点，故不可不确实把捉之。至于实际教授时之态度，亦极宜注意。例如欲使学童感奋兴起于伟人烈士忠义之精神，教师亦当以激昂诚恳之态度而出之。若唯以诠释字句为毕其能事，则儿童岂能有所感动乎？又教授文学的教材欲儿童领略文章之妙味时，教师必先自行领略之而后可。教师若不能有会于心，而欲独使儿童领会有是理乎？故教师临于教坛，苟非有周到之用意，热烈之态度，伟大之努力，必不能尽其重大之任务也。在于此点，我小学校之实际家盍速反省而图改良教法乎！

（原载《教育杂志》第13卷第2号，1921年）

27. 读法教授的各问题

慈　心

读法本是国语教育四个分科之一。然别的三个分科，就是作文、习字、谈话上面的事情，亦有若干是当然含在读法教授当中的。从这关系上说来，这读法岂不是完全备具国语上四方面的吗？所以我们常说读法教授，一定要为圆满的国语教授而后可。不过比到全部的国语教授，局面缩小一点罢了。本篇所发表的，就是我们于实际教授上认为最主要的问题，还要请大家共同研究一下子。

一　直观教授与初步的国语教授

大家都晓得德国是把直观教授的名称，加入国语科当中，用来考查初步（一二三年程度）读法教授的内容的。然亦有人说：直观教授，实是一切教科的基础教授；若单把他加入国语科当中，似乎有些不妥。我现在提出这个问题的理由，并不是完全和德国的主义一样；不过要在国语的内容教授，格外注重些罢了。

把国语一科看做是形式的教科，这是普通人的谬见。文字是音声的符号，而音声又本是内容的符号；所以教授文字的人，总要确实了解那表示文字的内容和他内容的符号，两者坚相结合：这是教授上第一步的任务，是不可忘掉的。譬如要教授“莲”字，在教授的前头，须使儿童观察莲花发生的情形：像那莲叶形状及下雨时候的样子，如何从蕾开放出来，如何结成莲子，把这些事项一一地和儿童问答，将他过去的经验，尽行唤起，而后授以字音的读法，这就是初步最适切的教授。若不依这样教授的次序，开始便急忙把文字提了出来，把那观察和问答的事情，丢在脑后，这是我国教授上第一个缺点。实际教育家快快注意去改良啊！

二　读法教授的材料

以国语看做形式教科的第二误解，就是：只注意于文字的教授，而把那维持传达精神生活的重要目的，完全丢在脑后，这也是我国教师通有的弊病。

欧美的读本教材，以前经过宗教期、道德的谈话期、实科的材料期、形式的言语的材料期；如今是在文学材料的期内了。以使国民了解国民的文学精神，为读本的最大任务；以使国民理解古来文豪诗圣的思想感情和那伟人杰士的意志精神，为读法教授极重要的目的。欧美诸国，别无所谓修身科；他的国语读法，就连修身科的目的，一并包括在内；所以国语教师的任务，是非常重大的。然在我国，做国语教师的人，绝不想到儿童要受教师精神感化的一层，以为只要讲解明白，就是尽了教师的能事；岂不可叹！德国的希尔翟布仑特氏，曾大声疾呼，要在德国的国语教授上别开一生面的意气；我们做国语教师的人，只要得着他丝毫的气味，则我国的国语教授，一定就能焕然改观了。

三　分节法

讲授读本当中的一课，还是把全课分做几节读好呢？还是不分开好呢？这亦是应该研究的问题。近来参观数多学校的国语教授，他的读法很有可怪异的：就是他不论何等长的文章，明明是可分做几节诵读，他偏不分节。今天亦是全课通读，明天亦是全课通读，他以为这是本于自学主义的新教授法，我却真莫名其妙。我以为若真正研究读法教授，必须先要细细地调查教材，判决这一课的文字，是不可以分节的吗？还是可以先分做数节玩读，而后更使通览全篇的吗？然还要晓得如此的处置，并不是我们的硬做，实在是教材的本质，当然要用这两种方法中哪一种的。譬如今有一篇韵文，情调悠然，结构天成，是浑然一片不可以分割的；那自然除掉全课通读没有别的读法。反之，若是一篇登山的记文，它里面就有出发以前的准备，从山麓到山巅中间的过程，绝顶的壮观，归途当中的情形，全体的感想等，种种段落；我们为分节的教授，是可以毫不妨碍文章上面的筋节，充分达到教授目的。总之，不论是新教授法或旧教授法，若不能使儿童真正理解，就决不是有效用的教授。现在那些浮慕新教授法的教员，我深期望他在这上面，赶快用点反省的工夫。

四　朗读法

读法的本分，就是从诵读而了解它的意味。所谓“读”者，有研寻意味的豫读，有练习的论理的读法，有最后的审美的读法；而在这朗读上，至少须研究论理的读法与审美的读法。论理的读法，是要使理解十分正确，而反复诵读的审美的读法，是既已十分理解意味，更玩读而自寻娱乐，又使他人快乐的。这朗读法的原理，我现在亦没有工夫细细地解剖说明它，只把实际教授上现在要研究的地方说他一说：

第一，是研求文章的句读与朗读的句读的关系。朗读时若是过分拘泥语法上的句读，在一一句读地方，都要略略停顿一息，听的人就觉得非常不自然。不但不感他的快乐，反觉得心上要不畅快起来，所以这事是要好好研究一番的。

第二，是音声的研究。现在各校的朗读，往往任意地竭力尽气，放声高读，以致面红颈赤，且有充血过甚泪水横流的。这样的读法，不但是枉费气力，而且令人讨厌；所以亦是要研究改良的。

第三，是姿势的研究。学童朗读的时候，往往故意做出严整矜持的样子。又或学那军人的气概，昂身挺腹，成功向后反张的态度。这样的情形，大概各校都有。这不单妨碍胸廓的自由（即发声的自由），而且两手直伸于前方，读本与眼的距离非常遥远。如此之甚的，虽是例外。然姿势踽踳不能自由自在，实属普通。我们视力的距离，以一尺二寸的光景为最适宜；所以两手伸在前面，要有适度的弯曲；又上体取比较的闲适自由的位置，是最必要的条件。

第四，统一字音的研究。我国幅员辽阔，语音庞杂，所以各地方学校里面，读书的字音，亦参差不一。就在一县当中的各小学校，读音亦有城音乡音的别，这是因为教师有居城和居乡不同的缘故。现在我国方有统一字音口语的运动，所以各学校教师，一定要注意标准语的朗读法，把参差不一的字音，次第地矫正过来才好。

五　读本要多读

近时读法教授上有一种弊病：就是教师喜与儿童作撩空的问答，不使他多读读本，往往只读一两遍，就使他掩卷，和他问答起来。或问道："你们对于这课书上，有什么感想吗?"或说道："你们试把这课里面的要点，说给我听听!"这样的问答，对那单单死读不求甚解的儿童，或者亦有些用处，但才读一两遍的时候，意味本来还没十分了解；这样的问答，岂不是枉费时间吗?在教师的意思，固是要靠这问答，发起儿童玩索读本内容的。然依我的见解，要使儿童玩索内容，再没有比使他多读的好了。因为再三诵读以后，明白文字上前后的关系，就可以渐渐地理解他的意味，兴会亦就津津地发生起来。如今儿童多写别字，也就是少读的缘故。读本当中所用的字，多是日常生活上常用的，苟使儿童把读本读到透熟，在日常应用上，已差不多可以够了，万万不会别字连篇。然照现在的教法，每课书只读两三遍，于书中的要点大旨，尚毫无所见，就要和他问答起来；并且连书中的生字，亦没有晓得如何写法，这样的读法教授，试问能够得到什么的效果？

六　养成读书的趣味

儿童常在学校里学习体操，自然就感得运动的趣味；到了年纪长大的时候，仍旧是喜欢运动的。读书亦是如此。儿童若在学校里面，受了充分的国语的素养，那就一定对于读书是很有趣味的。然而现在图书馆的设立已是日盛一日。以理而论：有这许多学校的学生，馆里是应该常常的应接不暇了。但据我们调查起来，各地方的图书馆，门外可罗雀的，很是不少。这是什么缘故呢？我以为这事的主要原因，全在小学校的国语教授，因为指导学生读书，是国语教师的责任。譬如讲到某某名人的事迹，就可以指导学生道：图书馆有这名人的传记，或有这名人自己的著作，你们可以去看。讲到关于历史地理及政治上的事情，亦可以指点他们，说：图书馆有什么书籍，可以参考。如此，则学生放课后或休假日，自然都要赶到图书馆里面去，各人检阅各人需要的书籍，儿童常与读书为缘，对于学校里面的读法教授，亦必定兴会淋漓，趣味浓深，这是一定的道理。然而养成儿童这样的兴味，全是国语教师的任务，亦全靠国语教师的手段。所以做国语教师的人，对于这一点，一定要有充分的自觉，切不可以为只把课书讲解明白就算完事啊！

以上六项，于读法教授的问题，固犹未尽。这不过是我把一时间所想到的事项，拉杂地写写出来，请各位实际教育家，共同地研究研究。想来亦总能有点益处。

（原载《教育杂志》第13卷第2号，1921年）

28. 主情意的读法教学的原理

无　我

一

今若求读法教学的原理于现在教育思潮，更根本的求诸一般的现代思潮上面，我们是定要取主情意的立场的。因为欲表明现代思潮（哲学倾向的）的特征，实以主情意的主义为最妥。理想论和经验论在这一点是共同的。所说“主情意”的一语，似不若主意乃至主情的明了；意是什么呢？情是什么呢？依我们的考察，可以说意就差不多是情。这个问题，是属于意识的研究，或者是心理学家哲学家等不能解决的一个大谜，亦未可知。我们现在对此问题，在时间上篇幅上，都没有详述的余地；而且亦没有严密研究的必要。如今大略地说说：做人格活动的根源的意志，都与感情相随伴；而做读书活动的根柢的意志（所谓读书欲），亦是与喜读书的感情相随伴的。我们在这感情的显现，唤做兴味或趣味。读书趣味与读书欲，在意识的具体的实在，是不可分离的。所谓读书兴味的涌现，就是读书欲增高的意味；在概念上说是二元亦可；而在具体的吾人的经验，却是一元，而且意亦没有，情亦没有，只有一我而已。这所说只有一我，若一经反省，亦只有难于言语形容的纯粹不二境界了。

从上面所述二元的分析，来考察我人对于读书的欲求两方面，可以晓得读书意志是进行于无限的彼方的；读书兴味（情）是使读书感满足的。不过意志只在意志上求进展之道，兴味是因于感得满足而益增。但这是概念的分解读书欲求（情意）的说法，若是总看起来：那向着无限的彼方进行的力量和那自我满足的感觉，实相随伴。即吾人读书生活的根柢，不分意志的无限欲求与兴味的不绝满足。所谓主情意的读法教学，他的原理就是这个（此处所说的读书意志及兴味，以下避烦单用读书欲或欲求之语为代表）。

二

无论读法教学取主情意的立场与否，而将学习的根柢归到读书欲的上面，实是当然的。因为必有要读书的欲求，而后读的活动方才开始。然此所说的根柢，并不是单指开始或出发而言。它既是始，亦即是终；既是出发，亦即是目标。详细点说：不单是教学方法的根据，亦即是他目的上的中心。这个原理，就是哲学的“当为”的说明。拿脱尔泊的教育学原理上，说得很是明白。“当为”是出发点，亦即是到达点（此点在无限的彼方，故称为目标较为适当，宁不过观念上之点而已），亦即是理想。以前虽未尝说及“当为”，而读书情意发动的根柢（现在以读书欲代表），确是“当为”，这是我们所深信的。

就“当为”的哲学而研究的时候，我本来不感有加以第二义第三义说明的必要，但现今亦颇想略略为具体的例证的说明。因为对于读法演绎一般原理，本是此文研究的目的。现在所说的读书欲，要即是从出发点使儿童向着读法学习进行之力，亦即是不灭的势力，有使彼进于到达点的可能性。势力的消减，就是学习的死灭；因为到学习的终局，就没有势力的缘故。从一般的根本的考察，势力是不减的，是通他一生而动作的。诸学者所说的成长力及统一的发展力等，就是他的变相了。若专就一个教材考察起来，一个教材读完，他对那一个教材所现的欲求（所谓势力就是），亦就立即消灭；然此不过他自己的满足告一段落，势力何曾消灭。这“势力观”与教材的关系，若分做潜在与显在去考察，我想就极容易理解了。对于教材特殊的欲求，可看做是特殊的显现，即一个教材的学习，亦依然以势力为根柢，在原理上是同一的。从出发点动作的力，他的动作，直到最后尚不歇绝；而此最后，是在无限的彼方，故若说注目于到达点，就是说持带“进行到无限彼方的势力”而行，即与所谓读书欲求的持续，是一样的。而这读书欲求，还不单是持续，并且要更加昂进。这样说来，我们加入所谓势力的科学的概念，或为一时的便宜，亦未可知。因为势力的不灭，同时有不变的意味，而意识则能自己生产，即有增殖扩充的可能性。故吾人读书的情意，非一成不变，而是常常扩充昂进的。照这样考想，似乎与不变的概念颇相矛盾；然说“当为”为普遍的，仍是不变，把扩充与昂进的自体看做是“当为”，则扩充与昂进，固是不变的状态，就是本来的面目。要之，势力的持续发展（即读书欲求的连续进展），为读法教学的出发点，不但是持续力，实是最高目标中心的目的。

三

今试更就反对我的立场的具体的现象考察一下，而后自己的主张，才能十分显明。所谓没有动机的学习及教授，是果然可以行得的吗？今且不论。姑假定他教授是能十分进行的，然苦心惨淡的教案，全然不与儿童心的生活相触接，儿童亦以欠伸私语懒怠等为酬答；这样偏知的教授，他所用的教材，都是不能诱发读书欲的；教师只为论理的分解的教授，文字语句的教授，学生只为无意味的单调的反复练习，所以读书的兴味，全不发生。若引用前面所说的语句，那就到达所谓“势力消减”的不可思议的现象了。爱伦凯曾说句冷嘲的话道：“现在学校的教师，手腕真是可以，他竟能超越物理的法则（就是反于势力不灭的理法），使那万万不会消灭的（读书的势力），也归于消灭呢！”

儿童受这样的读法教育六七年，到了领取卒业证书的时候，就把他所得教育的效果，一齐璧返先生，这亦是理所当然的，卒业以后（再入别的学校的当别论），一本书亦不读，所读的，只是从外面的生活的要求，或是于地位上，或是于实利上，有不得不然的关系。那么他的读书，并不是关于内部的生活，不过和敲门砖一样，是一种方便物，只可算是苦役的生活罢了。所以他只希望读书的时间短，书物的内容少。那要受考验的生徒，亦唯愿他从事预备的书物笔记等分量诚少，并期望受验前的生活，迅速地过去（考验的是非为别一问题）。受了六七年的读法教育，得着这样不喜读书的结果，不是很可叹的吗？卒业以后的抛书不读，还不必说它；就是现今在校的儿童，课外不读一本书的，亦很不少。又课外亦姑置不论，但问这不本于儿童情意的欲求的教育，可以说是真的教育吗？这样的读法学习，可以说是真的学习吗？这不是学习，简直是苦役；不是生活，简直是虐政。主情意的读法教学是和这适相反的。他的结果，就是造成欢喜读书的儿童。使学校生活，到卒业后依然连续；在读书生活的里面，满足儿童的知识欲，培养儿童的趣味性，这就是主情意的读法教学的唯一的目的、最大的主眼点了。

能会得此主眼点，就是卒业后最可靠的产业。文字及语句的知识，或有遗忘，亦未可知。然读书的情意的欲求，自蕴蓄于中心的底里，永不消灭；读书越多，此欲求越发昂进。在于此点，主情意的读法，是具有特征的。

四

再进一步，而论主知的教授与我的立场的关系。主知的教授，不但于过去时代是读法的唯一目标，就是现在，亦尚于理论上具有很大的潜势力。主知的读法，有两个中心：其一，为实质的陶冶论者，是把习得文字语句文章的知识做目的的中心的，即考想文字语句文章三要素，是读法的保障。再有和这相反的一派，所谓形式的陶冶论者，是把读解力（读书能力）看做是保障儿童读法生活的。在这一点，与前一派正相反对。

这两派的得失，早有人论过，我现在亦不必再来多说。但就两者的关系上，我亦颇有一个愚见，如今不厌烦琐，约略地说他一说。我的愚见，以为这两者并不是相对立的，不过他的立场有大小的不同罢了。即前者只着眼于细小的立场，后者是立于较大的立场的；小的立场，当然是尽包容在大的立场当中。然可以颠倒说，后者以前者为必要，因为前者就是后者的手段及材料。若为具体地说明，则后者的读书能力，不是虚无的，是有一种力量的，这力量的实质，就是文字语句。单独文字的知识，可以资他的活用；断片的语句之力，是助文章的读解的。

虽然，呼为形式的读书能力说，岂是单单为形式的，毫无实在吗？此于论理的概念上，虽可如此思维，而于实际的，其中实已包含有文字语句等的知识了。主张能力说者的立脚地（在他出生的当时，称为二元的形式能力），就在这具体的综合的读书力已包有文字语句文章等知识（严密些说，可叫它是力）的上面。在这样的意味，亦可以说是从小的立场进到大的立场。若进一步，一考察能力说者主张的根柢，就可以晓得其中是有一个标准。试省察尊重读解力的议论的动机，不是含有所谓“将来的保障”一个观念吗？

所谓将来的保障，本是教育上古来的重要观念。但他的考想，以为现在是将来的准备；与吾人考想“现在是向将来发展”，略有不同。那么能力说究是怎样的呢？现在亦不必去穿凿他。不过他们确晓得儿童习得文字语句文章的知识，实不能做将来的保障；欲以有限的知识，保障无限的将来，是不能够的；又晓得将来的保障，是在于读解力的养成。从读解力进而注重读书态度的养成，更进而注重读书法的指导，到此地步，对于将来的保障，就可以十分稳固。在这一点看来，能力说者，亦是确能使读法教学上，得一步的进展了。

五

读书能力（最进步之具体的能力），其可算是稀世的宝物，确乎对于将来是有可能性的。然主张能力说者，他遗忘的地方，亦有二三。这就是他的缺陷了。即第一，忘掉对于将来的可能性，不是一切的可能性，是一个的可能性（即此可能性不是独自的，是待人力而生的）；宛如一切物品应用上的价值，是有待人使用而发生效果的可能性，故物的使用价值，非绝对的而为相对的；读书力亦必待情意的欲求（人格的），而后能发挥它的价值。这一点可惜主张能力说者全然忘掉了。又从别的方面论起来，他唯注目于将来的保障，而于现在的事情，转不之顾，这和那只晓得观望天空，不见自己的眉睫，宛然一样。要知道必须现在发展，到将来能与现在相结合，那么由现在而保障将来，方才可以有些希望；可惜他把这一层也忘掉了。读书能力的稀世之宝，若弃置不用，那宝物亦就要坏烂。我们既怀藏这宝，就有保障它不坏烂的义务；且所谓宝物，果为何而有宝物的价值呢！是唯因它有为价值根源的存在故；我们总要留心使这宝物不坏烂才好。若是具有优胜的读书力，是不可不着眼于此的。

单就能力自身而考想时，能力是愈经使用，愈锻炼愈优强的。所以欲为能力自身的将来保障，我等亦唯赖借使用此能力者。即在为将来而锻炼能力的以前，先着眼于此保障者，方可期望它存续与发展。然如此说法，不免有本末颠倒的错误。原来保障者非因能力而有，实是能力要求的本体。所说保障者要求者等，即是人格的情意的读书欲求。我们既把人格的核心看做是意志感情，故在此点，读法的全体作业（即一切的学习），要只因此中心目的而存在。所谓“我要故读书，我求故有能力”，是一点不错的。

从主知的读法移到主情意的读法，在形式上，是转移于反对方面的；宛如从实质的知识尊重移到形式的能力的中心。然此二者（知识与能力）并非对立，是从小的立场进到大的立场的；此处所云，亦就是从小的主知立场进到较大的情意立场的意味。如黑智儿所说，不是“反”对“正”的主情意主义，是正和反相统一之“合”的主情意主义。主情意的立场，是必然要求能力的。然能力唯以读书的欲求为根柢，始可得而培养，亦唯能力得培养的结果，价值始得发挥。在此立场，是要求一切读法的目的与学习及材料的。所以读书能力，必要本于情意的欲求；而文字的记诵、语句的理解，遂愈益不可稍缓。向来盛行能力陶冶的教授，并非不好，但立足于主知的立场，是不可以的。只见小者而不见大者，就是他极大的弊病。主知的教授，固亦不必都蔑视情意；然但不蔑视，岂就能够做巩固的保障？又于读书的情意及读书的能力，或不免有所误解，忘却情意在读法教学上的价值，这就是主知的立场的缺陷了。主情意的立场，就是要想除免这种缺陷的完全计划，并非以甲的缺陷代乙的缺陷卑浅的计划；无缺陷的立场，就是我们唯一的理想。在这理想实现的历程，就可以看见主情意主义者的苦斗的力量。此于二元的说明，为主情意对主知的扞格矛盾；而于一元的当中，就是情意的立场的统一了。

六

如上所述，主情意的读法的意义，已大略可以明白了。然以目的观式表现起来，则如次：即“读法教授的目的（亦可云主眼点），就是儿童读书欲求的满足昂进”，一切教授的材料与方法（学习），是互相结合的，而一切读法教学的目的，亦同样的与相结合。读书力是于读书意欲前实现为必要的；又如记诵文字及语句，亦是使读书欲求能够实现的条件。能力与知识，世人都承认它是最大目的的方便及条件。所谓最大目的就是读书意志了。这意志既是出发点，亦即是理想。主知主义，倒逆这个关系，把读书意欲看做是读法教授的方便，以为它是能力陶冶的预备的条件；但苟一反省能力陶冶究是为何呢！当知就是为读书意欲的实现满足了。主情意主义的提倡，在这一点，正把他的主要目的掉换过来。我有一个譬喻于此：读书意志，可譬做太阳，读书力，可譬做月亮；月亮的光是由太阳光的反射，读书力的有价值，是因读书意志而来，其理正同杜威所说“知是工具”的原理，是和现在所说的读书力最为适合的。

我今颇欲主张弃舍教授目的为平面的罗列的见地，而立于立体的有机的见地。现在的教授，都将教科中所含一切目的置于同一面上。在读法上，把文字语句文章的知识与读书能力，看做是一样的价值，至少亦看做是同列的。实质的目的与形式的目的的调和，不求较大的统一点，只欲使两方归于均衡，就算是好了。既没有统一点，故只有行列，他的有机的关系，全未发见；但若立在立体的有机的见地，那目的观可就变了。——即考想小的目的是较大的目的的条件。今以读书情意为主目的作为统一点时，一切文字语句等的知识、一切教授的材料与方法（学习），都占适当的地位而相结合。

更考它的究竟，所谓形式上的目的（即读的方面）与所谓内容上的目的（即知识感情的目的），是于一定的关系而结合的。做读书根源的意志，从主观说，是为自己的扩充；在客观的表现，是向于文化的欲求。然做读书对象的文字，就是自己扩充的材料，含有文化（过去及现在）的内容的；所以我们可以由意志而统一形式与内容的两目的。意志倾注的方面，就是读书；从这读的上面，而营自己扩充及文化发展之意志的活动。所谓“读法”的名词，在此义上，是最妥当的名称，是方法上的根本观念（亦可说是除读以外，读法上别无最好的方法）。又此统一的见解，更以第二义解释起来，则形式对内容的关系，亦可看做是普遍对特殊的关系；亦可说是一般的“读”的意志（形式的）成为“读什么”的特殊指定的意志时，内容上的目的就得结合了（反过来以内容为普遍，以形式为特殊的关系亦可成立）。但此不免有置立场于形式上的倾向。

既以读书欲求的意志感情为读法的根柢，那材料就是他欲求的对象，方法就是欲求实现满足的过程。而此材料与方法（宁当称为学习），既满足儿童的欲求，就可使读书意欲（即欲求的根源），更加昂进。因为意志唯由于意志的实现而得成长，意志是因于认识他实现的可能而自觉越发深彻的。从于此点，吾人关于材料选择等的标准、方法上根本的立场，不可以明白了吗？试简单的考案如下：

欲使教材为儿童欲求的对象，必须使儿童的情意向于教材而动作；更从教材方面考察，必须使教材具有能够惹起儿童欲求的可能性。教材的可能性，惟在于得为欲求的对象。若取情的见解，那就如斯丹列霍尔所说：“喜读什么”的研究，就是教材选择之中心的标准了。在于此点，主情意的材料论，是与自由教育的意志及兴味底主张相结合的。因为自由教育的出发点，在于意志的发动的原故，即因意志是决定自己学习的材料与方法的缘故（宁当说是由于材料而生产方法、创造方法的)。其次，则与自然教育的主张，亦须结合。因为自然的教育，亦是置重儿童欲求的发动的。兹以避免烦杂故不具述。

又在读法的学习上，亦可发见一个立场。原来学习就是实现读书情意的欲求的过程，所以我们不得不把读书看做是一个意志的实现。“读”的活动，既是方便，又即是目的；这不论到了何处，都是读法教学上的重要方法。但所谓“读”不单是字音的口诵，又是思想的理解鉴赏。这思想的理解鉴赏，就可算是读法上根本的作业。必须文字教学语句教学等，都统一于此，而读法全体的教学，方能为浑然的一体而表现。到此地步，儿童的作业，自然始终为关心的态度。关心的态度，是怎样的呢？这不是别的，就是读书意志及兴味，连续不绝实现的过程，如此而读书欲的昂进，岂有不可能的吗？

如此说来，得无被人看做是故意作循环论法的吗？然这是因说明不完全的缘故。方法即目的、手段即究竟之主情意的读法教学，动机即终局、出发点即到达点之读书情意中心的教学，他的实体，逐步推究起来，又当返归原处。因为当体的出发点，同时又即是到达点的缘故；若用线来表示这样的关系，应作为圆形，一周的一点，既是向同一方向的出发点，又是到达点。而且在全在线上，不论那一部分，都暗暗地表示全圆。我这篇里面，不论那一部分的说明，都暗示主情意的读法的全圆，亦是如此。

七

我们对于主情意的读法教学最初的见解，已如前述；此外尚有要补述的一事。即主情意的读法，儿童的目的与教师的目的，得立于同一观念上面，这亦算是它的一个特长。旧时的能力陶冶的教授，教师虽注目到读书能力的培养，而儿童却不必亦然；他们大多是为读书的欲求（即兴味）而学习的。如为能力的修练而学习，恐怕是功利的意识极进步时期的儿童自觉罢！若是不然，那就是教师及其他外形的信仰所致（这所说信仰和信仰的正意不合）。且此自觉更一步深入，则为读书的欲求而亦可得着能力，这是很明白的事情。单单着目于能力，又以能力为第一义的读法教授，他的可悲就在于此。儿童却是生活于第一义的；他心里要读书，所以读书，并不是要想得能力而读书的。试一度解放儿童，使置身于自由读物的世界，就可以见主知主义，是不能诱发儿童的读书心，而且与自由的读书活动是相矛盾的。至若主情意的教学，便能使儿童的读书欲求更加昂进，故决无扞格矛盾的弊害。以情意（即吾人本来的欲求）为目的的教育，可以算是真教育；情意就是人格的核心，故亦可说是人格的教育。

若照自由的意义说，读书生活自由的扩充发展，实是读法教学的真髓。尊重意志，使儿童自己选读书物，此两者是极合自由意义的。因为意的活动，最能触接自由的根本的状态故。在那自读自味自考的上面，就有自由的存在；即我等认识活动全出于自己，就唤做自由（自学自习的根本义）。无论一切的人格活动，都是由于意志而统一；这读书活动，亦是本于读书意志的，故亦为意的自由。不过这自读自味自考的自由，或为主观的自由，亦未可知。然在经验（个人）上，主观的自由，自能直即得着自由。因它是常向着客观的绝对自由而进展的；得着读书力，就得自由地扩充进展。教师的指导，不过是助长这自由的扩充进展罢了。所以自由和指导，并非相反；有自由乃有指导，得指导而自由乃更进展。若以自由的意义来解释，读法学习，就立于上面所说这样立场的。细论起来，问题实有多歧，今不遑缕述，姑俟异日。

八

以上是略说我们对于读法教学的根本的立场。从此立场，而实际上的各问题，都可以批判它，指导它。我想："个个的实际问题，欲一一规定它的处置方法，是不可能的；因为实际问题，是非常多数的缘故。处置方法，是有限量的，不论如何多量的汇集，怎能应无限实际问题的需要呢！"我又想："纵使规定数多可以应那无限实际的方法，然为数既多，在实际上岂能个个适用，还恐怕不免有支离灭裂的弊病出来呢！"能够防止此支离灭裂，使此等个个方法都得统一，就是自己的立场（理论的根据）了。不但使它统一，还能在个个的实际问题，都与以指导；故我们以为与其详举数多方法，不及略说前面说的立场（理论），较有实际。因为个个的方法，各有限止，不能在无论什么场合，都有效用，而立场的观念，是能为一切场合的原理的。

以下拟将主情意的读法教学的立场，对于实际问题的处置法，略示其例。叙述上有繁简不得其实的地方，是避重复的缘故。

九

第一要说的，就是对于动机论，主情意主义与主知主义是同样重视它的（主情意主义实有更为重视的倾向）。但在实际上的观察考想，有极大的差异。其一，就是不认动机是方便的一事。但要亦承认动机在儿童是有主观的绝对价值的。他的读书的欲求，在产出一切读法作业、统一作业、指导作业的意味上，不能不说是绝对者。这欲求既是动机，亦即目的即理想。因于动机而有作业，非因作业而诱发动机，此种见解，现于实际教授时，我们应当就自己的教授上，省察那第二义所谓预备的发问惹起动机的作业，果有何等意义

(是在第二义的以下)和价值?动机的惹起,不可认做是樟脑剂的注射(只有几点钟的效力);兴味的唤起,不可认做是苦药的糖衣;要晓得本质的兴味,从中心涌现的意欲,才是我们的动机。然此等动机的根元,乃以内部本然意志(即当为)的欲求为限;此“当为”为第一义的动机,关于个个的教材,也可见这第一义的普遍欲求特殊的具现的。

第二要论述的,就是惹起真动机的作业,不是单在一个教材处置的开始及各教学时间的起初的即吾人的意志,为出发点,又为到达点,同时更为刻刻发动的势力。在这意味,是从学习的开始直到终了,没有不是动机的惹起与昂进。第一次的作业,得第二次作业的动机;第二次的作业,更导引吾人为第三次的作业。如此而学习的全部,遂都为动机(即欲求)的惹起昂进的作用;这就是意志发展的理由,意志无限连续发展的事实了。又一教材之关心的学习,更为意志昂进的动作,对于次之教材做他的动机。原来情的作用,是没有满足,要不绝进步的。如此想来,在那主知主义,学习的动机,不过是预备,是占最初的位置;在主情意的主义,动机是第一义的,是刻刻进行的。

今更就近时喧嗽的“问题构成”略略批判一下子。教师在教室内命儿童“作”的问题,毕竟是第二次的。单单在形的上面作为问题而发现的,不能算是真的儿童本位创造的教育。读书欲求的发动,乃是第一次的问题。例如读A的材料而作甲乙丙等问题;而何故至于读A的材料(知的欲求)呢!对于A有兴味有欲求吗?实是先决的问题。因为对于A的情意,就是使我人向于A而动作的根本,即所谓第一次的。然如此说法,并非排斥问题构成的精神。我所排斥的是在专依于使作问题(即现于形上的)而下创造及自由的批判之计画。我以为现于形上的问题,都从心中的问题发生;就像儿童心中时时发起的兴味与想像（想像是对于未知及疑问的世界而生）及新涌起来的质疑等，不都是问题吗？所谓真的问题，那有不是从儿童不能自解决的事件具体化的吗？

最后要说的，就是我们从主情意主义本来的立场，主张当注力于动机的惹起及昂进的一事，这亦是当然的方法。一切教材的选择与提供，都与此点相结合一切方法，亦是关系于此点的。儿童图书馆的施设、读书机能的价值充分发挥和他价值效果的自觉等，哪个不是根本的实际问题呢！

其次，拟略述关于学习上过程形式等的愚见（此为主情意主义者在一切教学上当取的态度），并发摅注意读法本质的处理法的观念。

一切的人格活动，在意志及其以上之处，自当有目的存在。如问题的构成，就是意志的具体化及目的的特殊化。一切方法没有不是从目的生出来的。意志实现的过程，就是学习。意的当体，就是儿童；所以我深信实现的过程，是从儿童发生的；一切冲动的满足，是意志统一之具体的见解；设若以冲动之自我的实现为创造，那意志实现的过程，就是创造。且即不用如此回环的演绎，但看那意识刻刻流动的状态，亦可在这里看取创造的意识的过程（不是同一的反复，所以是常新的）。读法是儿童读书欲实现的过程；所以他的学习过程，不可不为儿童所发生的。若将儿童导入教师所定的学习形式，那儿童自身意识的本质，就渐渐向这样的倾向而固定。因为吾人意识发达的过程，是见他人意识的事情而学自己意识的事情的。学习亦是一个意识过程，那就可知儿童是见教师的学习而学自己的学习了。

那么真的学习，是怎样的呢？就读法说：非从自己体验的读书过程上反省而生出不可。故在个性的见地：自己的教学法，是从自己的体验而生，有不能与别人交换的独自性。苟其是别人不论是什么大家著名的教学法，亦只是他山之石；心理学上关于读书的研究，亦不过是一种材料罢了。因此这情意的教学，亦可说是从自己的体验而生的。即我对于读书发生意志，故读书；对于读书感有兴味，故读书；我自己这样的读书态度，就是全教学法的核心。我们于此态度，深信是教师的轨范意识。

要之，儿童自己持有意志目的怀挟问题的事情，和那从此动机及问题而出发的事情，是个的，亦就是全的。在持有意志问题而读书的一点，教师与儿童是共通的；在意味上，是独自的个别的。这就是我相信学习兼有普遍性与个别性的所以。依我的所信，读书是发于意志，意志是结合于对象的内容，所以我的读法教学，当然是此意味上的内容本位。这就是教学一般的性质之一。所以通读的阶段、教授语句的阶段等不自然的读书法，应该一概丢弃；通一切的阶段，都注全力于把捉内容的上面。把捉内容的读法，实即教学的核心。一言蔽之，把捉内容反复的深化，就是我等读书的态度，亦就是助导儿童学习唯一的方针。

十

在上述的过程，是把动的观念导入主知主义的根柢，即反对固定的阶段论者、极力主张自然的读法，——要从最初就把捉内容的。依第一次通读而得的印象，是他把捉内容的出发点；而新的问题、兴味、想像等一切的欲求，亦即伴之而生。此问题兴味、想像等，更欲求第二次的玩读。若名第一次的读书为概读，那第二次就是精读。若此问题及兴味，更诱发他行第三次的玩读时，那他精读的程度，必比第二次尤胜。所以第二次的精读，比起第三次来，仍旧是概读。普通所说的“大意”，就是这概读时所得着的题目的大意把捉，若能不陷于不自然的问答的游戏，亦就是幸事了。

我们再三反复读同一教材的原动力，就是所谓动机；亦就是这里称为问题兴味的情意。如今单从质疑问题的方面考起来，就可以得着所谓阶段说的动的观念了。原来“读”的欲求就是催动我们使向于书籍文字。文字的里面，有我们不能理解的范围时，那就是质疑的材料。这理解所不及的范围，就是使第一次的通读不能直进精读的障碍。关于除去此障碍，儿童的各自研究、相互研究、儿童与教师的共同研究，非即所谓文字语句的处理的事情吗？在第一次读法所起的质疑，多是关于文字的；其后起的质疑，多是关于语句的。然此亦不过比较的多些。自然的读书之深化过程，最初先提出文字语句的质疑的事情，我们是承认的。然于他的固定化绝对化形式化的事情，则不能不加反对，因为思想、理解、玩味的深化，确是读法进展的过程；至于文字语句的处理，不过是他附带的质疑的处理罢了。质疑亦本是深化的发展，而关于文字语句的质疑及问疑，只是最初极枝叶的事情。但此是从文的形式上考想，在事实上，一语关于文章全体的关系的，亦很不少。最初发生关于文字语句的质疑问题，再进一步，就有关于教材内容的质疑问题；最最进步，就达于不得以教材解决的程度了。

十一

以上所述，不过就儿童各自的学习上说。考察的眼光，是向着共同学习的根本价值的开端。先就教师对儿童的学习关系（从教师方面说就是指导的作用），约略说说；其次将关于读法学习上方法的愚见，亦略示若干。然于儿童对儿童的问题，差不多是没有说到的。

从结论说：所谓教师教读法，就是教读书的方法罢了。我前面说：教学法是从教师对于自己读书的体验省察而生，亦不悖此意。

这个原理，依某一派的学说，是于“意识统一”的性质上有根柢的。此统一就是结合彼我意识（教师对儿童）的根本物，所以我们以为教师的意识是能影响及于儿童意识的；这就是拿脱尔泊所说“较高的统一意识能使较低的统一意识向上进展的”一句话了（就是交互反应作用）。若倒转来：就是普通所说儿童是见他人意识的事情、学习自己意识的事情的。从读法说：就是见教师读书的事情，学自己读书的事情。然此所说读书的事情，是有怎样的内容呢？根本地说来：则向于读书的动机也有；像前面所说读书的过程也有；更就读书的收得上而言，也是可以的；即我们不能晓得别人理解鉴赏的过程。他的理解鉴赏以文字或其他的形式而表现时，我们从他发表的上面，就可以想象他理解鉴赏的境界。所以教师表现自己鉴赏理解的结果，就是教授的基调。若便宜地分学习为儿童方面、教授为教师能动方面，则此鉴赏的表现，应于他的材料、机会、目的，种种变化他的形式，使他能够适应，全是教师的手腕、个性的价值。或用问答，或用朗读，或用谈话（鉴赏谈话模写谈话等），又或为表解图解绘画等直观的处置，或参合种种的形式而行，这都是于教师自己鉴赏的表现上发挥价值的。

从上面的理论，可直导入于儿童对儿童的学习。这与前面的“教师对儿童”有立于同根柢的理论；但他的结论，用别种方法说起来，则如次：即依他人的鉴赏，而自己的鉴赏就格外深入（不单儿童对儿童的关系如此，对于教师亦如此）。此结论是从两个部分而成立的：其一，是自己的鉴赏，其他是别人的鉴赏。自己的鉴赏，是一切鉴赏的最初，是他的核心，是能个性地把捉对象的，普通所称大意的发表。印象的发表，就是。称为大意，似不免过分地以对象为主，称为印象，又似乎过分偏于主观的。然讲到结局文字是从属，是材料，我是主人，是中心。而且所谓真的鉴赏，是物我一如的境界，是主客合一的自由境界。此鉴赏的结果，是印象，是大意，虽或近于狭小，却是表现个性味的。甲儿与乙儿在鉴赏的深度及方向上，互有特异的地方，是必然的。然唯其各为特异性的鉴赏的发表，他们却更能扩充他鉴赏的深度及广度。特异性愈著，相互的得益愈大。此理若以前面说的“意识统一”去说明它，是最能根本了澈的；然若再用别的一种解释，就能越发完满。这别的一种解释，即是黑智儿所用的“正”“反”“合”的发展形式。甲之“正”得乙之“反”而“合”就可以进于较高度的鉴赏。此三段形式，是发展为一切的二元的。原来所谓创造，唯于如斯的境地，方才说得到。这是以甲乙二人为例子而说明的；然若互异的个性者愈增多，他内容就愈丰富充实。这是说的真正相合，不是单单聚集的；然这合就是第二的正，就是正的发展；只有这正，是个性的鉴赏，正之无限的连续发展，(合) 就是个性连续的发展。

熟察此理，那就于齐一教授的里面，有个性得以存在；不单单得以存在，并且是有可以益益发展成育的性质的。齐一教授，在这意义上，实有独特的价值，恰和那唯于社会中个人得以生活是相同的。实则学级就是这意义的社会，旭太乞拉说：“社会的理想，是有自由意志的人众的集合。”那么学级的理想，就是有自由意志的儿童的集合。读法学习的教室是自由读书的儿童的集合；最理想的教室(学级)，与理想的社会相等，同是养成个性者，深化扩充个性的鉴赏的地方。

(原载《教育杂志》第 13 卷第 2 号，1921 年)

29. 近百年来读法教学的改进

——美国 William S. Gray 原著——

徐锡龄

美国读法泰斗葛雷威廉氏（William S. Gray）最近应该国全国教育会（National Educatian Association）之请，拟就关于读法的短文若干篇，在该会月刊中发表。葛雷氏曾编有《读法研究述要》一书，广博精到早为研究读法问题者所珍视（参看《教育研究》二十五期《欧美读法研究述要》一文）。葛氏这次所拟短文，一面纯以科学研究的结果与事实为根据，一面却能避免艰深之术语，以求一般教师易于明了与应用为主。短文中最先发表者为 *Notable Reforms in Teaching Reading* 指出美国读法教学百年来努力的方向与经过，纯根据经验与事实而来。中国的文盲问题近来既已惹起一般人的注意，则读法教学之研究，无论为儿童的抑为成人的，正应开始进行。别人百多年来的经验，虽未可直接采用，却有足供吾人借镜的地方，因述译该文以饷国人。葛氏原文登载 Journal of National Education Association Vol 19，No.9，为求醒目起见，文题改译今题。——译者附识。

在过去的百年中，读法教学曾发生重大改革，散布于百年内之各时期间。初期改革中多为特关于初学阅读者的教法（methods of teaching beginning reading）。例如以教 A B C 为起手的方法，原于一八四〇年前一致经人采用，那时以后便有两种发展。一方面有种种的努力，以求读者之精神能注意于更大之单位；单字、整句及故事在开始时之采用，均足以证明此点。别方面则又有人努力于增进单字认识上之准确与自主；种种表音方法（phonetic method）之采用，即为这点的表证。因着这两种发展之结果，读法教学从一八五〇年至一九一〇年间，逐渐有进步。儿童渐能读得准确流利，精思考而有自主。

初期改革的另一方面，则与读物的内容有关。试举一证：Guffey编的《新选读本》（*New Eclectic Readers*）于一八五〇年出版，前此一时风行的单字表（word-list）为教学学生阅读时所用者，遂为所代。*Mc Gulfey* 的发明以后，别种读本继起，包有多种性质不同的材料，例如合儿童兴趣之特编句语或故事德育故事、儿童生活故事、日常事物的消息、伟人故事、日记、圣经故事、童话、神话、民间传说等。从一八八五年至一九〇〇年间，读本取材中诲道材料及智识材料（Informal material）显减，而文学的材料却为相当之增进。一九〇〇年后的十年中，学校读本之内容，受文学的理想所左右。

初期改革之第三方面，系与读物之份量有关。一八八〇年以前，读物中除了读本中之选文外，别种读物甚少。自从那时期以后，补充读物之出版，日有增进。这种读物的用意，起初本只想多供一种练习材料，备于授课时间内采用。后来却有多种是预备在授课时外用的，以掖进学生独立的阅读为目标。下文中将指出图书馆之应用，比这层更进一步。

上面的举例，证明在过去的时期中，无论在于初学读书者的教法上，在于学校读本内容上，在于读法的份量上，俱有急激的改革。到了一九一〇年，读法的教学，远胜于前此之各时期。但从别方面看来，读法教学那时还是过拘于形式，并且受着人家严重的批评。为明了较近之改革及其重要起见，我们先来看一看一九一〇年间一般读法课程的性质。一直到了现在，学校之未经采用改进方法者，课程尚保持当时之性质。

有人曾将一九〇〇年至一九一〇年间的读法课程分析起来，发觉读法教学的内容与方法，系根据三种目标来定：（1）获得阅读上的机械方面的方法（ to master the mechanics of reading ），（2）发展朗读上有效率的习惯，（3）养成良好文学的欣赏。这些目标虽有价值，可是这些目的见地甚狭，原系反映当时社会之情况而来。当时社会没有现在那么复杂，学校活动还集中在读、写、算三科，那时授课时间内读的限于一种专用课本里的材料及少数的补充读物。三项目标既风行一时，那时教学上的注意亦多在于朗读，在于认字时之精准确当，在于欣赏依据成人标准所选之文学读品。此外，教法上多是日日相同，绝少变化。个别的差异与兴趣教法上与教材中都甚少顾到。不特此也，读法上的指导，多专限于本科授课时间以内。因此之故，读法与别种科目隔绝。别种科目教学时本有机会来指导学生解释文意，利用内容，读法教师却不闻问。

上述的时期以后，改革与建设的时期随起。就事实来看，一九一〇年以后，读法目标已与前迥异，新方法与内容产生。此种变迁大部分系因社会需要之变更，因课程之渐趋广博，及因许多种近年来科学研究上的结果而来。下文将简述出五种的改革。每后一种的改革，都较前者愈趋于广博精到。从那里教师之图教学改进的可决定适当的秩序或步骤。

第一种改革努力于求授课时间内阅读活动之丰富充实。教学上采用的主要目标与一九一〇年间所流行者迥异。括述之则为下几项：扩大及充实儿童的经验；促进了解与推理上的良好习惯；供给种种便宜，使得默读朗读上的各种主要态度与习惯，得为有次序之发展。这一目标清晰地承认了儿童之需要与其兴趣及现代生活中阅读的重要。

从前采用一种基本读本的，现在则渐为多种读物所代；故事读本（story readers）等类书用以给读者以愉快；默读课本（silent readers）等类书用以促进阅读上领会大意，联贯前进的习惯；学习读本（learning readers）等类书用以建立学习上良好的习惯；戏剧读本（dramatic readers）等类书用以促起诵读上良好的了解；此外图书馆中复有多量美备动人的书籍，以适应个别的需要与好尚。这些读物的供给，不特足以令阅读活动丰富而充实，现代生活中所需之阅读习惯与态度，亦可在于一个较早时间养成。阅读的活动每日不同，各具用意，与前时之月月不变者有异。不特此也，教材教法之采用，常以适合个人的需要为准。从这看来，改革后教学之远胜于从此之拘谨于形式者，固已甚明。未来之重要革新，以这里所述的为开始。后面我们将看出这种教学还是不完全的。以后将更有多种改革，教学始可达到高的效率。

第二种的改进，较前更广博的，就是于本科时间以外，充分利用别种科目，供给学生多量的阅读机会。这种阅读之所以需要，盖因儿童所应获得之经验，每不能直接得来，多类之经验必须间接得来。儿童读物如其来得适善动人，即可从阅读中以获得此种经验。为着这样，低级儿童在卫生科、自然科、形艺科、社会科中，阅读黑板中、油印品中及简易读品中的种种材料。中年级高年级及中学里，教科书外尚有各种补充参考读物深浅各有不同，图书馆里并有多量图书在各科中令学生博读，最显著之效用系在使学习化为丰富，同时并能养成阅读上深永的兴趣。

第三种的改革系从第二种产生而来。学生既在各科中从事博览，则阅读所需之各种方式与用途亟增。阅读的态度与习惯的发展因而有特须指导之必要。因此之故，中小学里内容科（Content Subjects）

的教师，近年来都渐多用时间以教导学生之阅读。例如算学教师训练学生了解数题，历史教师训练学生于浏览后及作批评的思考，地理教师训练学生看出环境与人生之关系。这些训练之为需要与合理，已从科学的研究上证明。从这看来，中小学里各内容科目的教师，也可说同时即为教法教师。他们介绍多量的读物给学生，他们给予教法应用上的各种指导，他们促进阅读的兴味。

第四种重要的改革，即为依兴趣单位与问题以组织教材。国内（美国）较进步的学校已经有是这样做着的。这种单位大致可借下题来示例："鹅母及他的家庭"（一年级的读法科），"支加哥的历史"（三年级公民科），"日本何以成为东方的不列颠"（五年级的地埋科"，"真爱国者的特征"（七年级国文科）。读物之所以依一中心而组成，用意即在使儿童思想能为系统地前进，以解释文义及组织经验。前面经述及之教法上各种优点，现在于较良好的学校，俱经造到现在教师依单元来组织教法的，已日有增进。

第五种改革，是学校整部课程与活动中，有种种的设施，以便学生分就有趣之问题，作严密的自主的阅读。主要的目标是在求阅读活动成为自主的、自动的及精到的。这种的教学显优于前述之各种。这里的优点甚多。高材生可得自由，不因笨拙学生而受限制；找寻与应用读物的能力，可有长足的进展；发明与解答问题的兴趣，得有促进自动的与独立的阅读，常受训练，恰与青年的需要相当；终身享用的阅读态度与习惯得有发展。

这些改革都于教学上有重大的贡献。现代的学校都应努力实现这些改革，以收良好的效果。

（原载《教育杂志》第23卷第10号，1931年）